犯罪心理研究

——在犯罪防控中的作用

（修订版）

李玫瑾 著

中国人民公安大学出版社
·北 京·

图书在版编目（CIP）数据

犯罪心理研究：在犯罪防控中的作用/李玫瑾著．—2 版（修订版）．—北京：中国人民公安大学出版社，2010.8

ISBN 978－7－5653－0130－8

Ⅰ．①犯…　Ⅱ．①李…　Ⅲ．①犯罪心理学—研究　Ⅳ．①D917.2

中国版本图书馆 CIP 数据核字（2010）第 142136 号

犯罪心理研究

——在犯罪防控中的作用

（修订版）

FANZUI XINLI YANJIU

——ZAI FANZUIFANGKONGZHONG DE ZUOYONG

（XIUDINGBAN）

李玫瑾　著

出版发行：中国人民公安大学出版社
地　　址：北京市西城区木樨地南里
邮政编码：100038
经　　销：新华书店
印　　刷：天津嘉恒印务有限公司

版　　次：2010 年 8 月第 2 版
印　　次：2025 年 6 月第 17 次
印　　张：17.5
开　　本：787 毫米×1092 毫米　1/16
字　　数：275 千字

书　　号：ISBN 978－7－5653－0130－8/D·0089
定　　价：58.00 元

网　　址：www.cppsup.com.cn　www.porclub.com.cn
电子邮箱：cpep@public.bta.net.cn　zbs@cppsu.edu.cn

营销中心电话（批销）：（010）83903254
警官读者俱乐部电话（邮购）：（010）83903253
读者服务部电话（书店）：（010）83903257
教材分社电话：（010）83903259
公安图书分社电话：（010）83905672
法律图书分社电话：（010）83905637
公安文艺分社电话：（010）83903973

序

当人们每天打开报纸或打开电视看新闻时，经常有一类新闻会引起大家的普遍关注甚至震惊，那就是各种各样的刑事案件：街面上的抢劫，住宅内的侵害，滥杀无辜，还有弑亲案件……每当人们听到或看到这类案件报道时都会出现相似的疑问：作案人是怎样的人？为什么要这么做？他（们）出于什么样的心理？……犯罪心理学就是研究这类问题答案的学科。

寻找这类人的行为原因不仅仅是为了满足人们的好奇和求知的欲望，更重要的是我们能够发现如何减少或控制这类犯罪危害的途径。如果说，吃五谷杂粮的人难免会遇到疾病侵扰，防病保健是人人都需要的知识，那么，在社会生活中我们也难免会遇到犯罪现象的侵扰，因此，犯罪心理学的研究也是人人需要的知识。

笔者从 1977 年上大学到 1982 年毕业，期间从未想到过自己将用一生来研究犯罪人和犯罪心理问题。当时唯一的理想就是要当一名教师，因为教师的工作需要不断地看书、思考……这恰恰是我从幼年起就喜欢的生活。于是，1982 年 1 月我从中国人民大学哲学系毕业就来到了当时的中央政法干校，即现在的中国人民公安大学。

我的职业生涯几乎与我国的改革开放同步。大概是十年动乱刚刚结束，又面临社会改革开放带来的转型背景，从我穿上警服那时起，社会上的犯罪问题就开始呈现较严重的态势。记得我工作的第一年是在县级刑侦局长班里当班干事，每天除行政工作外就是与局长们一起听课，有法律课、刑侦课等，同时还参与他们的学习讨论。一次讨论中，有位刑侦局长发言说：“为什么现在犯罪的大多是青少年？这些人年龄不大，却非常胆大和残忍，为什么？我们真的需要好好研究一下他们的犯罪心理……”那时，别说我们学校，其他各大学也没有人专门从事犯罪心理研究。第二年，我结束了刑侦班班干事的

工作，来到了当时的公安二室，即刑侦教研室。对于我将从事何种专业的研究与教学，教研室领导找我谈话，想听听我个人的意见，我当时就明确地表示：我想研究犯罪心理学。那是改革开放的岁月，领导们很有创新意识，他们研究后同意了我的选择，但也非常严肃地对我讲："目前刑侦教研室没有人从事过这项研究，所以，无法安排老教师带你，你这个专业需要你自己探索，但是，如果你需要什么帮助，我们都会支持的！"现在回想这些话，我从内心感谢我尊敬的刑侦教研室主任王久成先生和副主任何剑槭先生，还有主管刑侦教研室的副校长刘玉林先生，是他们给了我信任和机会，让我有缘涉猎这一独特的研究领域。

大概是这样一种起步方式，也就造就了我的自由、独立和探索的学术习惯。我先后去中国人民大学选听研究生的犯罪学课，去北京大学选听心理学系的各门课程，参加中国青少年犯罪研究会的学术会议，还参加了中国政法大学的第一期犯罪心理学师资班。这一进程中有许多令我尊敬也值得我终身感谢的教授们，他们是北京大学心理学系的沈德灿教授，中国政法大学的郭翔教授、罗大华教授，中国青少年研究会的张黎群会长等，还有很多前辈，对于我这么一个无名晚辈他们都给予了耐心并不求回报的帮助。记得认识郭翔教授是我在参加一个学术研讨会上，初次见面时我就表示希望能够得到他的帮助，这一面之交后他竟然坚持将近20年无偿地寄给我他当时主编的《青少年犯罪研究》杂志，在那种研究资料甚少的年月里，这些资料是多么的珍贵。

在查找资料、外出听课的过程中我开始撰写自己的讲义，1985年春，我首次在中国人民公安大学给85级的侦查师资班学员开讲犯罪心理学课，这只是完成了我职业要求的第一步。14年后（即1999年），我在多年教学基础上出版了自己的第一本著作《犯罪心理学》（中国人民公安大学出版社，1999）。

这期间还有两个重要的经历对我的专业研究起了至关重要的影响作用。

第一个经历是我在1987～1992年参加了中国人民公安大学承担的一项国家重点科研项目《中国现阶段犯罪问题研究》，在我进入课题组不久，便被任命为课题组办公室副主任，这让我有机会全面地接触课题研究的进展。在经历了问卷修改、发放、收回、处理、分析、研讨、写作后，我对中国自1949年以来，尤其是改革开放以来的犯罪问题从数字上有了一个总体的认识，在我承担的“犯罪现状”和“立案不实调查”两部分的报告撰写中，我对中国现阶段犯罪的真实状况、类型、特点、趋势等也有了较深入的认识。同时，让我不能忘怀的是，在参与课题的一次学术研讨会上，课题项目的负责人，也是公安部的一位部级领导在会上讲的一段话：“为什么我们这么多年的严打，但犯罪数量仍然居高不下？我们不能只工作，不研究……”我在记录、整理讲话材料的同时，也对这个“问题”留下了极深的印象，当时的课题研究成果还没有明确地回答这个问题，原因在于我们当时研究的精力更多地放在调查犯罪数量的真实状况、解析令人困惑的社会背景问题等方面，而忽略了对犯罪人的个案研究。

第二个经历是在完成犯罪课题之后的1992～1993年，我曾下派到山东青岛市四方公安分局实践锻炼。在预审科的半年里让我了解了侦查讯问与记录材料的操作过程，也对仍处于侦查阶段的犯罪嫌疑人有了真切的感受，这种感受完全不同于我曾在监狱里接触罪犯的感受。有了比较才能知道，在监狱里关押的服刑人员为了减刑，往往给人们呈现出他们最好的表现。而在预审阶段接触的犯罪嫌疑人，他们为了减轻罪行和逃避惩罚极尽抗拒之力，这使他们更具有本色的表现。后半年我来到派出所工作，这半年的工作让我真正体会了公安基层的工作情况。当时带我的师傅们大多比我年轻几岁，他们充满着活力但也确实非常忙碌，他们的工作让我了解了警察这一职业的特殊性，也让我开始对“警察”的职业有了深刻的认识。下派锻炼的这一年我还有一个最重要的收获，即发现我以往的教材、我在课题研究中撰写的报告对于基层的警察来说“真是很遥远的东西”，与他们的工作几乎没有什么直接的关系。我虽然讲犯罪心理学多年，却没有从警察实际工作的需要去讲或者去写，而是满足一种教学体系——完整而繁冗。我虽然撰写了有一定深度的犯罪研究报告，却没有考虑过如何将这类研究转化成每天在基层工作的民警可落实的东西，即我们的研究很少考虑可操作性问题……我突然明白，**我的研究若不为基层广大民警们所关注、所接受，不在社会中产生影响，那么，我的研究就是象牙塔内的贡物，藏书楼里的一堆藏物。**这一醒悟，让我在随后的研究和教学生涯中开始考虑“市场方”，即公安基层的需要与社会的需要。我的脑海里经常会闪出这些警察的身影和他们的目光……我常问自己，我研究的东西他们会看吗？他们会有兴趣吗？我的研究应该从哪种角度表述才能让他们关注？让他们觉得有用并有兴趣来主动寻知？

在这种经历后，我的研究和教学开始转型。**我认为，做教学和研究的人，要有由浅入深的学习和研究能力，还要有由深返浅的表述与应用能力。**如果说不能下水的人是不会游泳的人；那么，能下水、敢下水，却下水后再也回不来的人也不属于会游泳的人；会游泳的人一定是能下水，能到深水区，还能活着回来的人。因此，我便要求自己要能进入较深的学术领域，能看懂许多人看不懂的东西，有获取深度知识的能力，同时，还要能回来与大多数人一样站在岸上，了解现实生活和人们的普通需要，能够将有深度的东西以普通人听得明白的形式表述出来。这就是我的研究和教学的追求——即学术也通俗，既理性还要感性。这便是我本部著作的写作宗旨。

本书共有 13 章。围绕着“犯罪心理研究与犯罪防控”的主题大致论述了以下内容：如何以人为对象开展犯罪防控研究；犯罪人的基本类型；犯罪心理的不同表现；相关的防控建议。具体而言：

在第 1 章、第 2 章中，作者提出，**犯罪防控完全不同于打击犯罪的操作，所有的打击都是对已经发生的犯罪事实进行，其打击对象容易把握并目标确定；而犯罪防控则是对潜在的事实进行工作，由于犯罪尚未构成，所以，犯罪预防的难度更大，需要更高的智慧。**人类历史上，有关犯罪防控的研究曾有法律威慑的防控，刑事惩罚的防控，教育宣传的防控，技术性的防控，情境防控等思路。还有一种防控思路，就是针对犯罪人的防控。以人为对象、将人分类的防控前提是：调查并研究哪类人在犯罪？哪类人影响并决定案件数量？哪类人决定案件的恶性程度？哪类人属于本性难改而不断地重复犯罪等。在这种研究基础上提出的犯罪防控对策才有针对性和可操作性。作者通过调查分析，终于明白了 20 年前那位公安前辈提出的问题：“为何年年严打，犯罪数量仍然居高不下?”原因在于，少数人决定刑事案件的多数。减少犯罪数量并不在于整体的严厉打击，不在于总体抓捕判决犯罪人数的多少，若要有效地减少和控制犯罪数量，需要识别和监控少数具有危险人格的犯罪人，这类人往往以犯罪的方式解决生存中的基本需求满足，所以，他们会不断地犯罪。在过去的 20 多年里，我们恰恰缺乏对这类人有效的研究和对策。

作者先后在江苏和新疆两所监狱内对服刑人员进行过三次较大规模的问卷调查。两地监狱的调查结果基本证实这一假设。从人数观察：有危险人格的人在调查的犯罪人群中约占40.7%。从服刑人员的犯罪前科次数的调查也可发现同类问题，仅以新疆某监狱的服刑人员为例，在样本中，第一次服刑的人员（法律意义上的初犯）占全部服刑人员的64.9%；另有35%的人属于2次以上的服刑人员。考虑重犯率为8%的话，有危险人格的人合计也为43%。另一调查证明，刑罚次数越多，其重复犯罪的危害就越大。本课题研究收集了36起大要案（指杀人等恶性案件）的案犯资料，据此观察：其中只被罚过1次的犯罪人平均每人实施6起案件，形成5名被害人；而被罚过2次以上的重新犯罪人平均每人实施14起案件，形成20名被害人。显然，少数重复作案者才是决定刑事案件数量的人。

第3章重点介绍心理学的基本原理。由于本项研究是从心理学角度研究犯罪人及心理成因问题，若要解析各种复杂的犯罪动机或心理问题时必先涉及心理学知识，包括概念与基本原理，因此本章的设立必不可少。但是，心理学是一个庞大的学科群，涉及范围极广，因此，本章只能摘其精华。从“心理基础现象”到“日常心理现象”再到“人格现象”，涉及普通心理学、发展心理学、生理心理学、精神分析心理学等学科要点。本章的介绍还与本书的研究重点相对应，鉴于本书提出“两大类犯罪心理”现象，即危险心结和危险人格，因此，有关“日常心理现象”的论述将与危险心结相对应，而“人格心理”的论述将与危险人格相对应。对两大类犯罪心理现象的深究还可发现，人的心理问题大多与人的早年心理形成和发展关系密切。因此，“心理基础”部分也是非常重要的内容。总之，本章的心理研究概述将为人们理解本书随后的各章分析提供一个入门之钥。

第4章、第5章、第6章、第7章围绕着本书的一个重点论题：危险人格。其中第4章重点论述了“危险人格的概念与分类”。第5章论述的是反社会人格，反社会人格的犯罪人并不是仇恨或报复社会的人，他们只是缺乏自然情感力而被称为道德白痴。他们通常表现出嚣张和无畏的破坏行为。这类人行为问题显现的年龄较早，容易观察并识别和预防。第6章论述的是犯罪人格，这类人的犯罪行为有明显的社会背景问题，具有犯罪人格的人通常是未成年时期没有被家庭和社会善待过，因而他们在犯罪过程中具有明显的冷漠与残忍表现。这部分人在社会中也容易被发现并预防。第7章论述的是缺陷人格，这类人格问题者在已经犯罪并显现危险人格的群体中居多数，他们

出现行为问题的时间比前两类人要晚，即使成年才显现犯罪行为但仍与他们早年经历的家庭教育缺陷有关，尤其性格教育的缺失或混乱。各章还结合近年发生的一些真实的个案予以剖析，使读者更容易理解并把握这类人格引起的犯罪现象和相关特点。

第 8 章、第 9 章、第 10 章、第 11 章则围绕着本书的另一主题：危险心结。其中第 8 章专门介绍了何为危险心结以及与心结有关而犯罪的人其心理特点。危险心结者犯罪一般不具有刑罚处罚后的重复危害性，他们的犯罪数量往往不足案件总数的一半，但他们的犯罪因为暴力性、变态性和让人意外性也常常给社会带来严重的危害。对于这类犯罪心理现象的认识和预防需要更多的心理学知识。第 9 章、第 10 章、第 11 章分别以意识、认知和情感三种类型分析了危险心结的不同表现形式和形成的心理背景。各章也结合了近年来许多重大的刑事案件予以剖析。这些案件既是实案，也是研究的根据。

第 12 章的撰写是针对一种社会现实需要，在现实生活中经常有一些刑事案件因作案人的心理怪异（尤其犯罪动机）而导致人们对于犯罪人的精神问题进行质疑。事实上，这是很容易发生的现象：因普通人“不能理解犯罪人的犯罪心理”而断定“作案人一定是精神病人”！人们甚至因此对相关案件的司法审判产生质疑，这种质疑也曾引发过司法风波。作者认为有必要在本书中专门论述相关的问题。为了让人们更好地认识犯罪心理现象，本章从“行为异常不等于人的异常”、“人的异常不等于精神病人”、“精神有病不等于无责任能力”方面进行了阐述。同时，作者还提出了相关建议，即“司法精神病鉴定”的称谓容易让人误解，事实上，司法鉴定的关键不在于是否有或无“精神病”，而在于有无刑事责任“能力”，能力的范畴比精神病的范畴更为确切。作者期待这一建议能够为刑法学家所接受。

第 13 章“犯罪防控策略”是全书的现实价值所在。本章基于研究成果要具有可应用性和可操作性这一宗旨而撰写。提出对于少数犯罪人要加强危险人格的评估与辨别，这部分人“一有机会就犯罪”的特性需要专业的识别与监控，这部分工作如果落实，可在很大程度上减少、制止和迅速打击某些重复危害的犯罪类型。本章还论述了“犯罪人的心理问题绝大多数源于早年，早年塑造人格，人格决定一生”的理念。在这一意义上讲，**从社会角度有效地预防犯罪应该从重视未成年人的保护和教育工作开始，因为这方面的努力**

是减少危险人格和危险心结的重中之重。最后还提出的建议是，如同普及“养生知识”一样，以各种方式向公众普及心理学知识、包括犯罪心理学知识，这种努力可以在很大程度上减少突发、变态等犯罪心理现象。

总之，研究犯罪心理现象和了解这一学科知识能够让我们更好地了解人性的弱点，了解我们自己的内心，从而知道如何修身养性，如何教育子女，如何防止犯罪侵害。

李玫瑾

2009年12月28日

目 录

1 犯罪防控

1.1 人类久远的难题

现实社会中，当出现某种新的危害社会的行为时，人们首先想到的是立法，只有立法才能依法禁止并威慑此类行为的发生。同样，每当一起刑事案件发生时，老百姓最关心的是“犯罪人是否被绳之以法”，因为只有抓住犯罪人并予以法律惩罚，一起案件才算结束。媒体对案件的跟踪报道往往止于法庭对案件的最终判决。法庭的宣判和刑罚的处罚似乎是人们普遍认可的对犯罪的终结方式，正义与邪恶的较量终究以犯罪人被“绳之以法”而宣告结束。但是，“绳之以法”是否就是解决犯罪问题的唯一有效方式？答案并非如此简单。

1.1.1 “绳之以法”的威慑性与犯罪防控

明文的法律规定对已有犯罪动机的人其威慑作用究竟有多大？云南大学在2004年曾发生一起大学生杀害四名同学的案件，主犯马某在被《中国青年报》记者采访时曾有这样一段问答：

问：孩子都懂得“杀人偿命”，你没想到这点？

答：这我知道，我已准备付出这个代价。

问：不惜以自己的生命作为代价？

答：是！

在笔者对杀人犯进行的调查访谈中也问过类似的问题：“你知道杀人偿命吗？”几乎所有的杀人犯都回答“知道”。显然，故意杀人案中绝大多数的犯罪人都是在十分清楚“杀人偿命”的情况下仍然为了个人的目的而实施着各

种杀戮。2004 年北京石景山区曾发生一起四少年绑架杀人案，四名作案人均不满 18 周岁，作案前他们居然如此策划："咱们要做就做个大的（指杀人），反正咱们都不到 18 岁，法律上没有死罪……"[①] 最后他们竟然肆意地杀害了一名与他们同龄的同学，还向其家庭索要 150 万元。

德国也有一项专门针对入室盗窃的在押犯罪人的调查，当被问道"在实施犯罪时被抓住的可能性大小"时，超过 2/3 的罪犯回答：这类犯罪"几乎没有冒险"、"冒险极小"、"冒险较小"。有 50% 的罪犯根本不考虑法律对盗窃犯罪的惩罚问题。只有 20% 的罪犯回答"有一点考虑"或"有些考虑"。

这些调查都反映出：当人意图犯罪时，大多存在着无视法律的态度倾向[②]。明文的法律规定对于那些已有犯罪意图的人其控制力和威慑力几乎微乎其微。

1.1.2 "绳之以法"的惩罚性与犯罪防控

众所周知，法庭判决的刑事案件被告人绝大多数都被判为有期徒刑，少数才被判为无期徒刑。他们在服刑期间还可被减刑或改为有期徒刑。这意味着被判刑的犯罪人员在若干年后绝大多数将回到社会的自由生活中。问题在于，他们在这种背景下是否具有不违法也能生存的态度和能力？例如，他们如何获得稳定的经济来源？如何面对曾经破碎的家庭？如何解决个人的婚姻问题等。这些现实难题无法通过法律惩罚予以解决，但是，这些难题又与他们曾经因刑事犯罪被刑事处罚过有关，与他们可能的重新犯罪有关。因此，尽管刑罚处罚在某种程度上可以起到隔离、教育和改造犯罪人的作用，但真正杜绝重新犯罪似乎并不那么简单。

曾有一位法院院长谈道[③]："重新犯罪应该说是一个世界性存在的问题，但在我们国家来讲，重新犯罪率相对比较高。""我们有一个统计，这个重复

---

① 《北京四名少年杀害中学生索要 150 万元被判重刑》，2004 年 11 月 14 日《法制晚报》。

② 李玫瑾：《德国入室盗窃犯罪与预防研究》，《福建公安高等专科学校学报》2000 年第 2 期。

③ 央视《新闻调查》：刑满释放人员的艰难回归路，2006 年 7 月 11 日，网址：http://news.qq.com/a/20060711/001991_4.htm。

犯罪率大约在8%左右，而特大或者重大刑事案件达到了70%左右，对于社会治安构成严重威胁。”所谓重大刑事案件，一般指系列杀人案件，一次杀多人案件和杀人碎尸案件、爆炸案、持枪抢劫案等。这类案件的主犯有70%以上曾经受过刑事处罚。

另一项调查是针对社会危害较大的有组织的犯罪，研究这类犯罪问题也可发现，受过刑事处罚者的人员在有组织犯罪中占有相当的比例。例如，黑龙江省哈尔滨市破获的以“桥四”为首的五个犯罪组织中，有犯罪前科的（受过刑事处理）人员占72%（1992年）；辽宁省盖州破获的“段氏四兄弟”犯罪组织，7名骨干中有5名具有犯罪的经历；湖北省破获的犯罪组织中，有犯罪前科的人员占64.42%；山西省抓获的犯罪组织成员中有刑事处理记载的占56.2%。①

显然，似乎是结局的法律处罚并非是真正解决犯罪问题的结局，反而可能成为另一些社会难题的开始。因此，犯罪的对策绝非是“谁犯罪处罚谁”那么简单。进入21世纪，社会的发展更注重其整体和谐性，我们在面临一些复杂的社会问题时不能只顾一点而忽略整体，只顾眼前而忽略长远。那么，治理复杂的犯罪问题更是如此。笔者认为，我们在治理犯罪问题上必须具有政治的高度和社会的广度。政治的高度意味着犯罪防控不仅仅是刑事司法领域之事，更重要的是社会政策和社会关系的调整；社会的广度意味着犯罪防控不单单是法律之事，还需要有社会学、心理学等角度的研究，只有从多学科的角度研究犯罪问题才能完整并准确地认识犯罪现象，从而提出一个完整和谐的犯罪预防对策，建立一个整体和谐的犯罪防控体系。

基于这一认识，本书重点从犯罪心理学的角度对犯罪人、相关心理问题和犯罪行为展开研究，研究方法包括对相关研究理论的归纳分析、对犯罪个案的访谈研究、对一些假设的调查验证等，由此提出犯罪防控体系的有关建议。

1.2 人类曾有的探索

纵观人类发展史上对于犯罪现象的认识过程就可发现某种相似的历程，

---

① 李玫瑾：《有组织犯罪的心理学研究》，《公安教育》2001年第7期。

即人类对于犯罪的反应最初都是深恶痛绝，因此，往往采取“以牙还牙”的方式惩罚犯罪人。但是，这种方式经历一段时间后人们就会发现，犯罪问题不仅不能有效地减少，甚至在多数情况下反而呈现加重的态势。人类在经过相当长的时间后才认识到一个道理，即减少或控制犯罪现象需要理性，需要将犯罪现象视为与人类社会并存的一种社会疾病，对于这类疾病只痛恨并不能解决问题，需要冷静并客观地面对，同时进行认真和耐心的研究，观察其病变的由来，包括发病区域的背景调查，从而才能真正找到有效的治理对策。

1.2.1　刑事法律的视角

人类最早系统并理性地看待犯罪可追溯到18世纪后叶。以贝卡里亚、边沁等人为代表的刑事古典学派开始对犯罪与刑罚进行理性的思考与探析。贝卡里亚在解析“刑罚的起源”时就指出：“需要有易感触的力量来阻止个人专横的心灵把社会的法律重新沦入古时的混乱之中。这种易感触的力量就是对触犯法律者所规定的刑罚。”① 从其论述中我们可以看出，他认为，导致社会混乱的犯罪是个人专横的心灵所致。这一时期，即使理性的学者也仍然将犯罪视为个人任意的行为。当然，贝卡里亚非常强调刑罚的目的是保护公共利益，立法必须代表人类最基本的情感，否则就是不公正的结果。因此，为了公共的利益必须对这类行为人进行公正的法律处罚。

同一时期的其他学者也提出类似的观点，边沁就认为，人之所以犯罪都是为了追求各种享乐，是一种放纵自己或任性的表现。既然人犯罪是为了追求享乐，那就要制定严厉的刑罚，让犯罪受到的惩罚感受的痛苦大于犯罪所得到的快乐，这样人们才能在犯罪之前有所顾忌，从而在某种程度上抑制或减少人们犯罪的企图和行为。②

然而，18世纪末的欧洲诸国也处于社会转型时期，资本主义工业化的生产在造就文明的同时也带来相应的社会问题，正如菲利（Ferri）在他著作中所论述的：“犯罪的祸患与现代文明的繁荣形成了阴暗而惨痛的对比。……由于生理学和自然科学的巨大进步，人类在19世纪取得了战胜死亡和传染病的

---

① ［意］贝卡里亚：《论犯罪与刑罚》，中国大百科全书出版社1993年版，第9页。

② 施全德主编：《西方法律思想史》，中国政法大学出版社1996年版，第115～122页。

重大胜利。但是，正当传染病逐渐消失之际，我们却看到道德疾病在我们所谓的文明社会中大量增长。当有了运用实验方法消除各种病因之后而使伤寒、天花、霍乱等疾病大大减少时，我们却看到精神病、自杀和犯罪这些令人痛心的社会疾病在不断增长。"①

尽管早期的法学家们也希望理性地对待犯罪，尽管他们在立法中强调公正与理性，但是，仅靠法律的威严和公正，忽略对其他社会关系和力量的公平与公正探索，犯罪问题不仅不能减少或被控制反而会呈现相反的发展结果，甚至问题越来越严重。菲利于1882年描述的社会背景与我国改革开放后持续进行20多年的严厉打击各种刑事犯罪的行动并两度修改《刑法》的社会背景有着惊人的相似。

1.2.2 犯罪的实证研究

1876年，一本让人震动，甚至其结论让人难以接受的著作《犯罪人论》问世，作者是意大利的一名军医龙布罗梭（Lombroso，1835—1909）。当时的龙布罗梭既不是犯罪学家，也不是法学家。但作为军医，他有一项特殊的工作，给囚犯看病并对即将行刑的死囚进行验身，这使他有机会直接接触大量的犯罪人。他就在这种背景下开始了对犯罪人生理角度的观察。当他解剖了上百具死刑犯的尸体后，通过对其头骨、文身、相貌等测量数据分析后提出了“犯罪人是一类特殊人”的观点。他在他的著作中写道：

> 我开始研究意大利各监狱里的罪犯，在罪犯中我认识了出名的强盗维莱拉，此人特别敏捷、灵活，曾因背着一只绵羊爬上一座陡峭的山峰而闻名。他玩世不恭，厚颜无耻，公开吹嘘他的罪行。在11月一个阴冷的早晨他死了。我被派去给他做尸体解剖。一打开他的头颅，我就在他的枕骨部发现一个明显的凹陷处。我把它叫做枕骨中窝，因为它的位置如同低等动物中的一样，恰恰在枕骨的正中央，与鸟类中所谓小脑蚓部肥大相当。

---

① ［意］菲利著，郭建安译：《实证派犯罪学》，中国政法大学出版社1987年版，第2页。

> 这不仅仅是一个概念，而且是一个新的发现。一看到那颗头颅，仿佛忽然间烈日照亮了大地，我看出了罪犯天性中的问题——一个返祖的人。他身上再现了原始人类和低等动物的残忍本能。于是我们就从解剖学的观点解释了他巨大的颌骨、高耸的颊骨、突出的眉骨，单线的掌纹，极大的眼窝，在野蛮人、类人猿身上才能见到的那种呈柄形的或无柄的耳朵，无痛感能力，极敏锐的视力，极度懒惰，酷爱狂欢，以及为自己而做坏事时不可遏制的欲望，不仅夺取被害者性命，还要将其碎尸，啖其肉，喝其血的欲望。①

龙布罗梭首次提出了“犯罪的返祖现象”。他还提出：“这些事实向我们清楚地证明，那些最恐怖的、最不人道的犯罪也有着生理上的返祖的缘由，也起因于某些兽性的本能”。“返祖现象还能帮助我们理解刑罚的无效性，理解一定数量的犯罪总是周而复始地发生这一特有的情形。”②

由此看出，龙布罗梭认为某些犯罪人之所以犯罪并不是出于理性的选择，而是有着不由自主的个体生理性问题，是一种返祖现象而致的犯罪。这类有返祖现象的犯罪人根本不能理解现代文明社会中法律规定的意义，所以，他们不可能尊重法律并自觉地遵守法律。龙布罗梭认为，这一现象没有引起相关人员的重视，他在《犯罪人论》一书的《引言》中指出：

> 如果你在某一时间内旁听了一系列刑事审判，并且又追踪了这些案件在监狱中的执行情况和在有关统计中的结果，你将惊奇地发现许多相互矛盾的审判和事实堆积在一起，它们不断地恶性循环。一方面，法官几乎总是脱离开犯罪人去考察犯罪事件；另一方面，那些邪恶之徒却不思悔改，不断地重新犯罪，累犯率甚至达到30%、50%及80%，并且在一定时间中保持着持续的频率，他们给社会带来了

---

① ［美］H. 托奇主编，周嘉桂译：《司法和犯罪心理学》，群众出版社1986年版，第213～214页。

② ［意］龙布罗梭著，黄风译：《犯罪人论》，中国法制出版社2000年版，第318页。

> 非常严重的破坏和损失。……所有直接与罪犯交往的人，比如罪犯的家庭成员与监狱的管理人员，都把罪犯视为不同于其他人的人、弱智者、精神失常者、根本或者几乎不可救药者。精神病专家从大量案例中发现，将精神病与犯罪截然分开是不可能的；相反，立法者通常不理会精神病专家的上述大胆评论，也不爱听监狱官们的胆怯的反对意见。他认为在罪犯中很少出现自由意志的反常状态，经常（至少是几年前）把矫正看做是一些不容妥协的方针，不承认在正常人、精神失常者和犯罪人之间存在着任何形态。①

龙布罗梭明确指出，不能离开犯罪人去考察犯罪事件，不能以为仅根据犯罪事件作出公正的处罚就能阻止这类人犯罪。事实上，这类人根本不在乎法律的处罚。所以，法律在这种人面前几乎无任何控制的力量或威慑的力量。

龙布罗梭的观点被人们简称为“天生犯罪人论”。他的著作发表后受到当时社会的广泛质疑，也遭到了众多的抨击与批判。时至今日，仍有大量的学者对这一学说持完全的否定态度。只是有一点人们不能否认，即龙布罗梭的研究并非主观臆断，而是真正源于他对犯罪人的直接观察、解剖和测量。这种研究的科学方法不容置疑。这种实证使他的研究独树一帜，由此开创了理性研究犯罪的另一蹊径，即实证派犯罪学，又称犯罪人类学派。

尽管当时研究犯罪的众多学者大多倾向于“犯罪是社会矛盾的产物”，尽管人们大多拒绝“天生犯罪人”的论证，但是仍有两位著名的犯罪学家从理性的角度继续这一领域的研究，这就是意大利的犯罪学家菲利（FERRI）和加罗法洛（CALOFALO）。

1.2.3 犯罪异常的探讨

菲利（Ferri，1856—1929）在其代表作《犯罪社会学》（1882 年）中指出，“在任何刑罚制度下，无论是采取最严厉的还是最宽容的方法，总有一定种类的罪犯，由于其生理或道德的退化，改恶从善几乎是不可能的，或者说是暂时的。”（p. 3）。菲利还引用了其他学者的观点“再犯是规律而不是例

---

① ［意］龙布罗梭著，黄风译：《犯罪人论》，中国法制出版社 2000 年版，第 3 页。

外”（p. 13）。他认为，龙布罗梭提出的“犯罪人类学资料只适用于天生犯罪人和惯犯……并非完全适用于所有的犯罪人”（p. 11）。为进一步解释这一观点，他将犯罪人分为五种类型：精神病犯，天生犯罪人、惯犯、偶犯和情感犯（p. 21）。其中，“天生或本能的犯罪人最容易表现出犯罪人类学所确定的器官和心理特征。这些人既残忍蛮横又狡猾懒惰。”（p. 23）。他们“既不是精神病患者又不是正常人的罪犯”。（p. 24）菲利认为，惩罚对这类人几乎无效。他还引用莫罗的一句话（1884 年）：“他们在监狱里并不感到痛苦，就像一个在画室里构思其下一幅杰作的画家一样。他们对待看守人员很友好，甚至懂得如何使自己受益”（p. 23）。至于惯犯则“未表现出或略微表现出天生犯罪人的人类学特征。他们第一次犯罪通常是在年轻时，甚至在儿童时代，大多为侵犯财产罪。他们的犯罪主要是由于污浊的环境引起的道德感淡漠而不是先天性的主动倾向所致。”（p. 24）[①] 菲利认为，对于这些犯罪人，社会必须探讨其他的防控方式来解决预防他们犯罪的问题。

实证派犯罪学的另一代表人物是加罗法洛（Calofalo，1852—1934），他的代表作是《犯罪学》（1885 年）[②]。这部著作对于犯罪现象的重新解释以及对异常犯罪人的论述都使其成为犯罪学的旗帜。

加罗法洛在这部著作中首先对“犯罪”的本质进行了重新定位。他认为，犯罪有两种界定，一种是指“某种行为在这里以犯罪对待而在那里根本不予以处罚”的犯罪（p. 20），这就是“法定犯罪”。具体而言，某种行为是否为犯罪，完全取决于当时或当地的法律规定，而这种法律规定又取决于统治的需要。例如，美国历史上曾有一时期禁止贩运酒制品，由此出现大量的走私酒类的犯罪，取消此法律规定罪名后，其犯罪数量立即下降甚至消失。我国在上世纪 60 年代前后也曾在《刑法》中有“投机倒把罪”，在改革开放后这类犯罪不复存在。那么，这之前凡以这种罪名定罪并科以刑事处罚的人就为“法定犯罪人”。另一种对犯罪的界定是“自然犯罪”，这是指“那些被所有

---

① ［意］恩里科·菲利著，郭建安译：《犯罪社会学》，中国人民公安大学出版社 1990 年版，第 3～24 页。

② ［意］加罗法洛著，耿伟、王新译：《犯罪学》，中国大百科全书出版社 1996 年版，第 71～128 页。

的文明国家都毫不困难地确定为犯罪并用刑罚加以处罚的行为”（p. 20）。为何在任何时代、任何社会、任何民族的人们都不能接受呢？因为这种行为伤害了人类最基本、最共同的情感。这种行为就是自然犯罪。

加罗法洛认为，自然犯罪人不同于法定犯罪人，他们在具有龙布罗梭指出的“生理解剖上可观察到的异常”外，还同时具有心理上的异常。这种心理上的异常最突出的表现就是“情感上异于正常人”。这种情感上的异常使他们作出的犯罪行为令所有时代的所有人们从情感上就不能接受，因此，这类犯罪与有无明文的法律规定没有明显的关系，相反，与人类共有的情感却严重冲突，正常人或绝大多数的人们都无法在感情上接受并容忍这种行为。所以，实施这种行为的人就不属于法定犯罪人，而是自然犯罪人。这种自然犯罪人多以犯罪为生，以犯罪为乐，表现为累犯或惯犯。加罗法洛认为，“累犯是遗传的一种结果。犯罪倾向具有先天性和遗传的性质”。他们就是龙布罗梭最早提出的“天生犯罪人”。加罗法洛还引用了法国、比利时、奥地利的犯罪统计，认为这部分人在犯罪群体中占45%～49%（p. 96）。[①] 这一数据与本课题调查的危险人格数据40%左右非常接近（见表2－1至表2－3）。

以上两位犯罪学家对异常犯罪人的研究出现了一致的看法，即在犯罪人群中有那么一些人对社会的危害最大，他们无视人类的基本情感，无恶不作，以犯罪为生，以犯罪为乐，不断地重复某些犯罪。而刑罚（即法律）对这部分人的威慑力却很小。因此，研究犯罪防控必须重视对这类人的研究和防控，他们才是犯罪预防的重点对象。

1.2.4 中国连续“严打”后的思考

纵观人类社会对于犯罪现象的认识和反映的历史就可发现这样一种历程，由最初的简单惩罚和对犯罪者的报复到复杂的理性面对。回顾新中国成立以来，尤其是改革开放以来，我们对犯罪现象的认识也经历了这样一个过程，即在新中国成立之初，我们相信，随着新中国的成立，优越的社会主义制度会使犯罪现象逐渐减少。事实上，我国在20世纪50～60年代曾出现并保持

① ［意］加罗法洛著，耿伟、王新译：《犯罪学》，中国大百科全书出版社1996年版，第96页。

过一段时间的低犯罪率。后来我们经历了十年文革的政治动乱，然后是改革开放。在动乱刚刚结束之时，饱受动乱之苦的人们渴望安定，发展经济，但百废待兴之时却突然发现我们面临较严重的犯罪问题，尤其是青少年犯罪和街头犯罪现象严重。对于这种现象，我们在没有任何冷静与严谨研究的背景下只将其视为“文革”的后遗症，于是认为，只要进行集中的严厉打击和整治后情况就应该好转。为此，我们开展了为期三年的“严厉打击各种刑事犯罪的行动”，当时甚至期待能够通过“严打”将社会治安恢复到中国50年代的水平。

始于1983年的“严打”在其初期似乎有些见效，但出乎人们意料的是，自1986年后犯罪数量开始迅速增加并持续增长①，于是“严打”的方式被一而再地使用。直至21世纪初，河北石家庄市发生令人震惊的爆炸案（2001年3月16日），108名居民死亡，300多人受伤，面对如此恶劣的刑事案件，我们当时的反应仍然是继续开展“严打”行动。然而，就在这次“严打”期间（2001～2004年）各种重、特大的案件仍在发生并引起社会的广泛关注和震惊：

影响较大的案例之一是2001年落网并引起社会高度关注的湖南常德“9·18”抢劫大案。其主犯张某有十多年的作案历史，先后在重庆、湖南、湖北、云南、广西等地持械抢劫杀人，致28人死亡、20多人受伤，劫得财物500多万元。最让人们不解的是，他在法庭审判期间仍然气焰嚣张，对法官不恭，甚至公然恐吓出庭作证的证人。人们震惊的是，这是一个什么心态的犯罪人？他为何在面临法律审判时仍然如此嚣张？

影响较大的案例之二是2003年底被河北沧州警方抓获的系列入室杀人、强奸和抢劫的案犯杨某。杨某有着10年以上的犯罪史，他先后受过三次刑事处罚，就在第三次刑满释放后的四年多时间里他先后实施22起灭门案件，致67人死亡。当他被抓捕后人们才得知，他入室杀害全家的目的仅为了得到一下性满足。他每次几分钟的快乐竟是以一家人的性命来换取，人们不禁要问，这又是一个什么心理的犯罪人？

---

① 俞雷主编：《中国现阶段犯罪问题研究》总卷，中国人民公安大学出版社1993年版，第37～83页。

与前两人不同的是2003年底被发现并逮捕的黄某，他从无任何前科记录，外貌看似老实甚至嗫嚅。但是，就是这个貌相老实的黄某竟然在家里设置专门的杀人工具，从网吧骗回青少年，先后杀害了17人。当他被捕后问他作案的动机时，人们发现，他犯罪既不为仇，也不为财，更不存在性目的，而只是源于“从小就渴望做一名杀手”的理想。持续20多年的“严打”对于他的犯罪动机或犯罪理想几乎没有影响。

还有2004年发生在北京东单酒吧街上某著名演员被绑架的案件，主犯王某也受过刑事处罚，他自称在监狱里就想过“出去要大干一场”，并在释放不久就开始实施4起系列绑架勒索案件，其中2名人质被其杀害。

总之，在2001～2004年间，一方面，社会在以最严厉的打击方式努力控制着各类犯罪活动；另一方面，犯罪的制造者似乎根本不在意这种打击的态势，仍然在根据个人的想法不断地制造各种严重的犯罪案件，犯罪数量居高不下，犯罪的恶性程度令人难以接受。这一状态犹如面对着高烧病人已经给出了大剂量的退烧药却不见其退烧的结果，这难道不需要我们重新考虑犯罪防控的新思路吗?

治理犯罪如同治病，医生治病不能只看病情而不看病人。治病过程必然了解病人的生活习性，病人的家庭病史，病人本人的生理情况等才能真正确定医治的方案。犯罪防控也如此，看似仅针对社会的犯罪防控却需要认真地研究一下各种犯罪人。不仅要研究导致他们犯罪的直接或明显原因，更要研究那些看似不明显却有着间接的因果关系的原因。只有找到问题的起点才能找出真正有效的治理和防范的关键，才能开展有针对性的和有价值的犯罪防控。

2 谁在犯罪

2.1 犯罪防控的对象

2.1.1 各种犯罪防控思路

犯罪防控的操作完全不同于打击犯罪的操作，打击犯罪是对已经发生的事实进行操作，而犯罪防控则是对潜在的尚未发生的事实进行操作。后者需要更高的智慧。

事实上，人类社会也早就对此进行过探索。概括而言，人们曾探讨过法律威慑防控，刑事惩罚防控，教育宣传防控，技术防控，情境防控等思路。法律威慑防控，是指通过立法并昭示于世人来达到威吓、制止那些有犯意的人使其不敢犯罪的努力。刑事惩罚防控，是指通过加重刑罚处罚，如加长监禁时间，增加监禁的痛苦感受等，让已经犯罪的人感受到惩罚带来的痛苦超过犯罪快乐而不再犯罪的努力。教育宣传防控，是指将与犯罪有关的法律条文、惩罚规定与惩罚结果（如宣判或示众等）通过学校教育和社会宣传，以直观、言语、文字等方式告诫世人以避免人们出现犯罪的努力。技术防控，是指通过研究制造各种防止犯罪发生的防护设施、监控器、警报器等技术设备来预防重点部位发生犯罪的努力。还包括研究各种用于侦查的技术手段，通过及时破案打击犯罪的努力。犯罪情境预防，是指在容易发生犯罪的时间和空间范围通过增加巡逻，加强灯光，加装防护装置等方式让有犯罪意图的犯罪人无法实施具体的犯罪，这是一种针对性极强的具体预防努力。

如前所述，我国在改革开放初期，即上世纪 80 年代曾面临着较为严重的犯罪问题，当时我们工作的重点是对已经犯罪的人进行了一系列的严厉打击行动并加重处罚，如取消某些城市犯罪人的城市户口等。同时，也通过教育和宣传，如召开万人大会对严重案件的刑事被告人进行公开宣判，以扩大教育影响。还通过防范技术，如所有楼房要求安装防盗门窗等来控制或减少犯罪。

这些防范的思路和方法虽然各有价值但也各有局限性。首先，分析严厉打击犯罪的防控策略，事实证明这是一种滞后的防控，是永远要等犯罪人完成犯罪事实后才能进行抓捕、起诉和监禁的防控，通过判刑和惩罚将犯罪人与社会隔离的防控。其次，分析宣传教育防控，这类措施虽然弥补了反应滞后的缺陷，但是，事前教育和宣传有时缺乏针对性和有效性，这些宣传教育不能解决一些人在犯罪前面临的现实生活难题（有些人几乎认为他不犯罪就不能达到他所要达到的目的），也不能改变一些人认为用隐匿方式选择犯罪就可以逃避处罚的心理。再次，分析技术防控和情境防控对策，这虽是一种具体可操作的防控，可通过巡逻、技术装置暂时阻止有犯罪意图的人停止某次犯罪活动，但是，这仍是一种被动等待的、只在局部有效果的防控措施。除此之外，还有何种思路呢？

本课题提出针对犯罪人的防控思路。以人为对象并将人分类的防控前提是：调查并研究哪类人在犯罪？哪类人影响并决定案件数量？哪类人决定案件的恶性程度？哪类人属于本性难改而不断地重复犯罪？哪类人是以犯罪为生存手段而不断地重复犯罪？还有哪类人属于“一失足成千古恨”式的犯罪？将犯罪人分类，然后采取有针对性的社会政策而非单一的刑事政策进行犯罪防控，这需要以调整社会关系为目的，完善法律体系而非单一地完善刑法来达到犯罪防控的目的。这种防控还可以对社会中危险人员或人群进行可操作性的鉴别、心理评估、社会干预，包括社会救助等具体措施进行犯罪防控。总之，这种防控是建立在对人性认识的基础上，建立在对犯罪原因的调查研究基础上，建立在人性化的社会管理并以和谐为宗旨而制定的法律政策基础上。从这种意义上讲，犯罪防控需要更多的理性行为，需要更多的调查和研究，需要有更高和更广阔的视野，需要有更长远目标的法律体系的精心设计。

2.1.2 犯罪人与案件数量

犯罪防控的有效度一般是从两种指标予以观察。第一是犯罪的案件数量是否下降；第二是犯罪的人员数量是否减少。人们一般认为，犯罪人员与犯罪案件的数量成正比，即犯罪人增多，犯罪案件就会增多。尤其从社会学角度对犯罪问题的研究更容易让人形成这样一种认识倾向，即犯罪问题增多往往与社会背景密切相关，我国目前仍处于转型时期，社会问题较多，随着诸种社会矛盾冲突，犯罪人数就会增加，进而犯罪案件也就会增多。因此，犯罪人数决定犯罪案件数量。这恰恰是一种简单地判断，甚至是一种误判。

“犯罪人数增多就会导致犯罪案件增多”的判断会导致两种反应：一是调整社会关系以减少犯罪人数，这是一种很好的社会认识。但是，这种认识的反应往往难以一时奏效，因为调整社会关系来减少犯罪的努力属于“远水救不了近火”。最关键的是，对于犯罪人的普遍模糊的认识也使得调整“哪些社会关系”成为一种盲点。另一种见效快的反应是及时抓捕犯罪人，及时处罚并监禁犯罪人以减少影响犯罪数量的人员。这种做法会立竿见影，短期见效。因此，尽管人们理智上期待通过调整社会关系，通过综合治理来减少犯罪人数，但事实上人们更倾向于通过及时抓捕犯罪人，通过及时地惩罚并将犯罪人监禁来减少犯罪人数和减少犯罪数量。

事实上，人类社会在绝大多数的情况下都在以第二种方式进行反应。因为这种反应较为容易并简单。问题在于，这种反应的结果是，犯罪防控变成唯一可操作的“逮捕—判刑—监禁”的司法活动。尽管人类文明已经非常重视在司法过程中程序的公正与严谨，重视这一操作的科学性，我国在近几十年中也对这种司法操作进行了大量的完善与努力，借助世界上各国通常采取的较为成熟的法律原则以期达到这种犯罪防控中对犯罪人的公平和公正处置，如罪刑法定原则、罪刑相当原则等。然而，仅根据犯罪事实行为进行的量刑惩罚（包括刑期的长短和刑期的轻重）仍在事实上会导致这样一种结果，即将一些虽不具有重复危害性的人，如具有特定犯罪原因但罪行严重的人判以重刑而与社会隔离；相反，对于那些没有特定原因也会主动犯罪、具有复发性、具有对社会不断扰乱与危害的人员因仅根据具体甚至单一的罪行证据定罪而不得不放归社会，从而，使这类人员无法通过刑罚控制而与社会隔离，继续造成大量的案件数量并严重危害社会。

2.2 认识犯罪人

犯罪心理学的研究发现，犯罪人数并不简单地与犯罪案件数量成正比。事实上，他们之间的关系较为微妙，即真正决定犯罪数量和性质的不在于犯罪人数的多少，而在于犯罪人的人格特征和心理状况。如同世界上的财富集中在少数人手里一样，决定多数犯罪数量的人恰恰是犯罪群体中的少数人，是那些具有人格问题的犯罪人。

所以，犯罪防控的有效度不仅仅在于泛泛地严厉打击犯罪，即抓捕多少犯罪嫌疑人，起诉多少名被告或关押多少名罪犯，而在于如何对那些具有重复犯罪倾向的少数犯罪人进行鉴别并合理地使用刑罚处罚，进而使“现代的刑罚”在具有以社会的名义替被害人找回公道之外，还能起到保护社会、将那些具有不断危害社会的犯罪人与社会隔离开来的功能，预防重复犯罪人的重复危害。同时，将那些对社会不再具有危害性的偶发性犯罪人置于社区矫正，以减少监狱内的亚社会化现象（注：在各种社会背景下人都处于某种社会化进程中，特殊的不良社会环境对其中的个体发生影响就是一种非主流社会化的亚社会化过程。长期在监狱里的人往往会形成与监狱环境有关的心理现象）。

在认识犯罪人的同时，我们往往会发现“导致人犯罪”或说“形成犯罪人”的各种背景原因，进而我们可探讨其他的法律途径来解决这些问题，达到防控犯罪的目的。例如，我们能否改变一种对法律功能的认识或改变一种法律功能的观念，在现有处罚犯罪的“刑事法律”基础上补充“保护性法律”来预防犯罪，这问题将在最后一章具体论述，在此不赘述。

综上所述，我们要通过完善法律体系来防控犯罪，而非单一地完善刑法来防控犯罪，而若要达到这一目的就需要近距离地研究犯罪人和其犯罪心理。

2.2.1 犯罪人的基本分类

作者在长期从事犯罪人和犯罪心理研究中形成这样一种认识，即在犯罪人群中，多数的犯罪人属于人格正常的人，导致他们犯罪的心理问题是现实生活中的某些不良刺激，他们出现犯罪应属于对不良刺激作出的犯罪反应。他们的犯罪常常具有显而易见的刺激源问题，进而出现过负面的情绪问题或心理冲突等。他们虽然在犯罪人群中占有较大的比例，但是，他们并不决定案件的数量与性质。相反，在犯罪人群中居少数的一个群体，即具有人格问题的犯罪人恰恰是影响并决定社会犯罪数量与性质的人员，他们的犯罪原因已经不在于有无特殊事件刺激引发，而在于其自身已经出现一种犯罪的人格倾向，他们的存在和生活就是与犯罪为伍，以犯罪为生。

具体而言，犯罪人可分为两大类：有危险人格的犯罪人与有危险心结的犯罪人。所谓危险人格，是指因人格问题而导致其对他人或社会具有重复威胁或持续危害的一种人格心理现象。所谓危险心结，是指因心理创伤而致的心结使其出现了令人意外的犯罪行为现象。这两大类人员在犯罪人总数中的比例大致为4:6，即40%的犯罪人具有危险人格问题，60%的人具有危险心结现象（见图2－1）。

在危险人格类型中又可分为两种情况：一种是具有遗传或生理背景而出现的人格危险倾向；另一种则是具有后天社会化缺陷而出现的人格危险倾向。

具有遗传或生理背景的危险人格者从小就呈现出一种至今难以清晰解释的人格障碍。他们出现行为问题的时间一般在早年（6～10岁），主要表现是顽劣异常并多有破坏性行为，随其年龄增长这类顽劣与破坏表现越来越严重，进而从对家庭的困扰蔓延到对学校周围人的骚扰，最后到对社会的危害，直至构成严重犯罪行为。例如，前面列举的湖南常德持枪抢劫案主犯张某（2001年）、北京系列绑架案的王某（2004年）、石家庄爆炸案主犯靳某（2001年）等，这类人在犯罪人群中所占比例约为10%，在重刑犯群体中所占的比例更高，约占17%（见表2－2）。

具有后天社会化缺陷的危险人格者其人格问题明显地形成于他们早年的生活经历中。他们犯罪的主要原因是他们在人格形成的关键期（18周岁之前），即基本社会化过程中出现问题。由于人格具有一旦形成终身伴随的特点，所以，早年形成的异常人格也会决定人一生的社会行为方式的异常。这类人往往在接近成年时开始出现违法或犯罪行为，然后，因为带有问题的观念和习惯已经形成，很多心理问题也难以改变，他们在其后的生活中往往以他们自己最熟悉和习惯的方式行为，包括自私、冷漠、残忍、冲动等，所以，他们遇到适宜机会就会犯罪，甚至没有机会寻找机会也要犯罪，因为犯罪是他们解决他们日常生活问题时最容易的选择。所以，这类人大多以犯罪为生。

导致危险人格发生的社会化缺陷又分两种，即乏爱型与溺过型。其中，乏爱型，是指人在基本社会化进程中因缺乏情感抚养而造成其终身的人格问题，以情感缺陷为核心的危险人格者在犯罪时表现出更多的无情与暴力特点。例如，前面提到的流窜四省做了22起灭门案的杨某（2003年）、还有当年震惊全国的在北京、新疆持枪抢劫案的白某（2001年），以及系列爬楼入室强奸抢劫杀人的董某（2006年）。而溺过型则是指人在基本社会化进程中因缺乏性格培养而造成其终身的人格缺陷问题，以性格缺陷为核心的危险人格者在犯罪中表现出更多的肆意与无耻的特点，如惯偷、惯奸、惯骗类的犯罪人。这两类人员合计约占犯罪人群的30%。

与危险人格不同的是，危险心结类的犯罪人其犯罪行为的发生往往有一种让人意外的感觉和特点，他们不是必然犯罪人，这类人的心理问题发生的时间和背景差别较大，不像危险人格问题集中地出现于人的早年。但是，危险心结的人虽然平时表现完全正常，只要遇到与其心结有关的刺激源他们就会出现明显的心理问题，严重者还会出现心理发展的停滞和逆转现象，进而出现一反常态的行为表现，其中包括出现各种类型的犯罪行为。例如，不明动机却用木马床杀害十多名青少年的黄某（2003年）、突然在宿舍里杀害自己同学的马某（2004年）、还有去道观求签却愤怒杀害十多人的邱某（2006年）等。这类心理问题还包括那些有着良好身份和工作却突然出现职务犯罪的人。这类人本来可以正常生活，但他们却出人意料地犯罪，其中每一犯罪人在选择犯罪行为时都有其内心的一个危险心结。这类人在犯罪人群中约占60%。

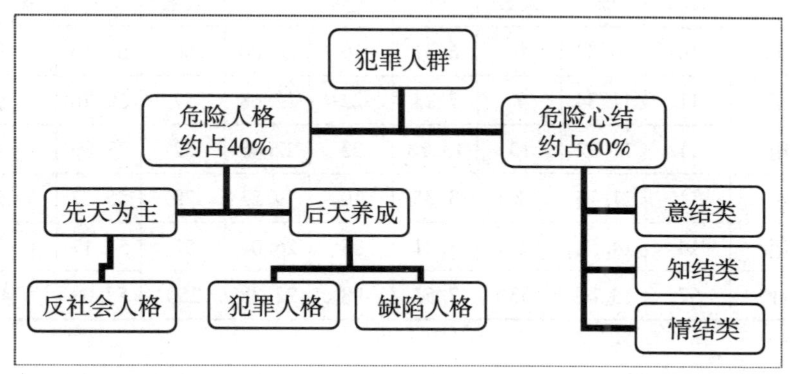

图2-1　犯罪人分类示意图

两类人比较而言，有危险人格的人居犯罪人群的少数（约40%），但他们实施的刑事案件却是案件总数中的多数，他们是影响并决定社会案件数量与性质的重要群体；有危险心结的人在犯罪人群中虽占多数（约60%），但他们实施的案件数量在总体案件中低于50%。为研究这一问题，本课题分别以对监狱服刑人员的调查，对个案的心理访谈、对重大案件的资料收集等方法进行了不同角度的实证。

2.2.2 犯罪人分类的实证

为证实上述的假设，本课题先后在江苏和新疆两所监狱内对服刑人员进行过三次较大规模的问卷调查。第一次调查人数有500人，但因问卷设计不当，调查结果失效。后重新修改调查问卷（问卷的指标将在2.2.3中论述），找出不同类型犯罪人的心理特点，重新进行了两次施测，这两次结果都有效。其中，江苏某监狱共发放500份，经过整理，有效问卷为438份；新疆某监狱共发放280份，有效问卷241份。现只将结果分析列出，两地结果基本证实了这一假设。

第一组调查对象为江苏某监狱服刑人员。共438份有效卷，施测时根据五个监区分为5组。其中第1组，第2组，第3组，第5组都为100人，只有第4组为52人，属于监狱的“重点监控”人员。

表2－1　江苏某监狱服刑人员调查统计结果（2007年12月）①

	反社会人格		犯罪人格		缺陷人格		危险心结		总计
	人数	%	人数	%	人数	%	人数	%	
第一组	10	10.53	6	6.31	19	20.00	60	63.16	95
第二组	11	11.34	7	7.23	22	22.68	57	58.76	97
第三组	11	11.22	13	13.26	22	22.45	52	53.06	98
第四组	11	21.15	2	3.85	10	19.23	29	55.77	52
第五组	14	14.58	5	5.21	25	26.04	52	54.17	96
总　计	57	13.01	33	7.53	98	22.38	250	57.08	438

上述数据中观察出其分布。危险心结的人数最多，其次为缺陷人格，最少的为犯罪人格类型。其中，从第4组（即重犯组）的观察值就可看出，这组具有反社会人格特征的罪犯比例最高。

第二组调查是新疆某监狱。有效卷为280份，共分3个组，有当年进入监狱的新犯组，有服长期刑的罪犯组，还有综合组，即各种刑期、各类犯罪情况都有的组。结果如下：

① 本项调查的执行者为江苏某监狱的刘运福先生。

表 2－2 新疆某监狱服刑人员调查统计结果（2008 年 1 月）①

	反社会人格		犯罪人格		缺陷人格		心结类		总计
	人数	%	人数	%	人数	%	人数	%	
第一组综合组	19	19.19	8	8.08	14	14.14	58	58.59	99
第二组新犯罪人员	13	13.83	7	7.45	8	8.51	66	70.21	94
第三组长期犯罪人员	9	18.75	3	6.25	8	16.67	28	58.33	48
合　计	41	17.01	18	7.47	30	12.45	152	63.07	241

这一数据与江苏某监狱的调查结果略有不同，从观察值可看出，新犯罪人员中具有人格障碍的人员比例明显较低。

两地的调查结果是否具有显著性差异呢？首先，用两地的总体值进行了两个独立样本的检验，结果是 P＝0.317，P＞0.05，差异不显著。

表 2－3 新疆某监狱与江苏某监狱统计结果比较

	反社会人格		犯罪人格		缺陷人格		危险心结		总计
	人数	%	人数	%	人数	%	人数	%	
新疆某监狱合计	41	17.01	18	7.47	30	12.45	152 人	63.07	241
江苏某监狱合计	57	13.01	33	7.53	98	22.38	250	57.08	100

其次，对三种类型，即反社会人格类、社会化缺陷类（包含犯罪人格与缺陷人格）和危险心结类分别进行单项的卡方检验。结果也是差异不显著。

表 2－4 新疆某监狱与江苏某监狱的比较值

反社会人格组	检验的理论数为 15.0	X2＝8.272	自由度为 9	P 值＝0.507	差异不显著
社会化障碍组	检验的理论值为 25.7	X2＝12.698	自由度为 9	P 值＝0.177	差异不显著
危险心结组	检验的理论值为 59.3	X2＝3.948	自由度为 9	P 值＝0.915	差异不显著

① 本调查由新疆司法警官学院王书庵副教授、赵昌平讲师协助完成。

可见，在两地的监所进行的犯罪人员类型的调查结果基本印证我们的假设：犯罪人员中，具有说不明原因的反社会人格的犯罪人员约占15%；出于社会化障碍（即后天形成的两类）导致犯罪的人员约占25.8%；而出于各种危险心结进行犯罪的人员则占59.3%，这部分人在研究中还需要进一步细分。

这些数据分析重点要说明的是：具有危险人格的犯罪人在人数上并不占多数，但由于他们具有重复犯罪倾向，所以，他们是需要重点防控的对象。那些有着某种危险心结的人在犯罪人员中居多数，但他们并不决定案件数量。

2.2.3 犯罪被罚次数与犯罪数量分析

既然研究假设与课题调查的结果表明：犯罪人群中约有40%的人属于人格障碍而导致重复犯罪，那么，我们可以再次从服刑人员的犯罪前科次数的调查来印证这一问题，因为刑罚次数肯定与重复犯罪有关。调查对象是新疆某监狱的服刑人员。调查样本为500人，收回问卷后有效卷为467份。问题是“你这是第几次服刑?”根据467人的有效回答统计结果如下：

表2－5 犯罪前科次数分布（2007年8月）①

前科次数	1次	2次	3次	4次	5次	6次	总计
人数	303	96	40	16	9	3	467
%	64.9	20.6	8.6	3.4	1.9	0.6	100

注：数据为新疆某监狱在押人员前科记录的调查（2007年8月）

这一数据表明：在本样本中，第一次服刑的人员（法律意义上的初犯）占全部服刑人员的64.9%；另有35%的人属于2次以上的服刑人员。这一数据从另种角度让我们估计：具有重复性犯罪人员在犯罪人群中的比例，假如第一次服刑人员中仍有8%的重犯率②，那么，具有人格障碍导致重复或以犯罪为生的犯罪人仍在40%上下。这与前面的分析结论非常相近。

另一分析则是根据本课题在研究期间收集的一些大要案（指杀人等恶性案件）的资料进行。由于在监狱里的调查只能大规模地施测，没有太多的时

① 本调查由新疆司法警官学院的王书庵副教授、赵昌平讲师等人协助。

② 央视《新闻调查》：刑满释放人员的艰难回归路，2006年7月11日，网址：http://news.qq.com/a/20060711/001991_4.htm。

间进行案情了解，因此，还需要其他的研究方式予以弥补。尤其是需要个案调查并进行个案的微观解剖研究，这一研究较为费时费力，在本课题研究期间（约4年）只收集了30多起个案资料。这些个案有的曾引起过社会的广泛关注，也引起本课题研究者的关注和调查；有的则是本课题主持人直接参与侦查分析和案后调查所获得的资料。在此基础上建立了个案调查的小样本数据库。下面的分析就出自这一数据库的资料，即犯罪处罚次数与作案数、杀人数（即被害人数）的统计分析，从中也可观察出一些有价值的问题。

表2－6　杀人案件个案样本的情况分析（n＝36①）

刑罚次数	人数	占百分比	人均杀人案数（次）	人均被害数（人）
罚1次	14	38.89	6.36	5.21
罚2次	13	36.11	13.15	17.15
罚3次	7	19.44	14.86	18.5
罚≥4次	2	5.56	14	37.5
合　计	36	100.00	8.14	13.97

首先，就平均水平观察表2－6的数据。

杀人案的主犯中有61.11%（即36.11%＋19.44%＋5.56%之和）是具有2次以上刑事记录的人。因为本数据统计是通过已经定罪并用于起诉的案件事实，这些起诉的案件大多属于犯罪人实施的较严重的犯罪行为。有3～4次刑事记录的人占25%。在此观察的只是他们被逮捕处罚的次数。

如果进而观察他们的作案次数还会发现，随着处罚次数的增多，他们的作案数也在增多。从作案情况观察，36名重大案件的犯罪人共实施了362起案件。这意味着，重大案件的犯罪人从其作案到其被判重刑期间平均下来，他们一人要实施10起左右的重大案件。某些系列案件的犯罪人或者某些具有10年以上犯罪史的犯罪人往往因为时间已久，记忆不清，还有未交代清楚的案件；此外，还有因为属于一般轻微案件，起诉时往往不计入起诉事实的案件存在，考虑这些我们可以估计，事实上重大案件的犯罪人平均作案的比例

① 样本详细情况见附1　本课题收集的大要案、个案情况一览表。

远远不止 1∶10 的比例。

最为关键的是，他们伤害的人员数量还比案件数量高，这 36 名犯罪人共侵害过 503 人，这意味着，犯罪人与被害人的关系比例是 1∶14。若将被处罚 2 次以上的犯罪人员进行单独计算，就可发现，被罚次数越多的人造成的人身伤害和社会危害就越大。以上是就平均水平进行的分析。

其次，分级别观察表 2－6 的数据。

罚 1 次的人员。罚一次，是指第一次被逮捕并被法庭审判后进行的处罚。平均计算结果，第一次被判刑的犯罪人平均有 5 名被害人，作案 6 起。由于第一次被处罚不等同于第一次作案，所以，即使第一次被判刑，有的人已经作过多起案件，如河南的黄某在家用木马床杀害 17 名青少年后才被发现逮捕并被处刑。

罚 2 次的人员。罚 2 次与罚 3 次的人员情况较接近，他们平均下来 1 人作案 13～15 起；而被害人则为 18 人左右。需要补充说明，他们在第二次作案与第一次释放之间、第三次作案与第二次释放之间的间隔几乎就在 1～5 年之内。换言之，第二次与第三次作案的数量虽然看似仅仅比“罚一次”的多一倍多，但若以时间为分母观察的话，第 2～3 次被罚人员其作案的密度明显在增大。

罚 4 次以上的人员。这一级中，在案件上似乎看不出案件数量的明显增长，但是，本课题研究者认为，这大概是因为他们被判刑是因为杀人案件，鉴此，侦查或起诉的调查人员更偏重于对大案过程的详细讯问与调查，而对于他们在大案之间实施的小案，如盗窃、扒窃、抢夺或抢劫、强奸等类案件一般不易细究，因为与杀人行为相比，小案的调查对于起诉和处罚的影响几乎微乎其微，细究也会使案卷太复杂，而且这类行为不会成为加重量刑的砝码，所以调查人员一般予以忽略，判决书上一般也不太显现。但是，我们仍可从被害人数看出，罚 4 次以上的人员其犯罪的性质明显恶化，一案杀多人、连续作案以及导致重伤害的人数明显增多，是罚一次人员的 7 倍多。

由此可见，即使服刑的犯罪人员中重新犯罪的比率并不高（占 8% 左右)[①]，但是，若按重新犯罪人（在表2－6中呈现2次以上的人员计算）平均每人作13起案件，每名犯罪人将形成约20名被害人计算，就可知他们对社会的严重危害性。

上述分析让我们清醒地看到，许多受过法律惩罚、曾被判刑、被教育改造过的人在释放后如果继续犯罪，会形成更严重的威胁，制造更严重的犯罪案件。尽管这一群体人数的比例不高，但足以说明，曾对他们施以过的刑罚并不能完全解决犯罪防控问题。

要真正做好犯罪防范与控制，我们需要调整以往的思路和对策。本书将在最后一章予以具体论述，在此暂不细述。

① 央视《新闻调查》：刑满释放人员的艰难回归路，2006年7月11日，网址：http://news.qq.com/a/20060711/001991_4.ht。

3 心理研究

本课题在前两章提出了犯罪防控要以人为研究对象，提出了将犯罪人进行分类防控的思路，即区分出危险人格与危险心结两类犯罪人。要进一步阐述这一观点需要先说明人格与心结的现象。这需要暂时放下犯罪的话题先来讨论一下相关的心理概念。

心理学是专门研究人和心理问题的学科，也是一个庞大的学科群。心理学自 1879 年因一个心理学实验室的建立而被认为是一门科学之后，经过一百多年的发展其研究已经有着令人惊异的成就。对于人的心理现象的研究让我们知道，遗传、生理、孕育、教育、环境、社会等问题都与人的心理活动发生与发展密切相关。同时，心理学的研究还说明，心理现象有规律，对于心理现象的研究可让人类更好地认识自己，认识复杂的心理与行为关系，认识各色各样的人物。

由于心理现象较为复杂，所以，心理学的研究也呈多学科地发展。要详细地了解心理学的研究需要我们系统地学习心理学不同学科的知识，如普通心理学、发展心理学、社会心理学、变态心理学、生理心理学等。在此，作者仅根据犯罪心理研究的需要将不同学科心理学研究的内容作一大致概括，共分为六个专题：心理的生理基础、心理早期发展、意识活动、认识活动、情绪活动及人格现象（又称个性）。

3.1 心理基础

3.1.1 生理基础

研究心理现象首先要了解心理发生的客观基础，任何人的心理活动都必先受制于自身的生理基础。

与人的心理现象直接相关的生理内容是人体的神经系统活动，神经系统从结构而言包括两大系统，即中枢与周围神经系统。中枢神经系统又包括脊髓与脑；而周围神经系统则包括躯体神经与植物神经系统。这些系统都由神经元（即神经细胞）组成。神经细胞具有对刺激信息整合传递功能，正是神经细胞的工作，人体才能通过周围神经系统将外部刺激信息传入中枢，中枢相关部位再作出指令并传出给效应器官（即肌肉和腺体），从而保证着人体对刺激作出各种反应。也正是心理的生理机制运作才保证了各种心理活动的发生，让人完成复杂的认识、意识、情绪和各种行为反应活动。

由于神经系统的活动不可用肉眼直观，所以，这一领域的研究大多出自生理心理学的研究。因此，我们对于心理的生理机制了解也多借助于生理学、神经学、生物学、遗传学等学科的研究成果。

在犯罪心理研究和应用领域中，经常使用一种技术——心理测试技术（俗称测谎），这一技术手段就是使用生理检测仪，通过对呼吸、脉搏、皮电等生理指标的测试并配合心理提问（问—听）以此判断嫌疑人是否知道犯罪情节，是否有过相关的行为和内在心理活动，如被测人是否到过现场？是否实施过某种动作行为？等等。由于能够从生理指标检测出心理活动痕迹，说明了生理与心理之间的关系密不可分。当然，心理与生理的关系远不止于谎言测试中。

心理的生理指标除神经系统活动外，还有遗传问题，如人的长相，人的脾气、人的智商、某些心理疾病等都与遗传有关。前一章在论述犯罪人分类时，我们曾提出危险人格中有一类先天禀赋为主的反社会人格类型就属于这类问题。此外，国外也有人在研究染色体与犯罪的关系时指出，一些暴力犯罪与染色体异常有关，如人有23对染色体，其中有一对性别染色体，当这对染色体出现XYY情况时就与人的暴力行为有关；此外，染色体异常还与人的智力障碍有关；某些人格异常还与母亲怀孕期的情绪问题、分娩时接生不畅导致的颅脑受损等问题有关。

遗传问题则可显现于父母与孩子的外部征象或心理行为活动中，如人种肤色、运动类型、个人脾气、兴趣特长等都可由外部观察，所以，这些生理指标也可用来对人进行观察和分析。除神经系统、遗传项目外，人的出生时间、年龄、体型、身高等客观生命指标也可用于犯罪心理的观察与分析。鉴此，从心理角度研究犯罪人不可忽视生理学、生物学和遗传学的知识。生理

指标是从事犯罪心理研究的第一类指标。

要强调一点，许多生理指标与犯罪类型有关，但并不影响、甚至不决定人是否犯罪的问题。除个别类型外，绝大多数的犯罪人的犯罪原因更多地取决于后天的影响因素。所以，在犯罪心理学中，对心理的生理基础研究只是将其作为对不同类型犯罪人的认识基础，而不能作为犯罪原因的基础。换言之，只有一个人已经意图犯罪，他的生理背景才可能影响或决定他将犯哪一种类型的罪行。

3.1.2 心理早期发展

只要研究心理基础人们就会发现，人在出生后如果没有基本社会化过程，即使具有人的遗传也难以出现人的正常心理现象。因为人的思维源于语言系统，而语言系统源于人类社会生活。个人要掌握语言必须先通过抚养人学习言语（即语言存在和表现的形式）。所以，个人必须经过以抚养人为代表的社会教育才能形成人的正常心理。了解基本社会化过程就需要了解个人心理早期发展的各个阶段（见表 3－1）。

表 3－1 人生心理发展的基本阶段

<table>
<tr><th></th><th>年龄段</th><th colspan="3">心 理 时 期</th></tr>
<tr><td rowspan="6">未成年人
又称基本社会化时期</td><td>0～1 岁</td><td>乳儿期</td><td rowspan="3">家庭生活为主</td><td rowspan="4">依恋期
家庭教育的影响最为重要</td></tr>
<tr><td>1～3 岁</td><td>婴儿期</td></tr>
<tr><td>3～6 岁</td><td>幼儿期</td></tr>
<tr><td>6～12 岁</td><td>学龄初期</td><td rowspan="3">学校生活为主</td></tr>
<tr><td>12～16 岁</td><td>少年期</td><td rowspan="2">青春期
学校教育的影响更为重要</td></tr>
<tr><td>16～18 岁</td><td>青年初期</td></tr>
<tr><td rowspan="4">成年人</td><td>18～25 岁</td><td colspan="3">青年中期</td></tr>
<tr><td>25～35 岁</td><td colspan="3">青年晚期</td></tr>
<tr><td>35～60 岁</td><td colspan="3">中年期</td></tr>
<tr><td>60 岁以上</td><td colspan="3">老年期</td></tr>
</table>

对人的生命现象而言，心理发展是终身性的。但是，最重要的阶段仍是人的早年，人从出生起到 18 岁前后是人的心理从不成熟到成熟的基础发展阶

段。由于这一阶段的心理发展具有多变性和可塑性，所以，这一阶段的外部环境对人的心理影响极为深远，以至会影响人的一生。鉴于心理发展的这一特性，我们在对复杂的心理现象进行研究时不可忽略这一重要的指标。在作者解析一些疑难案件的犯罪心理现象并进行犯罪心理画像时发现，很多分析依据就是心理发展的规律。

心理发展规律既有顺序性又有相互关联性。从基础心理现象发展顺序而言，人从出生开始其心理发展依序是：情感、言语、社会性、认知方式、观念、性格、自我意识等；而相互关联性则指这些心理问题彼此牵连、互相影响，以至解释成年人的心理问题要追溯到人的早年。

3.1.2.1 依恋现象

有人会问，人最初的心理现象为何不是感知觉而是情感中的依恋现象？感觉和知觉现象确实随着人的生命诞生就显现出来，但是人在生命的初期其感知觉（冷、热、声音等觉知反应）几乎是与生俱来的一种反应，这种反应与动物的感知觉没有本质的区别。所以，人在生命早期出现的具有人性的心理反应首先是情感表现之一，即依恋现象。

依恋是人在初生时对身边某一稳定抚养人其专一的依赖与眷恋、不愿其离开的情感现象。依恋的发生基于人的一种天性——人在生命初期与各种动物相比属于最笨、最无能的生命体——这种无能就决定人的一种社会属性，从初生时起就离不开他人的照顾，依恋就是在这种背景下发展的情感。当婴儿日复一日地被抚养人照顾，他们每次得到满足而感受愉悦的同时就记住了这位抚养人的音容笑貌、身体体味等，这也是人最早的社会认知和记忆现象。婴儿在半年左右就开始出现明显的依恋表现，不愿自己依恋的对象离开自己，一旦离开婴儿就会出现负面的情绪表现即哭闹，这时即使外人马上来改变这种情绪都显得困难。如果这种依恋情感能够得到充分满足，孩子就会出现知足、安静、快乐和健康的心理表现，相反，他会不安、焦躁、哭闹、拒绝进食，出现易怒、敌对、封闭自己，出现怪异表现等。所以，依恋是母亲或其他抚养人获得对孩子进行心理控制的资本，若没有这一抚养过程和依恋现象，母亲就很难支配和控制孩子的心理，进而也就无法让孩子心甘情愿地接受抚养者的要求和观念，同时，没有形成依恋的人会有终身的社会情感缺陷，以致成年后表现出对社会或他人的冷酷和残忍等。

对抚养人的依恋现象一般会保持到人的12岁上下。当人进入青春期后人就开始出现与依恋期相反的心理表现，一般表现为与抚养者争自主、独立的权力，还出现与抚养者想法或要求完全相反的行为表现，即逆反心态出现。这一时期家庭教育的功能将逐渐减弱。

3.1.2.2 言语发展

言语是人表达自己并与人交流的心理现象之一，是人通过感知和学习而获得的一种能力。这种能力一旦获得终生具有。人有表达自己并与他人交流想法的能力，但是，这种能力的出现早晚与发展情况却取决于早年情感抚养的程度。具有稳定的抚养人，固定的抚养关系，还有多个亲情抚养者的人不仅能够决定孩子的情感发展，还会决定孩子的言语发展水平和类型。因为凡是有情感的抚养一定是有话语的，是唠叨的，如亲妈或亲奶奶对待孩子的态度与保姆或幼儿园阿姨对孩子的态度会有所不同。同样换尿布，前者会伴随着爱语温柔缓慢，后者则机械般干脆快捷。如果抚养者对幼儿充满情感并有充足的相处时间，孩子的耳边必有丰富的爱语声音，即唠叨，幼儿在这种听觉中容易形成声音表象进而发出自己的声音。当孩子有意发出声音被抚养者及时发现，予以快乐情绪鼓励后，孩子就会更加倾向于发出声音，从而出现与他人的主动互动。这种言语发展也为孩子其后的社会性发展提供了基础。相反，穷困的家境往往疏于照顾无声的孩子，有些忙碌的母亲因为没有时间也没有其他亲人帮忙而将孩子托付给没有亲情关系的别人照顾，这些孩子经常处于缺乏言语的背景下，极少有机会听到浓浓的爱语，因此，他们在进入幼儿期后仍然不爱出声，不愿表达，说话较迟。

3.1.2.3 社会性发展

言语水平还会影响或决定一个孩子的社会性发展。社会性一词又称社交，交际，表明一个人是否擅长交往、是否喜好合群的一种心理现象。社会性发展良好的人往往擅长与人交往，也好交际，心理学称为亲社会性。相反，社会性发展不好的人往往不擅长与各种人接触或亲近。所以，社会性的发展往往基于人的情感抚养水平和言语发展水平。

观察一个人的社会性可观察他是否亲近抚养人之外的其他人，成年后则可通过一个人的人际关系来观察其社会性。一般而言，善于表达的人往往愿意接触人，即使在接触新认识的人时也不惧怕，并试图拉近彼此的心理关系，从而容易形成良好的人际关系。相反，从小抚养人（即依恋对象）较少、极少接触他人的孩子往往不太爱表达自己，从而也就形成与他人交往范围狭窄的现象。这种孩子如果学习出色往往容易向从事科学研究或技术类的领域发展；若不幸的话，有些从小缺乏情感抚养，出现不善与人交流表达自己的现象，上学后又不聪明且学习能力较弱，这类人非常容易在内向的基础上增加自卑的成分，从而变得更加内向与孤僻。这是一些犯罪心理问题发生的原因之一。

3.1.2.4　认知方式发展

认知方式不同于认知过程，认知过程从感觉、知觉开始，到记忆、心象与思维活动，可显示出一个人的智力水平。但是，认知方式更多地体现在后天的认识活动中，系后天心理发展中逐渐形成并稳定的一种学习与社会认知的风格。当一个人从小身边亲人的情感丰富、言语刺激丰富，他个人的言语也会得到良好的发展，表达自己的同时也会观察别人的反应，所以，爱说话的孩子更倾向于别人对他的注意，他会接别人的话茬以求引起别人的关注和赞赏，由于这类心理取向会导致他的注意力倾向于外、倾向于他人的反应，在寻找并观察他人反应时他的注意力也变得异常活跃。相反，寂寞中长大的孩子因为听到的家人或外人的话语少，所以他们说话的机会也少。不爱说话的孩子会用更多的时间做自己的事情，而事物的刺激明显不同于人的刺激，容易稳定安静，所以这类孩子的注意力会长时期地关注在物品上，其神情容易专注，注意力稳定。这就导致一种现象：有的孩子非常活泼伶俐，看上去非常聪明但却学习成绩一般；有的孩子极少说话，却注意力稳定，学习出色。前者容易为领袖式的人才，后者则容易成为研究性人才。他们之间的差别不是智力问题，而是因抚养方式不同，由言语、社会性发展不同所决定的，进而影响他们的社会角色。

3.1.2.5　性格形成

性格是指一个人后天形成的社会行为方式。性格首先强调的是与社会有关的行为方式。人的行为方式有很多种，如学习行为、做事快慢的气质行为等大多可在一个人的情况下表现出来，但是，性格行为则一定是涉及他人的行为，凡是描述一个人与别人有关的行为表现时就为性格描述。例如，某人自私还是无私，某人吝啬还是慷慨，某人无情还是有情有义，某人冷酷还是

善良，某人刻薄还是厚道等。这些评价就是对人的性格评价。性格其次强调的是后天形成，尤其受到早期抚养人的养育方式的影响。性格形成有关键期，最基础的关键期是12岁之前，因为人在这一时期仍处于心理依恋期，他会为求得所依恋人的喜爱而改变自己。但当一个人进入青春期后，他的独立意识、逆反心理随之出现，这时，人的性格若有缺陷就相对难以改变，如果当人完成心理发育，进入成年，他的性格特征就会趋于稳定，成为人格中的稳定要素之一并会伴随人的一生。

3.1.2.6 观念形成

从字义上理解，观念的“观”字就是“看”（也可包括听、嗅、味、触）；而念字就是念头即想法。显然，观念是在观到的同时形成的念（头），在看到的同时形成的想法。所以，观念是指人在接触客观事物的同时形成的相应看法或想法。

人的观念可始于母亲的怀抱中，也可发生在父母日常生活中不经意的言谈和举止时，还可在亲人的唠叨中形成，如做某件事情的对与错。随着人的成长和成熟，人的观念还与其人生的经历、社会文化背景息息相关。

观念的形成与言语能力的发展具有相似性，即越早期形成的观念越具有稳定长久性。观念还与一个人的道德水平有关。所谓道德是一个社会绝大多数人共同认可的一种生活及行为的准则和规范。个人在成长中通过父母的唠叨、学校老师的教诲，逐渐了解了社会公认的行为准则和规范，个人在成长过程中通过这方面的学习、理解、接受并用于规范自己行为的发展。这就是一个人的正常发展。否则就会出现相悖的心理和行为表现，严重者还会出现与社会法律相悖的违法和犯罪行为。所以，一个社会倡导的道德更多地通过风俗、众人态度等对人发生影响，使之形成观念并成为指导约束个人行为的规矩。

当一个人完成上述诸种内容的发展，在年龄接近18周岁时其人格特征也就开始趋于稳定。人格的内容一旦出现或形成就终身具有并进而影响个人很多的心理倾向和外部心理特征，形成个人的心理风格。

3.2 日常心理

日常心理现象主要指人每天正常生活中变化着的心理现象。每天我们经历睡眠与清醒，我们有知还有不知，这是意识现象；每天我们感知、记忆、思考并反应着各种各样的事情，这是认识现象；每天我们的心情也不相同，有的事情或有些人让我们高兴，但也有些事情或有些人让我们愤怒、悲哀和恐惧，喜怒哀乐是我们变幻无常的情绪和情感。本书在第八章中所论述的危险心结就是这种日常心理活动出现了问题。为此，有必要在此介绍一下这些基本的心理现象，即意识、认识和情绪现象。

3.2.1 意识活动

研究意识的价值在于，通过对意识现象和意识层面的研究可以让我们更完整地了解人的心理内容及这些内容引起的心理冲突、心理异常等表现。

3.2.1.1 意识现象

在心理学中，意识问题属于最复杂的心理现象之一。许多心理学教材甚至不将意识单独列章。美国心理学家阿瑟·雷伯编著的《心理学词典》中对意识的解释是：意识（consciousness），一般指一种觉知状态，这是该术语的最普遍的用法；指包括感觉、知觉以及一个人瞬息间觉知到的记忆在内的一个心理领域，也就是说，人在专注着的当前精神生活的那些方面（attention）；可加以内省（introspection）的心理成分；在精神分析中，意识（the consciouss）包括人在瞬间觉知到的所有东西的心理方面。[①]

这一解释包括了 4 种含义。在此，作者根据上述解释将意识概括为两句话：人能否对外界和自己进行觉知；人能否进行即时觉知和对以往觉知过的内容进行再次觉知。

最先要明确的是，何为觉知？“觉”就是指人对外界、对他人和对自己、包括对自己内心的感觉与知觉能力；所谓“知”，是指人对曾经感知过的材料能否记忆和思维的能力，只有记住并纳入思维的内容才为知；相反，没有记住的内容自己往往“不知道”。在此意义上理解，觉知可包括：感觉、知觉、记忆与思维。所以，有感觉、有知觉、有记忆、有思维就为有觉知，有觉知即知道、醒着、有反应等；相反，无感觉、无知觉、无记忆、无思维就为无觉知，无觉知就为不知道、不清醒、无反应等，如睡眠、麻醉、昏迷等。以

① ［美］阿瑟.S. 雷伯著：《心理学词典》，上海译文出版社 1998 年版，第 169 页。

此推断，一个人如果能够正常生活、进行学习活动、感知外部、有自己的思考并在思考中行动……就意味着他有意识现象。

意识不仅有对外部或对内心的觉知之分，还有即时觉知（包括身体内外）与再次觉知（对内心以往觉知内容的觉知）之分。所谓对外部的觉知，是指对身外刺激物或他人的觉知，可分别称为自然觉知与社会觉知；所谓对自己的觉知，是指对自己感觉的觉知，对自己社会角色的觉知，对自己内心的觉知（如反思）等，统称为自我觉知。所谓即时觉知，是指清醒时根据需要能够对身体外部的自然事物和身体内部的变化进行客观觉知（有现在时的特点）；所谓再次觉知，是指对曾经觉知过并存于内心的材料能够觉知（有过去时的特点）。后一点较复杂，由于人从出生后自然经历让人觉知过大量的外部世界与自己感受过的材料，这些材料储存于心，可能以心象的方式出现在梦中，以心象的方式出现在回忆中，还可以出现在不知不觉的感受中。人在需要的时候能够提取觉知过的部分心理内容，这是因有记忆而能够意识的部分；但最重要的是有时我们并不需要的时候，一些心理内容也会让我们觉知到，如睡前的胡思乱想可能让我们想起幼时的一件荒唐事等，这也是一种再次觉知；还有些心理内容我们似乎已经忘却，似乎已经不存在，但在某一天自己突然觉知到其心象（如熟悉的声音、似曾相识的景象等）。大量事实证明，人觉知过的许多内容即使个人自认为已经“忘却”，不能随时提取，但这部分心理内容并非不存在，而是仍存于心中，只不过我们自己无法意识，不能意识或意识不到。问题在于，这部分无法意识、不能意识或意识不到的内容有时恰恰在人的特殊心态下（如在梦中）以自由显现的方式表明他们存在的事实。所以，意识现象的复杂性不仅在于人“是否能够觉知”；还在于人“觉知过的东西有多少存在于心并发生着作用且人能自知多少”。

3.2.1.2　觉知的“有－无”

由于觉知在表面上以“有－无”两种方式交替呈现，所以，意识是以有和无的方式活动着。人对于某些外部刺激或自己内心有的内容有时知道，有时又不知道，这种“有”和“无”之间的转换就为意识的基本表现形式，最常见的就是白天的醒来与夜间的睡着——清醒与睡眠就代表着两种意识状态。

我们对外界所有的感知觉、记忆与思维大多发生在清醒（非睡眠）状态下，这多为白天的活动；而在夜间我们需要睡眠，在睡眠中我们的感知觉基本处于“关闭”状态，即使人需要夜间工作，他在24小时内也要有睡眠的时间，显然，所有的人其心理活动每天都在有意识（即清醒）与无意识（即睡眠）之间交替变换。所以，意识据此可被分为黑－白两层，即“清醒有意识”和“睡眠无意识”两层。

然而，意识活动的层面绝非如此简单。尽管睡眠中我们不能感觉或知觉身边所发生的一些事情，但睡眠中人却有一种特殊的现象——做梦。问题还在于，我们醒来时却记得某些梦境中的内容，这种对无意识状态中梦象的记忆说明我们在无意识时还有一部分的内容属于“有意识”的范围。许多人很难理解这种心理现象，心理学家也不太愿意研究这类现象，但是，这类“被记住的梦象”恰恰是一种非常常见和普通的心理现象。心理学家弗洛伊德就是因为研究梦象而著名，他通过梦象研究人的意识现象并指出：睡眠中的“部分有意识”往往来自于我们清醒时意识之下的“无意识活动”。梦，实质上是清醒时的意识之下的内容在夜间的自由活动表现。当我们清醒时，梦的素材已经以“一种意识之下的形式”存在着。按照这一推论，意识可被分为四层：有意识时的有觉知、有意识时的无觉知、无意识时的完全无觉知、无意识时的部分有觉知（见图3－1）。

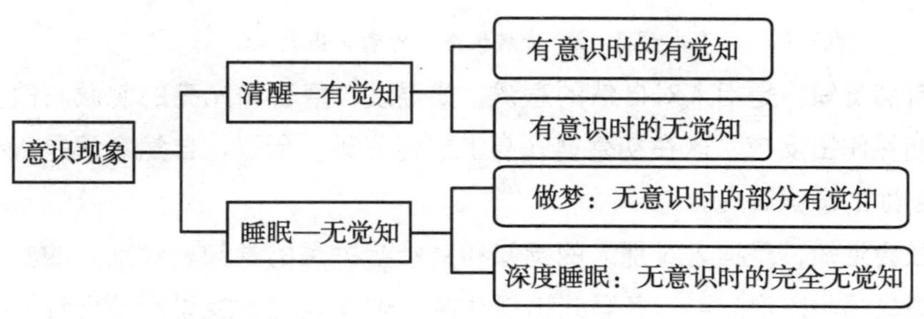

图3－1　意识（有—无）层次的分解图

3.2.1.3　有意识的层次分解

在上述的意识四层中，犯罪心理现象主要发生在人的清醒时候。为此，我们需要重点解析人在清醒时的意识活动。清醒的意识也有两种情况：即“清醒时的有意识”（简称“有－有意识”）和“清醒时的无意识”简称（“有－无意识”）。这两个层面仍可再分出层次，只有了解这些层次，我们才能理解人的心理为何复杂。

事实上，即使在清醒状态下，人仍有容易发生的意识（觉知）与不容易发生的意识（觉知）；有自己知道的意识（觉知）与自己不知道的意识（觉知）（见图3－2）。

清醒时的有意识（简称“有—有意识”）分为：

- ❖ 自然觉知（与生俱来）
- ❖ 社会觉知：
  - ❖ 对他人的觉知（伴随依恋出现）
  - ❖ 对社会关系的觉知（伴随言语出现）
- ❖ 自我觉知：
  - ❖ 自我感受意识（伴随言语出现）
  - ❖ 自我独立意识（青春期）
  - ❖ 自我反思意识（成年后出现的意识）

清醒时的无意识（简称“有—无意识”）分为：

- ❖ 前意识
- ❖ 不意识
- ❖ 潜意识（成年后最难面对的内容）

图3－2　清醒状态下的意识层次

自然觉知，是指人对自然的意识，如温度、声音和光亮的刺激与改变让人觉知并作出反应，这在初生婴儿身上就能发现。所以，自然意识是人最简单和初期的意识表现。

社会觉知，是指人对别人的觉知和对社会关系的觉知。对别人的觉知与依恋现象同步出现。当一名婴儿出现对某人依恋表现时就说明他已经对这个人有了意识，即初级的社会觉知。而对社会关系的觉知则出现在孩子接触抚养人之外的社会环境后才出现的一种觉知。当一名幼儿能够对出现在他眼前的不同的人给予不同的称谓（称呼）时，他就有了社会关系的意识。这两种社会意识在随后的人生发展中变得越来越精细与娴熟。

自我觉知，是指人对自己的意识。与个人对外部自然感知和社会意识相比，自我意识出现的要晚些，难度也越来越大。这种自我意识最先表现在对自己身体的感受当中，当孩子能够表述自己的生理需要、能够表达自己的病痛位置时就说明他已经有了对自己身体的自我意识，但这仍是初级的自我意识。当孩子进入青春期，身体高度接近成年人时就会出现对抚养人的反抗、渴望自主、要求独立，这表明人开始有了自我独立意识，尽管青春期的人其心理还不完全成熟，但这一时期已经是人趋于生理与心理成熟的开始。当然，真正成熟的人其心理上还有更为复杂的一种意识现象即自我反思意识。这种意识现象只能在成熟的社会意识与成熟的思维抽象能力基础上才能发生，即通过对他人态度变化的意识和对自己已经内化为良知的意识，再根据个人的记忆与思考能力反省个人曾有过的心理和行为，客观地评判自己的行为或心理，在此认识的基础上调整个人行为。这是人最高水平的意识，也是最难的意识。有这种意识水平的人即使没有外力也能自我发现和调整自己的心理问题与行为。

显然，清醒时的有意识有一个从低级到高级，从简单到复杂，从单向到双向、再到双反向的递升。意识水平越高级其难度就越大。

不仅如此，意识的另一种难度还在于人在清醒时对自己意识之下的心理内容难以觉知。意识之下的内容包括前意识、不意识和潜意识。

前意识，是指人在某一时间内明明知道的事情却一时不知，过一段时间又自动恢复、变得“知道”的内容。这些意识内容居于意识的“有与无”的边缘，所以，他们一会儿进入意识，一会儿又落入无意识。他们容易回到意识的层面，故根据其经常在意识边缘或意识之前而不意识的特点将其称为前意识。

不意识，是指人在意识的时候因为没有给予集中注意力而没有察觉或记住的内容。事实上人们看到的东西不可能全都记住，同样，人们听到的、甚至做过的事情不一定都存入意识范围。例如，我们清醒时上台阶，哪只脚走在最后一个台阶上我们并不一定意识到；或者我们放置一件东西后不知将其放在什么地方等都属于不意识的内容。关键在于，这些内容又并非彻底不知，如果需要进行追忆或可发现，某些不意识内容仍然存在于心，只是不需要的时候他们都在不意识的范围内。

潜意识，是指人需要隐藏或遮掩的意识。人在觉知的范围内有哪些内容不宜直观？生活中我们做什么事情要回避他人视线？哪些内容想起时令人不安以致不愿回想？——这些相关的感知、记忆的内容都属于回避或遮掩的潜

意识范围。概言之，与人的性器官和性行为有关的隐私都属于我们要遮掩和回避的内容，属于潜意识的范围。由于潜意识的“潜”字还含有“深”的意思，所以，潜意识还包括因时间的久远而位于意识深处的内容——这些内容往往指因为人在早年刺激深刻却又不得表达和不能释然的内容。

由上述分析我们可以看出，即使在人的清醒状态下，意识存在的方式也是多种层次的。既然有层次，就会有表层与深层之分。当我们每天大量活动时，意识更多地集中于外部，所以，人很容易忽略内在深层的意识活动。然而，没有自我意识到的东西并不等于不存在。于是，就会出现人“自己没有意识到自己做过某件事情”的现象。实际上，这往往是人的另一种意识内容在活动，在支配人的行为。甚至，深层意识与表层意识在某种刺激下会出现不一致、不协调或冲突。某些犯罪心理的发生就源于这种意识冲突。对于这类犯罪人的心理分析重点就在于对他的心理层面的剖析。

在意识活动中，当我们将意识集中指向某一方向时就为注意现象。注意也是人的一种意识状态。集中指向身体外部，就是对外界的感知觉；集中在内心，往往就会出现回忆、想象、思维等活动。人在各种行为中也会有注意力的体现。所以，人的注意力也是我们在分析一个人的心理活动，尤其是心理活动水平的一种观察指标。

3.2.2 认识活动

认识，是人与外界（包括自然与人）接触、获取信息并作出反应的一种心理现象。认识始于感知觉，然后发生记忆，在记忆的基础上通过心象和语言系统进行思维。这一过程让人从不知到知，由表及里，由此及彼。所以，认识也是人的一种学习和反应能力。

3.2.2.1 感知觉

所有的认识起源于感觉和知觉活动，感觉是人对外界事物单一属性的反应，知觉则是对外界事物或人整体特性的反应。人通过眼—耳—鼻—舌—身对外界各种存在进行着视—听—嗅—味和触觉式的感知，获取了大量的材料储存于心，这些材料就成为其他内在心理活动——记忆、想象和思维的基础。

感知觉不仅让我们获取外部的资料，而且，感知觉的丰富与否还影响着人的情绪与心理健康。曾有加拿大的心理学家做过一个著名的“感觉剥夺实验”，实验结果说明：人即使有充足的物质生活，若没有心理刺激，没有多样的感知觉，人就会出现烦躁、心理功能减退等心理问题。所以，感知觉既是认识的开始，也是心理发生与发展所必需的活动。人活着不能仅追求物质的温饱满足，还必须同时有心理上的追求，寻求丰富的感—知觉。

3. 2. 2. 2　记忆

人在感—知觉发生的同时就会形成记忆，记忆是认识的一个重要环节。所谓记忆就是以识记、保持、再认和再现的方式对外界事物进行的反映。识记是记忆的开始阶段，然后是保持，与保持现象密切相关的是遗忘现象，前面分析的意识之下的心理现象就包括虽遗忘但仍可回忆或追忆的内容。再认和再现才真正体现记忆的功能，再认是重新接触事物或人时能够识别出来；再现则是凭借记忆“保持”的功能将心理储存的内容按照需要将其反映出来，如凭借记忆进行绘画，通过记忆复核事件的过程等，这都是再现。

3. 2. 2. 3　心象

心象即人通过外部感知觉获取的事物刺激形象在内心呈现的一种心理图像或心理景象。简言之，心象即心理之象，多见于视象，还可包括听、嗅、味和触觉象。心象有从感知觉获得的象，如感觉后像、表象；也有从思维创造形成的象，如想象或幻象等。心象可被视为认识中能够将感知觉、记忆与思维融合在一起的现象，其中“象”源于感知的原材料；而记忆和思维将其加工为虚拟存在的心象。所谓犯罪心理画像就是凭借人们彼此具有的这种心象能力和心象材料为基础才能进行。

凡以原型的方式在脑中显现出来的“象”就是表象。表象指在脑中保留的、接近事物原型的表面形象，如某人长相、说话原声等。表象既有原始感知的直观性，还有记忆后的间接性和模糊性，从而为人能够摆脱实物进行对客观事物的描述与想象奠定了基础。

在表象的基础上经过思维的“想”就演绎为想象。想象是思维的初级形态，是以表象为基础，通过分解、组合、夸张后形成新的心象过程。想象可以让人在内心构建一个画面，一个虚拟的情境，一个故事情节，一个即将发生的场面等。想象是极普通的、人人皆有的心理现象。想象是人类发明创造的心理基础，也是形象设计、场景设计、情节设计的心理基础。

幻象则是从幻想、幻觉或梦境中产生的形象，幻象往往是个人渴望但在

现实生活中由于各种原因不可能发生进而出现在人们内心中的一种心象。这种幻想也与想象有关，不同点在于，想象解决的是现实问题，幻象解决的是心理陶醉与心理满足的问题。当一个人过分地、长时间地集中内心进行这种主观虚幻的想象活动，就会自然阻断对外界的注意、阻断对外界的真实感知，并以大量虚幻信息进行组合进而形成虚假的心象，这种心态持续一段时间就会让人出现相应的心理病态现象。如因崇拜某类人而幻想自己成为某种人，包括有钱人、飞行人、皇上甚至杀手等，然后自己内心不断地重演其幻象，这种心态容易让幻象者最后成为不能正常反应外界现实刺激并出现让人不能理解的精神异常者。许多气功练习者出现精神上的幻觉都与这种幻想后的幻象有关，同样一些幻想类的杀手也有类似的心理背景。

3.2.2.4　思维

认识的最高级阶段是思维。思维最大的特点是能够让人摆脱具体实物或表象进行内在本质性的认识，如不一定直接看到、听到、触到的东西却可通过思维推理对其进行认识。这种间接概括的认识不仅借助上述的心象，还要借助于更重要的材料，即人类的语言系统，包括语词与语法规则。

语言系统的基本细胞是语词，所以，研究思维凭借的语词类型可判断出其思维的水平。语词大致可分为三种基本类型，其一为象形词，也可称表象词，类似于心象中的表象，有原型为背景，如山、日等，这类词还可以通过肢体动作、手势表达或替代，这类符号都为表象词；其二为概括词，也可称概念词，既具有形象背景又有概括特点，如军人、家具等，这类词具有对现实形象的概括，所以具有表象与抽象的双重性；其三为抽象词，也称范畴词，是指具有范围或领域的概括但没有具体形象的概括，如质量、哲理及存在等。这三类基本的语词按照一定的语法规则运行就形成三种水平的思维，即形象思维、概括思维与抽象思维。

人的思维正是借助于语言系统中复杂的语词与语法规则使人摆脱了直观的局限性，通过在大脑中的概括、判断和推理完成复杂的认识需要，尤其是第三种思维使人的认识能够由表及里，发现和认识事物最内在的本质与规律，从而对复杂的环境和变化进行理性的认识与选择，作出深刻而富有远见的科学判断和决策行为（因为思维问题极为复杂，本书在此不展开论述，有兴趣者可选择《普通心理学》教材，其中有专章的论述）。

总之，从感性到理性，从早期对亲人的记忆与识别到对各种知识的学习和生活经历的积累，再根据储存在脑中的全部信息进行的选择和加工，就形成了人类特有的认识活动，这一活动使人能够认识世界进而改变世界。所以，认识是人类生命中最精彩的一种心理现象。如果说人的意识现象让我们知道了我们内心的空间有多大，内心有多少储存的人生感受与经验的话，那么，人的认识现象则让我们更好地知道生命周围所发生的事情，包括这个世界和我们自身生命的价值。

3.2.3 情绪情感

情绪，是人在各种需要满足与否的情况下出现的心理体验、生理反应和外部表现。情感也是一种情绪，它们之间略微的差别在于，情绪更多地与生理需要有关，而情感更多地与社会性需要有关。情绪更加冲动、直接和外露；而情感发生得较慢、沉稳并内在。

3.2.3.1 情绪体验

情绪体验首先表现为一种个人的内在感受和主观体验，这种感受或体验与认识初期的感知觉、与意识初期的觉知状态相通或相近。所以，情绪是一种伴随其他心理活动的发生而发生的心理现象。当人听到美妙的音乐而感受身心愉悦时，当人看到某种不公正事件而感到愤怒时，人的情绪已经在伴随着意识和认识发生。

人的基本情绪体验有四种形式，即快乐——身心愉悦的体验；愤怒——需要不能满足的体验；恐惧——生存受到威胁的体验；悲哀——因失去最爱而生的体验。除这四种基本情绪外，人还有与社会性需要密切相关的情感体验，如帮助别人解除痛苦而生的快乐体验；为了多数人的幸福而忍受个人痛苦的体验等，这些都为高级的情感。当然，也存在相反的情感，即将自己的快乐建立在别人痛苦体验之上的卑劣情感。当人出现这种情感时其心理上已经存在严重的异常问题。

3.2.3.2 情绪表现

与其他心理现象相比，情绪或情感可喻为人的心理活动的温度计，当人的情绪发生时不仅个人可以自我感受某种正面或负面的情绪体验，还同时可以通过其肌肉、肢体的活动将这种感受表现于外，包括人的面部表情、言语

声调和动作姿势等。

情绪是可观察的一种心理现象。观察情绪先要观察当事人的情绪是属于正向的情绪还是负向的情绪，即高兴还是不高兴；然后观察他的情绪在何种程度上，属于轻度的、中度的、还是重度的反应。较轻的情绪反应一般只表现在表情上；中度的情绪表现一般体现在言语中，包括音调、节奏和言语内容等；较大的情绪反应会表现在激烈的言语和四肢动作中，人在激情或疯狂的情绪状态中大多具有动作表现，因为强烈的情绪反应往往要通过人的神经系统由中枢向周围神经系统（如神经末梢）扩散。

3.2.3.3 情绪生理

情绪生理是与情绪活动同步发生的生理变化。如前所述，情绪是一种伴随性的心理现象，往往伴随着意识、认识等活动发生。眼观、耳闻、触摸等感觉若遇到良好刺激，人在出现快乐和幸福体验的时候也觉得身体舒适；相反，若遇到不良刺激，人在感受痛苦的时候也会感到身体上的痛苦，如人在嗅到臭味时的恶心，听到恶语时会气堵血涌。

人的情绪既可通过眼神、表情、语调、声音、动作、姿态等外部表现直接观察；还可通过生理仪器进行检测观察，如脉搏、呼吸、心跳、血压、脑电波等。

人与情绪活动相关的生理活动主要发生在大脑中的下丘脑，大脑边缘系统和植物神经系统，包括交感神经与副交感神经。交感神经的作用在于发动加速器官的活动，如心率加速、血压增高、呼吸加快。副交感神经的作用在于降低器官的活动，如肠胃运动受到抑制，不觉饿、出现便秘等。了解情绪生理的知识既可用于观察人的心理反应，还可知道如何通过情绪调控来调整身体，通过修身养性来达到健康身心的目的。

3.3 心理风格

3.3.1 人格或个性

人格，是指人在成年后在其各种心理活动体现出来的整体、独特、稳定的心理活动倾向和心理征象。个性是人格的另一种表达，即一个人稳定的整体特性。无论哪一种表达，整体、独特和稳定都是人格或个性共有的三个特性。

所谓整体性，是指人格并不由单一指标组成，而是由具有相互制衡关系的心理内容组合，如人格既有动力内容，还有制动内容。兴趣、需要等都是个人心理的动力源，而观念、信念和信仰等就是个人心理的制动闸，其动力与制动必须同时存在才能构成一个有机的整体。

所谓独特性，是指因为人格的不同内容可形成不同的组合，如急脾气+聪明+外向的组合，就与慢脾气+聪明+沉稳的组合呈现出两个心理风格完全不同的人格。这种组合不同而出现的差异性就形成了每个人的独特性，所以，在这种意义上讲，每个人心理组合出的独特性也就是一个人的个性。

所谓稳定性，是指人格内容一旦出现终生具有。由于人格既有因先天禀赋而不易改变的内容，如智力、气质类型等，又有因后天环境影响养成习性后不易改变的内容，如言语（心智技能）和性格（社会行为方式）等，所以，人在成年后出现的稳定人格又可被称为一个人的“心理名片”，表明一个人的心理风格。

人在动态中呈现的个人心理风格如同一辆能跑动的汽车风格，当我们谈论车的风格或质量时自然要谈到车的动力系统即发动机好坏，制动系统即刹车及安全性的好坏，还会评价其外形、颜色等特征。同样，当我们评价一个人的人格时既要考察他的心理动力特点，如此人的兴趣、爱好、需要层次等；还有心理制动特点，如他的观念、信念或信仰等；还有他的行为习惯或活动征象，如性格、气质、能力等来评价。所以，人格的三个特性可以让我们更加完整地认识一个人的心理风格。

3.3.2 心理动力风格

心理风格最先体现在人的各种行为的动力方面。人会主动地寻找目标、接近目标，向目标努力奋斗，这一切都源于他的心理动力，如需要、欲望、兴趣和期待等。

兴趣，指人积极主动寻找目标，当人与其接触时能够产生快乐体验的心理动力。兴趣也是人在闲暇时最愿意做的事。兴趣有高雅与庸俗之分，还有先天与后天兴趣之分。兴趣可以让我们了解一个人的快乐源点，也可以让我们发现一个人的心理品位，由此观察其人品。

需要，是有机体内部的一种不平衡状态。凡有生命的人都是一种有机体，所以，有机体的不平衡状态是与生命同步的现象。人只要有生命迹象就存在着需要。人本主义心理学的代表人物马斯洛将人的需要进行了分解，提出需要从生理需要开始，并在人成长中递升发展，还会出现安全需要、归属与爱的需要、尊重的需要、自我实现的需要。这些需要分别构成人的成长与发展的动力，也成为人的各种行为动机的背景。

欲望，是意识到的需要。表现为愿望和向往，是心中期待实现的想法。欲望虽与需要相关，但人的许多需要更伴有生理背景，因而存在于人的意识之下。欲望不同，它存在于人的意识层面，更接近人的行为活动。

3.3.3 心理制动风格

心理风格还会体现在相对于动力而言的制动系统中。人的心理既有发动力量又有制动力量，这正是人格的整体表现。制动系统包括人的观念、信念和信仰，这些内容都对人自身具有控制力量。我们常说“做与不做就在人的一念之差”，其中的“念”就是个人自身所具有的心理裁判者，“念”包括观念和信念两种形式。

观念，是人在早期生活中逐渐形成并相对稳定的看法。由于观念一般形成于人的早年，包括父母的唠叨，父母的言传身教，还有早年接触过的各种人和事，如邻居、老师、同学、影视人物甚至广告词等都可以影响并让人形成某种观念。观念往往以潜移默化的方式对人的态度和行为发生着制约影响，如人们对于“脏”的拒绝，对于“两性”问题的遮掩，还有对于生活方式差异的困惑等都可反映出每个人的成长背景差异与行为的差异。

信念，这是一种坚信不疑的观念。信念是个人通过自身实践证实其正确后更加坚信的观念；也可以通过反复灌输或用别人实践成功来证实并强化形成。信念可使人的行为始终如一。与信念相似的另一心理制动力量是信仰。

信仰，是人对超现实现象的坚信不疑并身体力行的心理现象。信仰与信念有相同点，它们都是源于人在后天的某种认识。但二者之间也有不同，信念是对现实的认可，而信仰则是对非现实内容的认可。所谓“非现实”一般指两种情况：一种是高不可及的超现实力量，多为拟人化的圣人形象，如万能的诸神，人们对其无所不能、处处存在等无法验证的说法坚信不疑；另一种是远不可及的超现实力量，多为超出个人生命时限的目标或理想，如来世或未来等，人们也对其坚信不疑。信仰可以让人的行为出现一种精神支撑的力量，同时也可起到对现实欲望的约束。有许多人可以为了信仰而克制自己的欲望、经历痛苦，为了信仰而面对死亡无所畏惧。

信念与信仰都是人在后天形成的一种心理倾向。但是，这种倾向一旦形成将不会轻易再发生变化，并对人的各种行为乃至人的一生发生稳定持久而深远的影响。

还要说明的是，无论人有信念和信仰或者无信念和信仰，这都属于一种心理倾向，即使“无信念”和“无信仰”，也是一种心理倾向性的观察指标。

3.3.4 心理表现风格

心理表现风格也称人的个性特征。如果说个性倾向更多地体现一个人的行为方向，那么，个性特征则更多地体现在人的活动中，体现出一个人的活动方式和效率。

能力，是决定一个人活动效率的心理特征。具体包括智能、技能和特殊能力。智能即人的认识能力，更多地取决于人的先天禀赋，具体包括感觉能力、知觉能力、观察力、记忆力、想象力、概括能力、判断能力、推理能力和创造力等。技能即人的操作能力，主要形成于后天的反复训练。技能还可分为心智技能和动作技能，如言语，数字运算等都为心智技能；而写字、绘画等都为动作技能。行为习惯与技能非常相似，只不过技能是有意训练而成，习惯可在无意识的重复中形成。

气质，是一个人心理活动发生时的强度、平衡度与灵活度的特征。气质在心理学中主要指一个人的高级神经活动类型，所以，气质更多地取决于人的先天禀赋。高级神经活动的基本方式是“兴奋与抑制”。而兴奋和抑制之间是否平衡（平衡度），若不平衡则以哪一项为主、哪一项更强（指兴奋或抑制各项的强度），二项之间转变是否灵活（灵活度）等。由高级神经活动的平衡度、强弱度、灵活度的不同组合就形成不同的气质。一般典型的气质类型主要有胆汁型、多血型、黏液型、抑郁型。

性格，是一个人后天形成的社会行为方式和态度。社会行为方式既不同于能力行为（如学习好坏往往取决于个人的智力水平，他人的影响不能改变

其智力问题），也不同于气质行为（如脾气急慢取决于个人的高级神经活动类型，系先天所致），性格则完全属于“后天形成”的问题，无论是人的自私还是无私、是刻薄还是宽容、是冷漠还是热情，这些性格都可成为一个人的社会行为标志，具有稳定表现。当然，性格形成有关键期，人在18岁之前性格还有改变的可能，但当人成年后性格改变的余地会越来越小。

综上所述，心理学是犯罪心理研究和进行犯罪心理画像的基础。而众多的心理学科，包括普通心理学、生理心理学、发展心理学、社会心理学、变态心理学等都为犯罪心理研究提供了雄厚的理论、实验等背景知识，在诸多的心理学科基础上对犯罪人、犯罪行为和各种犯罪心理现象进行研究，就使得犯罪心理学在犯罪防控领域中具有独特的价值。

4 危险人格

既然人格具有稳定、独特和整体连贯性，那么，人格就具有对人的心理及行为的预测功能。我们了解一个人若达到对他“人格”有充分的了解之后，就可以他在某些事情的态度或反应上进行预测，甚至可以由某一行为结果逆向推理，判断出“是谁所为”。鉴于此，对人格的研究可以作为“警之先、察之后”，即预防犯罪和刑事侦查的理论根据。

4.1 危险人格概述

本书第2章已经提出，多数案件实际上是由少数犯罪人所为，少数重复犯罪的人是制造多数案件的始作俑者。犯罪预防的重点对象应该是少数重复的犯罪人。那么，如何发现并认识这类人呢？这需要了解一种人格现象，即危险人格。

4.1.1 危险人格的概念

所谓危险人格（Risk Personality），是指对他人或社会具有威胁与危害倾向的一种人格现象的总称。当某人出现或者形成某种具有对他人危害倾向的人格时，其人格所决定的种种危险行为就可以在没有明显的外部刺激的情况下发生。同时，由于人格的稳定性，这种危险人格的危害行为也会呈现出一种惯性的、重复出现的模式。

在此可简单列举一些危险人格的特征，让我们观察人格是如何使人变得充满危险性的（在此的列举并没有完全涵盖危险人格的所有表现）：

①人格动力具有危险性，以需要为例。需要是个人行为发生的心理动力之一，具有稳定性。当某个人具有某种异于常人的需要时，如专门以幼女作为性满足的对象的人就会经常出现相关的行为，寻找机会并不止一次地诱骗伤害幼女，从而成为一个恋童癖的惯犯。

②人格指向具有危险性，以兴趣为例。兴趣也是个人的行为动力之一，当某个人具有以人类为虐杀对象或性虐待倾向时，他在这种特异的兴趣驱动下就会寻找机会，实施以人为对象的虐杀或以某一类女性为对象的性虐杀的犯罪行为，从而成为系列杀人案的变态杀手。

③人格特征具有危险性，以性格为例。性格是人呈现于表的社会行为风格，当某个人已经形成懒惰、虚荣、任性、自私等性格时，会在生活中因本身性格导致更多的失败或挫折感，但他们的性格决定他们不会发现自身的过错，相反，他们一定会将所有的失败原因归咎于社会、归罪于他人，从而在一种偏执状态下不择手段地算计别人或报复社会，所以，这类人只要遇到生活麻烦就一定会寻找机会犯罪。

④人格导向具有危险性，以观念为例。观念是对个人行为具有指导意义的心理要素之一。我们常说的“一念之差误一生”现象就说明观念对人的行为具有决定的意义。如果某个人没有形成良好的观念，相反持有不良的观念，如“我能骗成功是因为被骗者太贪婪”等，他们会在生活中不断地重复诈骗犯罪，并且从不内疚。

⑤人格倾向具有危险性，以习惯为例。习惯是人在后天的生活中因重复发生某种行为而形成的一种行为习惯，如某些人因早年家境贫穷而流浪于外，进而学会了在街上扒窃，扒窃久了就形成了动作习惯，以致在成年后即使不缺钱的情况下，即使他已经发誓绝不再偷的情况下仍然不可自我控制地作出扒窃行为，许多惯偷大多具有这种犯罪倾向。

诸如此类的问题均属于人格问题。凡是具有危险人格的人一旦开始犯罪生涯将会趋于重复模式，其后的犯罪就不需要明显的外部刺激诱发，犯罪活动已经成为他们的一种自然需要、习惯模式或生存方式。他们会主动地、自觉地寻找犯罪目标和机会，反复地实施相类似的犯罪行为以满足他们基本的需要。他们可以预谋犯罪，有意并经常性地从犯罪中达到自己的各种目的；也可以在完全没有预谋的情况下，出于习惯的行为方式去危害他人或社会，即本性使然。因此，他们对别人或社会的危害与他们的人格模式相伴随，与他们的各种日常活动息息相关。他们的行为方式经常会造成身边人的痛苦，凡是接触过他们的人都具有可能被侵害的风险性。鉴此，危险人格是犯罪预防的重点人员，研究危险人格是预防犯罪工作的重中之重。

4.1.2 危险人格的研究

关于危险人格问题的研究我们可追溯到上世纪的实证派犯罪学。龙布罗梭提出的“天生犯罪人”[①]，加罗法洛提出的“异常犯罪人”[②] 等。在近几十年中，国外对于类似问题的研究已经成为刑法学、监狱学、犯罪学的重要课题之一。国内近年来也有不少学者对此展开研究，有学者提出的“犯罪心理结构”的概念[③]，还有学者专门研究“人身危险性”[④]，有人则在探讨“犯罪人格”的问题[⑤]。本课题研究者认为，对天生犯罪人、异常犯罪人、犯罪心理结构、人身危险性、犯罪人格，还有反社会人格、惯犯、累犯等现象的研究都与危险人格的研究相关，但他们之间有的在定义上有所差别，有的是研究角度不同而提法不同，在此，先将这些研究进行一下梳理，可让我们更加明确这些概念的同异。

4.1.2.1 天生犯罪人

此概念是由实证派犯罪学创始人龙布罗梭所提出。他的这一概念应指那些“不思悔改，不断地重新犯罪”之人。其后的另一实证派代表人物菲利则进一步指出：“天生或本能的犯罪人最容易表现出犯罪人类学所确定的器官和心理特征。这些人既残忍蛮横又狡猾懒惰。”“既不是精神病患者又不是正常人的罪犯”。显然，“天生犯罪人”，是指那些具有先天不良禀赋甚至器官等生理问题而导致其不断重新犯罪之人（详细论述及出处已经在本书 1.2.2 部分说明）。

作者认为，他们提出的天生犯罪人是以生理问题或精神问题为主，同时最重要的特征是“具有不断重复犯罪的特性”，因而，这种人具有本课题界定的“危险人格”的特点。所以，天生犯罪人应属于危险人格的最早的一种表述。但是，这种概念与现在所提的危险人格仍略有不同，区别在于本课题提

① ［意］龙布罗梭著，黄风译：《犯罪人论》，中国法制出版社 2000 年版。

② ［意］加罗法洛著，耿伟、王兴译：《犯罪学》，中国大百科全书出版社 1996 年版。

③ 罗大华、何为民、马晶淼：《论犯罪心理结构》，《人民公安报》1986 年 9 月 5 日。

④ 黄兴瑞著：《人身危险性的评估与控制》，群众出版社 2004 年版。

⑤ 李玫瑾：《犯罪心理研究在犯罪防控体系中的价值》，《中国人民公安大学学报》2005 年第 5 期。

出的“危险人格”不仅仅包含天生的异常者，不仅仅指生理上导致的心理缺陷问题，还应该含有后天社会原因导致的人格异常问题。

4.1.2.2 异常犯罪人

这是犯罪学家加罗法洛使用的概念，他曾在自己的著作中明确指出：“累犯是遗传的一种结果，犯罪倾向具有先天性和遗传的性质”。从其论述中可看出，加罗法洛提出的异常犯罪人其“先天性与遗传性质”都与现代概念中的反社会人格具有相近性。他同时还指出，这类异常犯罪人多为累犯，是受过刑罚处罚仍在重新犯罪的人。他认为，这些受过处罚仍不惧处罚、继续犯罪的人是异于一般法定犯罪人的人，他们的问题带有遗传等不能解释的问题（详细论述及出处已经在本书1.2.3部分说明）。

笔者认为，加罗法洛这一概念仍接近于反社会人格的定义，同时兼有犯罪人格的特征。因而，异常犯罪人可归于危险人格的范畴，但仍与本书危险人格的三种类型略有不同。

4.1.2.3 人格障碍

人格障碍又称变态人格，这是变态心理学或精神医学的研究对象。表现为成年时期固定的适应不良行为模式。具有这种人格障碍的人在社会生活中往往与他人关系不协调，让他身边的人感到烦恼，如过分的敌意、过分拘泥于细节、人际关系中反复地发生纠葛等。具有人格障碍的人会令周围的人感到困扰且无法改变他。这种人格障碍一般从少年就显而易见并终身存在。

人格障碍也有多种类型：如偏执型（经常抓住一点不顾其余）、爆发型（又称边缘型，以心境变化无常为特点）、精神分裂样型（以淡漠表现为主）、精神分裂症型（以怪异表现为主）、自恋型（过度眷恋自己身体或品性）、回避型（从不正面地应对问题）、强迫型（无法控制自己重复无意义行为）、被动攻击型（内心有强烈攻击欲望却表面懦弱）、依赖型（不能独自应对生活）、戏剧化型（在人面前具有兴奋和表演性）、还有反社会型等。这些类型中有的容易发生攻击或破坏行为，如偏执型、爆发型（边缘型）及反社会型；也有的属于消极回避为主的人格障碍，如依赖型、回避型等。前一类的人格障碍者在不同的背景下容易出现暴力行为从而成为犯罪人，后一类的变态人格则极少出现攻击行为。所以，研究危险人格时必然会涉及人格障碍问题，尤其是反社会人格问题。但绝对不能将人格障碍简单地视为危险人格。

4.1.2.4 犯罪心理结构

这是我国自上世纪80年代恢复犯罪心理学研究后，最早从事犯罪心理研究的第一代学者（罗大华、何为民、马晶淼）提出的一种概念。他们在对各种犯罪心理现象进行研究后提出，有些犯罪人具有一种稳定的“犯罪心理结构”（1986年）。并指出：“犯罪心理结构，就是驱使行为人趋向犯罪的多种心理因素的异常状况及其组合方式与综合动力表现。”①

笔者认为，这种犯罪心理结构的研究，实质上是在探讨一种在犯罪人身上表现相对稳定的危险心理因素，其组合性、动力性、异常状态等要点的分析都接近危险人格的特性。“犯罪心理结构”的稳定性和整合性特点也非常接近危险人格的特点。因此，笔者认为，他们是国内最早尝试研究具有稳定犯罪心理模式的代表人物。但是，这一概念一直在本研究领域存在争议，其中对“心理结构”的使用争议较多。笔者认为，心理结构若用于描述全部的犯罪心理问题也有不妥，而使用“人格”概念显然比“心理结构”概念更为确切。

4.1.2.5 人身危险性

这一提法多见于刑法学领域。人身危险性具有狭义与广义之分。狭义说认为，人身危险性就是再犯的可能性；广义说认为，人身危险性是再犯可能性与初犯可能性的统一。② 这方面的研究也有不少成果。其中，黄兴瑞的《人身危险性的评估与控制》（2004年）是较为完整并具有实证意义的研究。黄兴瑞在其著作中提出了他对人身危险性的界定：“人身危险性是指行为人在人格上存在的严重危害社会的可能性……既包括犯罪人再犯的可能性，也包括具有犯罪倾向的初犯的可能性。同时，人身危险性并不受行为人的责任能力的限制，即使无责任能力者，只要具有严重危害社会的可能性，也可构成人身危险性。”③ 显然，他在定义中明确引用了心理学的“人格”概念。《人身危险性的评估与控制》从人身危险性的表征、评估原理到对初犯、再犯，还

① 《论犯罪心理结构》——《罗大华华诞文集：犯罪与司法心理学》，中国政法大学出版社2006年版，第123页。

② 黄兴瑞著：《人身危险性的评估与控制》，群众出版社2004年版，第22页。

③ 黄兴瑞著：《人身危险性的评估与控制》，群众出版社2004年版，第25页。

有狱内评估、暴力倾向评估等角度论述了人身危险性问题。

笔者认为，这是国内相对系统地研究并与“危险人格”属同类课题的专著。但是，全书的角度仍偏重于刑法学的视野，其“人身危险性”中的“人身”是一个较不具体的概念，可能在刑法学中有独自界定，但与心理学的人格研究相比其提法不够专业，其研究深度也有差别。

4.1.2.6 犯罪人格

近年来，犯罪人格的提法频频出现在刑法学、监狱学等研究中。同时，犯罪学、犯罪心理学也都在使用这一概念。但是，对犯罪人格的界定却缺乏明显的一致性。有关的定义更是各说各话。罗开卷《犯罪人格视野下的犯罪预防》[①] 中将这一概念的提法归结出四种：第一种观点认为，“当犯罪主体的犯罪心理结构在其人格中占据主导地位，成为支配力量时，这个犯罪主体就具有犯罪人格的特征”[②]；第二种观点认为，犯罪人格是“犯罪人所特有的稳定而独特的反社会心理特征的总称，它是一种反社会人格”[③]；第三种观点认为，犯罪人格是“指直接导致犯罪行为生成的严重反社会且为刑事法律所否定的心理特征的总和”[④]；第四种观点认为，犯罪人格是指“个体在社会化过程中由于遗传及社会环境影响而形成的与主流社会规范不相符的，可能促使个体实施反社会犯罪行为的认识偏差、需求偏差及情绪偏差等心理特征的总称”[⑤]。从这些观点来看，研究者的知识背景不同，所以，他们对这一概念的论述差异也较大。但是，越来越多的学者开始关注与犯罪有关的人格问题，并希望将其引入司法操作过程中。这与本课题研究的目的相同。

无论怎样，从犯罪学、刑法学、监狱学的研究让我们知道：有这样一类

---

① 罗开卷：《犯罪人格视野下的犯罪预防》，《上海公安高等专科学校学报》2006 年第 6 期。

② 陈绍彬：《简明犯罪心理学》，中山大学出版社 1991 年版，第 106 页。

③ 张文，刘艳红：《犯罪人理论的追问与重建——以犯罪人格为主线的思考》，《中外法学》2000 年（4），第 64 页。

④ 梅传强：《犯罪心理学研究的核心问题———刑事责任的心理基础》，《现代法学》2003 年（2），第 76 页。

⑤ 顾婷，孙永新，汪明亮：《犯罪人格略论》，铁道警官高等专科学校学报，2005 年（4），第 75 ~ 76 页。

人的存在几乎是不容置疑的，即因其重复犯罪而反复地危害社会的人。从18世纪到21世纪，从警察、检察官、法官到监狱官，从刑法学家、犯罪学家、监狱学家再到心理学家都已经发现并认同这一事实，即这类人存在着。因此，从人类社会寻求安全有序的需要出发，从司法寻求理性和效率的需要出发，我们都有必要认真地研究这类人员的情况。

作者相信，不同视角的研究将更加有助于我们更加完整地认识这一问题，对社会危害较大的那部分人员是可以被发现、被观测、被预防，从而降低他们对社会的危害性的。

4.2 危险人格的分类根据

危险人格的概念只是对社会中一类人员存在事实的概括。但真正解释这一概念的内涵与外延却颇有难度。因为人格本身就是多种心理现象整合起来的一种心理风格，现在又与“危险性”相结合就变得更为复杂。

值得强调的是，在此论述的“危险性”只是狭义的解释，专指“造成犯罪”或“出现犯罪危害行为”的危险性。所以，这一概念很容易让人想到“犯罪人格”。但是，“犯罪人格”无法包含全部的“危险人格”类型，因为仍有些危险人格并不一定达到犯罪程度，只是达到违法程度或具有犯罪的潜在可能性。简言之，作为一种带有稳定性的风格，就可能出现与风格相关的心理表现，但这种可能性与法律意义的犯罪人仍有区别。如“反社会人格”就属于变态心理现象中“人格障碍”类型之一，有这种障碍的人容易出现异于常人的行为，但有这种人格的人并不必然都成为犯罪人。因为“反社会”的含义较广泛，而且“反社会人格”也有轻重之分，并非所有“反社会人格”的人都是犯罪人。反社会人格与犯罪人格又有区别。前者属于变态心理学（也可称精神医学）研究的内容；后者属于犯罪心理学研究的内容。相反，即使某些人已经作出犯罪行为，造成了危害结果，但他不一定就具有危险人格问题。他可能只是出于某种危险心结而犯罪。所以，危险人格是有特定范围的。

那么，从天生犯罪人到异常犯罪人，从人身危险性到犯罪人格，从犯罪心理结构到犯罪心理特征总和，还有反社会人格等，这些概念各有出处，又有着各自的研究逻辑性。要厘清这一稍显复杂的问题，我们需要换一种角度来解析危险人格，即通过区分“类型”来把握危险人格的确切定义。

对类型的划分看似是一种横向的研究，但实际上横向研究仍然离不开纵向研究，如同阅读某一学科发展史就可了解这一学科各种流派一样，研究危险人格的类型也可通过研究危险人格的发展史来做切入点，只要解析人格形成的过程就能理解人格问题的由来和类型。

4.2.1 人格的由来

研究人格的由来就是研究人的心理风格形成和发展的过程。心理学有关人格发展的研究非常丰富。普通心理学中专有“人格”（或个性）问题的探讨；发展心理学则从人的成长过程解析人格形成过程；社会心理学通过“社会化”解答人格如何留下外部影响的烙印。所以，对人格的基本认识可以直接借助心理学的基础研究。

心理学在研究复杂的心理现象时自始至终都伴随着一对范畴——遗传与环境。研究人格问题也同样。曾有心理学家将生理心理学与社会心理学喻为心理学大树的两大根基，所以，探讨人格的由来也离不开这对范畴。人格形成的基本背景概括表达可归于这样两个方面：其一，取决于遗传和生理背景的先天要素；其二，取决于抚养与环境背景的后天要素。任何一个人的心理风格都是在这两大背景下形成的，危险人格也同样。

4.2.1.1 先天要素：遗传与生理背景

在人格中，心理动力有需要、兴趣、欲望等，心理特征有智力、气质及性格等，这些人格要素多与人的先天禀赋（即遗传）有着更密切的联系。还有一些客观的生理条件，如年龄、性别、体型、相貌等也在某种程度上决定着人的心理风格。许多人格障碍的出现就与这种遗传或生理因素有关。例如，个性奇异、行为怪异或夸张的精神分裂症人格障碍者；相反，性情一贯冷淡、几乎所有事情都无动于衷的精神分裂样人格障碍者；还有心境反复无常、情绪变化极快的边缘性人格障碍者等，这类人格障碍者后天的影响成分较低。本文将详细探讨的反社会人格障碍也具有同样的先天背景问题，他们缺乏的情感理解力几乎无法用后天因素来解释。

4.2.1.2 后天要素：抚养与环境背景

同样在人格内容中还有决定个人行为方向或职业选择的兴趣、观念等，有决定行为方式的性格和决定行为效率的技能等，这些则与人后天成长背景、尤其与家庭的抚养方式、生活的自然环境、受教育程度等密切相关。其中，人的言语、性格等都完全取决于后天早年的生活地区和抚养方式。如果言语或性格在形成的关键期内（尤其在6岁前）出现严重缺陷就可能造成人终身难以弥补的心理障碍。

后天环境还决定每个人所要经历的特殊事件或人物，即每个人自己特有的人生故事。有时，尽管几个人在遗传背景上相同，如同父母所生；尽管生长在基本相同的环境背景下，如在一个家庭内长大或在一个学校上学，但孩子们之间仍有个性差异。这种人格上的差异往往因为他们经历的人或事件具有差异，如遇到不同的老师，不同的同学，在校内外遇到的事件不同等，这些差异都会融入人格内容之中，成为影响人格的特定要素。在精神分析理论中，对人格障碍的认识往往就要找出这种特殊经历事件。所以，后天环境还要包括那些特殊经历，正是这种特殊经历才让每个人形成千差万别的个性。

还有一点值得强调，人格形成背景中的遗传与环境看似内容不同，角度不同，但是，这二者在人格形成过程中更多的时候是交融在一起的，你中有我，我中有你。表现的方式也极为复杂，在这种情况下，我们只能考察哪一种成分所占比例更多些，或哪一种成分居主。

4.2.2 危险人格的划分

在明确了影响人格形成背景的两大要素后就可在此基础上对危险人格作出进一步的划分并作出相应的界定。本研究在界定危险人格概念时（见4.1.1）曾使用了“形成”与“出现”两种用语，实质上就是想说明这种现象，即某种危险人格的出现往往找不出相关的起源点或理由，如反社会人格；相反，有些危险人格则具有明显的形成过程，如犯罪人格或缺陷人格（两个概念后面将予以解释）。所以，本课题将危险人格初步分为：先天禀赋为主的危险人格，即“没有理由就出现问题的类型”；还有后天养成为主的危险人格，即“有理由并有形成过程的类型”。前者是生物学意义的危险人格，后者是社会学意义的危险人格。

4.2.2.1　先天禀赋为主的危险人格

提出先天禀赋为主的危险人格，立刻让人想到龙布罗梭的“天生犯罪人”的概念，这曾经是一个备受争议、饱受批判的概念。那么，现在提出的“先天禀赋为主的危险人格”与龙布罗梭的概念有无区别呢？作者认为，基本接近，只不过现在对这类人的研究已经有较为科学的医学背景，精神医学通过大量的临床实践（也是一种实证），然后通过统计学的方法将人格障碍予以分类，其中有一类人格障碍的症状与龙布罗梭提出的“天生犯罪人”极为接近，即“反社会人格”。所以，这一概念是直接从精神医学（也称变态心理学）引入或借入，将其作为危险人格的一种类型。

4.2.2.2　后天养成为主的危险人格

这类危险人格还可以作出进一步划分。因为后天养成的背景要比先天禀赋更为复杂。对于这一问题的理解关键在于对心理发展的认识。由于人在出生后有相当一段时间处于弱小与无知状态，所以，人在早年成长中心理活动更多地受到外界的影响，这种外界影响为主的阶段被称作“基本社会化”过程。同时，心理发展又具有关键期，基本社会化也是指人从出生到18岁这段时期。错误的抚养方式一旦持续到关键期结束，即基本社会化结束，那么，在这期间形成的人格问题就会伴其一生并对其心理和行为发生着终身影响。后天所致的危险人格可再划分为两种：

第一种是匮乏性抚养，这类抚养方式导致的危险人格被称为犯罪人格。匮乏抚养主要指缺乏充分物质保障和缺乏情感的抚养。这种抚养有时几近不抚养，因此使尚未达到独立生存的人过早地处于“自生自灭”的境地，当弱小的生命不得不挣扎着自我生存时，他只能采取“不择手段”的方式。而“不择手段”的行为方式恰恰与违法行为或犯罪行为方式非常接近。从幼年到成年，“不择手段”一旦成为习惯并形成相应的观念，这类人就会在一生中都以不择手段的方式生存，由此而与犯罪相伴、与监狱为伍。这种以自生自灭、不择手段方式长大的人事实上是在违法生存的方式中进行着基本社会化，并在这种过程中形成其特有的人格特征。所以，他们的基本社会化就是一种犯罪化的过程。

第二种是溺爱性抚养，这类抚养方式导致的危险人格被称为缺陷人格。与前者相反，溺爱抚养，是指抚养中爱的过滥和无原则放纵式的抚养。这种放纵抚养使弱小且无知的孩子从小处于一种唯我独尊、无法无天的境地。当他在这种背景下形成与人相处的性格和观念走入社会时，自然出现以自我为中心、无视外部的社会规则、无视道德甚至法律的态度与行为习惯。他们仍惯于任性、自私的行为方式，结果是经常地侵犯别人的权益或公共利益而不能自我控制。

至此，本课题对危险人格的划分已明晰：即现实原因不明显的反社会人格，社会化障碍导致的犯罪人格与缺陷人格。

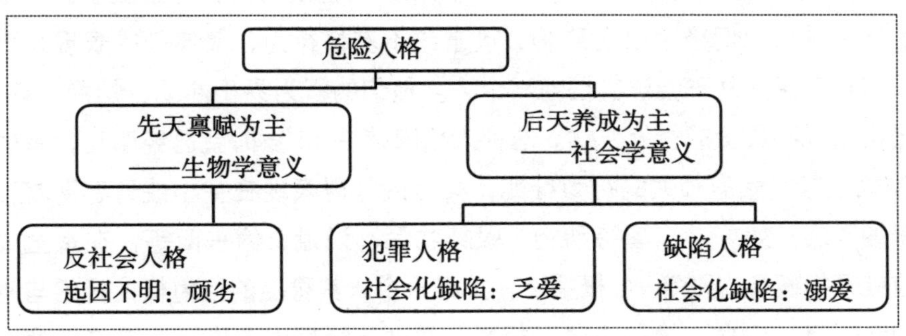

图 4－1 危险人格分类

根据本课题对江苏徐州监狱服刑人员的调查，具有危险人格的人员在服刑人员中所占比例约占 43%。其中，具有反社会人格障碍的人约占 13%；具有犯罪人格的人约占 8%；具有缺陷人格的人约占 22%。

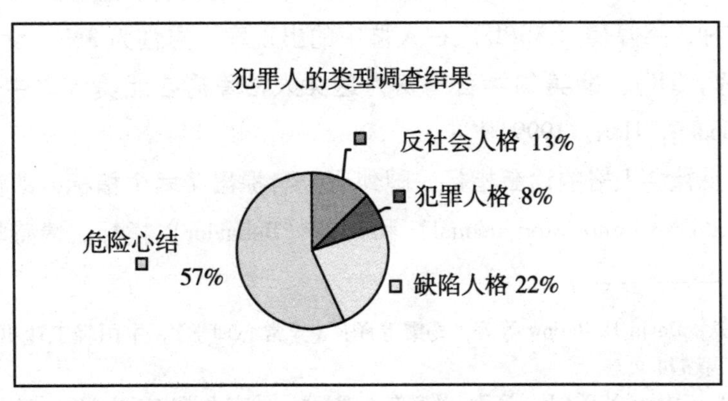

图 4－2 危险人格在犯罪人群中的比例调查

（江苏某监狱样本，2007 年）

4.3 危险人格的类型

4.3.1 反社会人格

4.3.1.1 反社会人格的概念

反社会人格又称反社会人格障碍（缩写 ASPD），属于变态心理学或精神医学的术语之一，特指在个人行为中普遍存在的无视和侵犯他人权益的模式[①]。具有反社会人格的人会频繁地对周围人有扰乱行为，并且显示出对他人权利的漠视。他们经常出现欺骗、攻击或不友好行为，最典型的表现是他们从没有自责感，从不会忠实任何一个人。他们的行为易于冲动、烦躁、好斗，并经常出现不负责的行为方式。这种人格障碍在 15 岁时就已经明显，有的在 15 岁之前就开始有相关的行为征兆，类似的障碍表现在童年或青春期就出现频繁的表现，如好斗、虐待动物、毁坏物品、说谎、偷东西等，在家里或在学校就开始破坏规则等[②]。概括之，如果一个人其稳定的行为模式经常与基本的社会规范（包括道德和法律）相悖，并由此给周围人或社会带来困扰、破坏和危害，具有这种行为模式的人就被称为具有反社会人格的人。

反社会人格的现象早在 1835 年就有学者予以描述，最初称其为“道德错乱”（moral insanity）。直至 1940 年这种人格障碍被列入《精神病诊断手册》第三版（DSM－III）中，成为精神疾病的一种表现类型。通过人口统计学的研究，这种人格障碍（ASPD）在人群中的出现率，男性为 3%，女性为 1%（DSM－IV，TR）。北美的学者则认为这类人格障碍在北美人口中只占 1%（Hare，Cooke，Hart，1999）[③]。

有关反社会人格的诊断指标，国外研究者提出了两个指标，即情感与人际关系（affective and interpersonal）和行为（Behavior）指标。情感与人际关

---

① ［美］David H. Barlow 等著，杨霞等译：《异常心理学》，中国轻工业出版社 2006 年第 4 版，第 474 页。

② ［美］James N Butcher 等著：《变态心理学》，北京大学出版社 2004 年第 12 版，第 359 页。

③ ［美］James N Butcher 等著：《变态心理学》，北京大学出版社 2004 年第 12 版，第 368 页。

系指标主要表现有：缺乏懊悔，自责，怜悯感，无情无义，算计并利用他人；行为指标方面则表现为：反社会，冲动，明显偏离社会规则行为（Clark &Harrison，2001；Hare et al，1999）①。研究者还指出，这类人在监狱中的比例较高。这一点上与我们的调查结果相一致（见本书2.2.2）。他们与其他犯罪人相比，虽然都有对社会的破坏或攻击行为，但反社会人格的罪犯比不具有反社会人格的罪犯表现得更加自私，缺乏情感，不知自责，损人利己等。

4.3.1.2 反社会人格与"天生犯罪人"

通过上述的研究可以看出，反社会人格是一种早年即开始表现的人格障碍。这种障碍与后天的外部影响的关系并不十分密切，甚至看不出关系。他们最突出的特征是情感异常。所谓"情感"即个体社会性需要满足与否的情况下产生的体验与表现。简言之，情感是个人对他人情谊的一种感知和回应，包括对父母因依恋养育而服从，对朋友因顾及友情而帮助，对所爱的人因爱而宽容……所以，有正常情感的人在感知到别人的情谊时会努力地回应，从而得以融入一个群体，学习群体规则，并与他人或社会形成互动。但是，有些人从最初的养育阶段就缺乏依恋表现，成长中他们不会有真心相处的朋友，成年时从不会真心地爱任何一名异性。他们对别人的感情从不感知，更不会为此去回报。他们只从别人那里得到自己所需要的。问题在于，他们的这种表现在他人无法通过行动感化予以改变的同时，也就无法通过他人的说服教育来予以改变。所以，具有这种人格障碍的人终身都是自私的人，难以改变的人。

作者对这种人格障碍有一个比喻，即他们是"心理上的高位截瘫病人"，因为我们的身边如果出现一位"高位截瘫病人"，我们会没法为他找人陪护，他的身边不能没有人照看。但是，人们从来没有意识到：某些心理疾病也需要终身监护，这就是反社会人格。他们一生都需要身边有人监督和控制。如果监护得当，这种人不一定对社会产生严重的危险性；相反，放任或放弃他们，那就给社会提供一个危险的犯罪人物。

回顾历史上龙布罗梭提出的"天生犯罪人"的概念，作者认为，龙布罗

① ［美］James N Butcher 等著：《变态心理学》，北京大学出版社2004年第12版，第368～369页。

梭是最早从监狱、从死囚犯的生理解剖中发现这类人员，只不过那时的心理学还没有达到现在的认识水平，精神医学也没有达到现在的水平。所以，尽管龙布罗梭完全以实证的方式提出并论证了这一现象，却仍然无法让当时的社会接受这一概念。

今天，由于心理学和精神医学的发展，人们在研究复杂的心理现象与各种变异的心理问题中，已经认识并确认了变态人格的存在。同样，我们研究犯罪问题、研究各种犯罪人及相关的心理现象时也必须接受这种概念，即有些犯罪人的犯罪不是环境所致，不需要太多的原因和理由，他们这样做只是因为他们具有先天为主的人格障碍。在我国，这样的人员在犯罪群体中所占比例约为15%（见本书表2-4）。这一比例明显高于男性反社会人格在正常人群中的比例3%。这说明，这类人员是易于犯罪的，他们是具有人格危险性的特类群体。这类人的犯罪心理问题将在第5章具体论述。

4.3.1.3　与反社会人格易混淆的问题辨析

在介绍“反社会人格”概念时，还有几个相关问题需要说明：并非所有的犯罪人都具有反社会人格；并非所有敌视社会的人都有反社会人格；反社会人格的人不是百分之百的犯罪人；反社会人格与犯罪人格仍有区别。具体而言：

首先，不能将“所有的犯罪人”都视为具有“反社会人格”的人。

绝大多数的犯罪人不是因为人格问题犯罪，至少约60%的人是因为危险心结所致（后面将予以论述）。例如，有人犯罪出于认识问题或是一念之差；有人犯罪出于情感纠葛；有人犯罪出于无法自我调解的心理冲突等。这些犯罪人在人格上并没有出现明显的障碍特征，他们具有事后反省和自责的表现，他们有正常人的情感反应。这种反省与自责表现、正常的情感反应都是我们进行教育，开展矫正罪犯心理工作的重要基础。

其次，不能将“具有对社会仇视而犯罪的人”简单地称为“反社会人格”的人。

因为某些具有极端对立心态的人往往是认识上出现偏差，这种认识上的过激反应不等于他们丧失正常的情感反应。他们的心理问题具有心结源，有形成的过程。因此，只要我们能够找出这种源点，发现问题的形成过程，就可以开展心理干预工作，从而进行改变或矫正工作。

再次，不能将“反社会人格”的人视为“必然犯罪人”。

虽然有研究表明，在监狱或违法人群中，具有反社会人格的比例超出正常人群中的比例。但这并不等同于具有反社会人格的人必然犯罪。如同说精神分裂症病人攻击性强，杀人比例高于其他精神病人，但不能说精神分裂症的病人必然都要杀人一样。反社会人格只要在有效的监督和指导下仍可避免其对社会造成严重危害。国外也有研究指出，这种人格障碍具有年龄阶段性，当人的年龄超过40岁后，其反社会人格的扰乱或破坏征象就会有所降低(Hare，McPherson& Forth，1988年)①。

最后，不能将“反社会人格”与“犯罪人格”混为一谈。

反社会人格对他人或社会的扰乱或破坏行为是没有理由的，是从小就显现的。最重要的是他们不具有被情感牵制或被感化的现象。而犯罪人格的人在这些方面有不同的表现。犯罪人格的人仍具有正常的情感表现，他们的心理冷漠是有对象的，而且多有后天形成的背景问题。下面将进一步论述犯罪人格的概念。

4.3.2 犯罪人格

4.3.2.1 犯罪人格的概念

犯罪人格，顾名思义是指与犯罪直接有关的人格问题。但犯罪人格不属于变态心理学或精神医学的术语，这是一个犯罪心理学特有的术语。如果直接从这类人的外部征象观察，他们的犯罪具有主动倾向性，尤其具有与日常生活同步的持续性或重复性。但是，仅就这种征象来说，无法将犯罪人格与进入犯罪生涯的反社会人格，还有因为性格缺陷而成为惯犯的缺陷人格区分开来。所以，对犯罪人格的界定不能用“表现特征”作为概念的内涵。对犯罪人格的界定仍要立足于人格形成的问题。

犯罪人格是在基本社会化进程中的未成年个体因生活所迫而以不择手段方式生存过程中形成的一种异常人格现象。犯罪人格不同于反社会人格的关键在于，他们在童年期有着较为正常的心理表现，没有明显的无因而致的顽

---

① [美] David H. Barlow 等著，杨霞等译：《异常心理学》，《中国轻工业出版社》2006年第4版。

劣表现；相反，他们后来的犯罪行为大多有着明显的后天社会化障碍现象，有行为问题的形成背景和条件，他们显然是长期生活在一个与违法或犯罪息息相关的环境中。这种长期生活的环境又分两种情况：一种情况是他们在幼年时（多为 10 岁之前）就生活在一个有残缺的家庭抚养环境中，由于缺乏带有情感的抚养和保护，他们不得不过早地自我解决生存问题；同时因为缺乏正常的物质保障与保护，他们也不得不采取一些不择手段的方式进行生存，长此以往，不择手段的生活方式——在成年社会里就是违法或犯罪的行为方式——就成为他们习惯的、熟悉的、解决生存问题的手段，这种手段逐渐成为他们人格中的观念、性格、需要甚至乐趣，出现以这些内容为核心的犯罪人格。另一种情况则是由于社会化缺陷导致的这类人中的一部分人在未成年时便出现较严重的违法或犯罪行为，于是，他们在 18 岁前就常常与拘留所、少年管教所和监狱的生活为伴，有的人甚至有 2 ~ 3 次的处罚—监禁经历，他们在监所内的时间累计可接近甚至超过 10 年，这种较长时间的负面生活经历或背景也可以让他们出现犯罪人格并令这类人格问题趋于稳定难以改变。

本书对“犯罪人格”特定的界定是从人格形成背景论证，所谓犯罪人格，即人在后天早年的社会化缺陷下造成的个人长期与违法生存方式相伴，或因违法犯罪而长期与监所为伍，在一种近犯罪化而非正常社会化的过程中形成的一种较稳定的犯罪倾向和犯罪个性特征。

4. 3. 2. 2　犯罪人格的形成

在研究犯罪人时可发现这样一种情况，他们在早年有很正常的心理表现，但是，他们的人生在童年就开始面临不幸。例如，有的孩子从小不知父母是谁，被人遗弃，被贫困人家收养，甚至被辗转数个家庭；有的因父母离异而成为多余的人，无人照管；还有的孩子因为家庭贫穷、子女众多而成为多余的人，照管不周。这些人因此在童年或少年时期开始离家出走、不再上学，进入一种非常规的社会化环境。他们往往经历流浪、乞讨、漂泊、拾荒、小偷小摸或寻找谋生的方式等。在这些过程中他们往往要经历被人歧视的感受，甚至饱受人间的蔑视与冷漠。在这种生活方式中经常被人打，然后学会打人，学会“狠”的人生态度与生活方式。随着年龄的增长，他们的行为也会逐渐升级，当他们接近成年时会因具有刑事责任能力而受处罚。由于错过了人生教育的关键期，致使其社会化缺陷终身难以弥补，所以，即使在受到某种行政或刑事处罚后他们仍会重新作案。于是，再受处罚，出来之后再犯罪……在这种犯罪化的过程中，逐渐掌握犯罪技能，形成犯罪观念，同时还形成犯罪人特有的兴趣、嗜好、习惯、态度，出现与犯罪相适应的情感反应。当这一过程经历10年左右的时间或超过10年的时间，其犯罪心理活动内容便逐渐趋于稳定，这时他们的“犯罪人格”便已形成。因此，概括犯罪人格的形成过程大致有这么几个特点：基本社会化有残缺、丧失和混乱；青少年时期出现违法行为或犯罪表现；犯罪类型大多以基本需要为主（钱财和性）；成年后无正常家庭生活经历有10年上下；有过不止一次的处罚经历，或者服刑连续或断续在10年上下；犯罪行为和类型逐渐升级，在30岁上下开始从事严重暴力犯罪。

根据我们对两所监狱在押人员的调查，有犯罪人格特征的人员分别占7.53%（n=438，徐州监狱）；7.47%（n=241，石河子监狱）。他们往往是危害较严重的系列案件的制造者。这类犯罪人的心理问题将在第6章具体说明。

4.3.3 缺陷人格

4.3.3.1 缺陷人格的概念

缺陷人格，在此是指由于人格形成时期抚养方式过分宠溺而造成的人格方面的严重缺陷，致使其成年后出现持久性的社会适应障碍与行为问题。缺陷人格也不属于变态心理学或精神医学的术语，这也是一个犯罪心理学特有的术语。

缺陷人格，首先不同于反社会人格，因为他们不具有明显的先天因素问题；其次也不同于犯罪人格，因为他们有一个健全的家庭和生活环境。问题在于，家庭结构的健全不等同于家庭功能的健全。这类缺陷人格与犯罪人格唯一相似之处在于：它们都属于后天社会化过程出现了障碍，即人格形成的关键期内出现了问题，所以，这类缺陷人格可与犯罪人格归为一大类，即都为社会化障碍导致的人格问题。但这两种问题人格之间也有明显的不同之处，即犯罪人格出现的社会化障碍更多地表现在爱的抚养匮乏方面；而缺陷人格相反，他们的社会化障碍则更多地表现在爱的抚养过度方面。如果将犯罪人格问题概括为生而不养的问题，那么，性格缺陷就可概括为养而不教、教而不当的问题。

4.3.3.2 缺陷人格的形成

研究具有缺陷人格的犯罪人可发现，导致他们人格有缺陷的原因在于他们从出生至成年一直生活在被抚养人过度宠溺的背景下，而宠溺抚养最容易造成人的观念与性格的终身缺憾。观念决定人的行为制约性，而性格决定人的社会行为方式。这两项人格内容都属于后天形成的部分，虽为后天形成，但也同人格其他内容一样属于一旦形成终身具有的现象。所以，当一个人的观念与缺陷人格一旦形成，基本可以决定或影响此人一生的行为取向和社会行为方式。

观念往往形成于父母的唠叨与言传身教之中。由于观念在人的生命早期大多在“观”的背景下形成，即在听、说、看的同时形成看法，因此，观念很容易进入人的潜意识层面，成为人格中深远的背景力量。弗洛伊德在论述“潜意识”概念时，曾将“观念”喻为内心的“检察官”。可见其对人自身行为倾向与行为方式潜移默化的影响力。如果一个人在成长中，父母仅给予物质抚养但缺乏心理抚养，如缺乏给孩子灌输做人的道理，缺乏有意识地让孩子明确所在社会的规范和行为规则，在遇到生活事件的“是—非”问题上没有晓之以理，甚至父母自身在“是—非”问题面前所作出错误的选择等都会让身边的孩子在早年形成错误的观念。而这种观念若没有得到其他途径的及时纠正就会逐渐稳定下来，成为人格中的一部分。有观念缺陷的人即使成年进入社会生活，他们也没有遵守法律的意识，他们很容易出现违法行为，甚至想方设法地违法以达到自己的各种需要，因此，以犯罪方式或手段去满足自己是缺陷人格的人生倾向。

性格与观念密切相关。性格是后天形成的社会行为方式，也包括行为习惯。许多有缺陷人格的人往往是从小就养成了一些不良的行为习惯，甚至可称为恶习。例如，撒谎就是后天养成的言语表现习惯；还有任性、自私、冲动、懒惰等行为都是后天养成的不良心理习惯。由于习惯是一种后天形成的动力定型，可脱离人的意识表现于外，因此，人的不良习惯一旦形成也会决定其人一生中大部分的社会行为方式。许多普通惯犯恰恰具有这种心理背景。根据我们对两所监狱在押人员的调查，有缺陷人格特征的人员分别占22.83%（n=438，江苏某监狱）；12.45%（n=241，新疆某监狱）。这类犯罪人的具体心理问题将在第7章细述。

5 反社会人格犯罪解析

在历史上，就有“道德白痴”与“悖德狂”的称谓用以描述那种“从不安分，肆意妄为、从不被别人的爱和真诚所感动，也很难通过司法矫正回归正常行为的犯罪人”，这就是反社会人格。他们即使在监狱中也会算计在被释放后如何更巧妙地进行犯罪。他们犯罪没有明显的情感色彩，只是功利性的目的与现实需要的满足。本章将重点讨论他们的具体特征，并通过实案解析这类人的表现。由于这类人员所占比例较小，在研究者收集的个案中难以形成可进行统计分析的基本数量，所以，反社会人格的解析重点以典型个案分析为主。

5.1 反社会人格的特征

5.1.1 异常表现始于早年

反社会人格是一种早年即开始表现的人格障碍，这是一种带有先天因素或与生理问题有关的一类人格障碍。因此，他们早年出现心理上或行为上的问题时（包括违法或犯罪）就具有顽劣特点，没有理由但不断重复或让周围人感到困扰。例如，石家庄爆炸案主犯靳某（2001 年），其行为从小就怪僻，因他耳聋，导致他疑心和嫉妒心的异常发展，所以他的同学没有人愿意与他交往。再如，浙江杀人碎尸案主犯刘某（2004 年）曾说，“从小就经常被家人责骂，所以，我最恨别人对我大声吼”，问其原因时，他说“小时候曾偷姐姐的胸罩躲在家里的桌子下面玩，将其剪碎……”；北京绑架案主犯王某也曾对着媒体的镜头说：“我这人从小就坏，九岁就开始偷家里的钱……我爸说我，周围没有坏人呀，你怎么这么坏？我也纳闷，真的没有人教我……”。他们的行为问题大多在 10 岁前就有所显露，中学时期就可被身边人发现其怪异或异常。

5.1.2 家庭背景基本正常

他们往往生活在较为正常的家庭中，其父母没有明显的心理异常或行为

劣迹，家庭中若有其他子女也无明显的异常或劣迹表现。他们在家中很早就显现出“另类”表现，在行为和个性上与家中其他子女有明显的差异，表现出不安分、胆大、怪异并具有破坏性。尽管父母对其不良行为进行管教，但一般没有效果。例如，浙江的刘某，父亲为了改变他的怪异，曾自费将他送入当地一所职业军校，他在最初新兵训练的三个月内表现还好，喜欢体力活动，但训练一结束他就开始不甘部队的规律生活，私自离岗外出游玩，被部队发现后将其开除。父亲对此非常气愤，对他严厉训斥，他因对父亲的管教不满而离家出走并在春节期间杀人碎尸。另一绑架杀人案犯王某也是从小（9岁）就开始偷家里的钱，因被父亲管教和责打就离家出走，母亲找到他后让他回家，他不仅拒绝回家还要挟母亲，必须让父亲不在这个家他才回家，最后，母亲为了让他回家，只好与父亲协议离婚。

5.1.3 缺乏自然情感力

这是反社会人格的核心特征。自然情感力，是指人在生命活动中自然出现的一种情感现象，最早可表现在生命初期对抚养人的情感依恋上，随着年龄的增长还会在青春后期出现对某一异性的迷恋（即爱情），还有对相伴多年的伙伴具有亲近的情谊等。如果一个人对抚养过自己的亲人无依恋表现，从不在乎亲人的感受，从没有过一个真心的朋友，也没有一个真心爱恋的异性，甚至对自己的孩子都可以不管不问，那么，这个人就很难有人性的表现。由于他们没有自然情感力，他们也就不可能与别人形成一种无形的有牵制力的情感关系，从而也就天生地缺乏一种心理控制或约束力。

有许多的犯罪人可以对别人或陌生人很残忍、冷漠，但对他自己的亲人，如抚养自己的妈妈或奶奶心存感念，有的犯罪人对自己的妻子和孩子非常在乎。而反社会人格完全不同。例如，北京绑架某影视明星案的王某曾言：在他第一次因抢劫而服刑9年后出狱前，“我当时唯一的想法是出去先把我妈杀了，因为什么？因为我觉得我要是犯罪，她受不了这个痛苦，我想让她瞬间不知道，给她瞬间结束生命，这样我就可以放开了……”。湖南常德抢劫案的张某在中学时曾提着两把菜刀去他“看中”的女同学家提亲，此女同学最后无奈嫁给张某并为他生了两个儿子。可张某自从离家后直到被捕前，在外先后与6名女性同居，再没有给家里打过一个电话，从不过问儿子的情况，也没有寄过一次钱。在受审前一天张某谈到自己对同伙有无感情时，他丝毫也不掩饰自己“不会对任何人有感情，只是利用”的人生态度。浙江杀人碎尸的刘某在实施杀人碎尸时，选择了一名他认识的女会计，当问他：“对这女会计有什么感觉?”(此问题想了解他为什么要杀害此女性的心理)，他居然说：“她气质很好!”问：“气质好你为什么要杀她?”答：“我这人就这样，越是好东西我越要毁掉!”这与他幼时将姐姐的内衣偷来剪碎的行为基本相似。

5.1.4 聪明且善谋划

他们能够正常地认识，甚至很多方面表现得很聪明。例如，石家庄爆炸案主犯靳某虽然耳聋，但他喜欢玩弄炸药，会修电器，喜欢打猎，枪法极准；湖南常德“9·18”大案主犯张某在作案中行为诡异，精于谋划，多次在繁华街道抢劫金店与大商店，擅长控制其同伙，令同伴唯命是从。浙江杀人碎尸案主犯刘某在逃亡期间，收集各种警匪片，专门研究警察的侦查方法和反侦查的方法，以致他在被通缉的情况下居然逃亡了4年之久，比大学生马某作案后逃亡的时间要长很多。

5.1.5 道德白痴不可教化

正如意大利犯罪学家加罗法洛在《犯罪学》(1885年)中的描述：“他们不具有真正的悔恨，不惧怕刑罚。”张某在被捕时曾言：“如果你们(指警察)的动作慢一点，不是你们被打死，就是我自己开枪打死我自己。”在审讯中，警方对张某说：“你杀了这么多人，你的死期到了，你的末日就要到了。”张某对此却不以为然，他说：“不见得，在枪响之前，我都还有希望。”他们不在乎法律，也不在乎惩罚，他们心里的全部就是自己的欲望。

由于他们的情感异常，他们永远不会审视或反省自己的内心问题，甚至对于已经被他们杀害的被害人仍表现出十足的冷漠。作者在访谈浙江杀人碎尸案的刘某时当面问他：“你对你所杀害的女孩有没有过‘对不起她’的感觉?”他答：“这是天意，我那天正想做此事(指碎尸)，就撞见她了，我想这是她命中注定的!”

5.1.6 肆意犯罪不会中止

反社会人格的犯罪人由于在情感上具有严重的缺陷，所以，他们在生活中也表现出缺乏情感、极为冷漠和不在乎。他们想做什么就一定会做。正如北京

绑架案主犯王某曾说的："在我的欲望和亲情相比，我的欲望太高了，只有把亲情给舍了……" 石家庄爆炸案主犯靳某则是因为对身边所有亲人的不满，竟然用麻袋装上炸药，并在事先试验过、知道炸药威力的情况下将炸药放在这些人居住的四处居民宿舍楼里，结果导致宿舍楼被严重炸毁，108 名无辜者在熟睡中遇害。

这类犯罪人在策划犯罪后只会因故暂缓犯罪计划或改变犯罪计划，但他们永远从不会停止其犯罪行为。他们重复犯罪几乎具有必然的特点。

5.2　张某的反社会人格剖析

——1991 ~2000 年流窜数省持枪抢劫杀人案的主犯

5.2.1　案情简述

2001 年 4 月 14 日上午，重庆市人民检察院向法院提起公诉：被告人张某为首的组织抢劫、故意杀人犯罪集团，自 1991 年 6 月至 2000 年 9 月在重庆、湖南、湖北、云南、广西等地持械抢劫、故意杀人、抢劫枪支弹药 22 次，致 28 人死亡、5 人重伤、15 人轻伤、2 人轻微伤，劫得财物价值人民币 545.9 万余元。张某系首要分子。随着法庭对张某犯罪集团的审判，张某的许多犯罪事实被揭露，人们被张某如此嚣张、残忍的犯罪人和犯罪行为所震惊。根据各种资料，在此为张某整理了一份人生时间表，对他可一目了然：

表 5－1　张某的人生轨迹

年龄	时　间	事　件
出生	1966 年 8 月	家里有 7 个兄弟姐妹，张某是最小的一个儿子，他出生时父亲 41 岁。
16 岁	约在 1982 年前后	高中一年级，张某就辍学。
17 岁	1983 年	张某因持刀伤人被判劳动教养，在湖南省郴州市少管所待了 3 年。
21 岁	1987 ~1995 年	同学肖某 1987 年被迫嫁给他（1995 年法院缺席判决肖某与张某离婚）。
25 岁	1991 年 6 月 25 日	张某持枪抢劫湖南省某市一个个体香烟批发店，开枪致 1 人轻伤。
26 岁	1992 年	父亲去世。
27 岁	1993 年 4 月 19 日	张某等持枪抢劫湖南安乡县一百货生意商人家里，开枪致 1 人轻伤。

（续表1）

年龄	时 间	事 件
	同年4月20日	张某持械致1人死亡。
28岁	1994年2月8日	张某在广西宁明县持械致1人死亡，劫得人民币6000余元。
	同年8月	张某在云南省开远市持枪劫走人民币1万元。
	同年10月	张某在云南省开远市开枪致2人死亡。
	同年11月23日	张某在重庆市持枪抢劫，致1人死亡，抢走人民币6000余元。
29岁	1995年1月25日	张某、严某在重庆市渝中区持枪抢劫，开枪致1人重伤并最终导致其死亡，抢走人民币5万元。
	同年12月22日	张某、秦某持枪抢劫重庆友谊商店沙坪坝分店黄金柜台，开枪致1人死亡、2人轻伤，劫得黄金、铂金首饰价值人民币45.5万元。
30岁	1996年12月25日	张某等持枪抢劫上海第一百货重庆店黄金屋，开枪致2人重伤、1人轻伤，抢得黄金饰品价值人民币63万余元。
31岁	1997年11月27日	张某等人持枪抢劫湖南省长沙市友谊商城黄金柜台，致2人死亡、1人轻伤、1人轻微伤，抢得黄金饰品价值人民币137.2万元。
32岁	1998年10月	张某等人在湖南汉寿县聂家桥乡白马湖村野鸡窝山，持械杀死1人。
	同年12月19日	张某支使他人开枪杀死1人，抢得出租车1辆。
	同年12月20日	张某带领李某、陈某、赵某、王某持枪冲闯湖北省公安县治安检查站和收费站，致2人死亡。
33岁	1999年1月4日	张某与同伙持枪抢劫湖北省武汉市武汉广场黄金饰品柜，造成1人死亡、3人重伤、3人轻伤；共劫得人民币3万余元、黄金饰品价值人民币263.4万元、出租车1辆。
34岁	2000年6月19日	张某与同伙持枪抢劫重庆市商业银行朝东路储蓄所押款人员，抢得人民币14万余元、出租车1辆，致2人死亡、2人轻伤。
	同年7月21日	张某在湖南汉寿县枪杀致1人死亡。
	同年8月15日	张某等人持枪抢劫湖南安乡县农业银行行长，致2人死亡，劫得人民币1.6万元，财物价值人民币1.9万元，3张存单计人民币40.6万元。
	同年8月下旬	张某在常德市鼎城区石公桥镇枪杀1人致其死亡。

（续表2）

年龄	时 间	事 件
	同年8月31日	张某在湖南省常德市鼎城区郊区，持械持枪杀死1人。
	同年9月1日	张某与同伙在湖南省常德市持枪抢劫常德农业银行北站分理处运钞车，致7人死亡、4人轻伤、1人轻微伤，劫得警用微型冲锋枪2支及其子弹20发。
35岁	2001年4~5月	被逮捕、审判。

从表5-1中我们可看出，张某的一生基本是以犯罪为生，他不仅自己作恶多端，还将自己的外甥、同村的老乡甚至对他钟情的女人一起拉上犯罪的不归之路。

至于张某是如何走到这一步的？他自己在法庭上说，一是贫穷；二是不服处罚所产生的报复心理。有媒体曾报道："城乡间的差异把他们推到了城市的边缘"①。但这不完全是事实。一名记者曾质疑："张某为什么犯罪？他说是家庭的贫穷和对社会的叛逆。李某等人为什么犯罪？他们说是对张某的惧怕。穷是犯罪的理由？怕是犯罪的说法？可是他们在行凶时的镇定，在杀人时的残忍，在法庭上的自若，都表明他们已经不是人间的人了，而是地狱的鬼了。"②

从张某的犯罪行为观察确实不能仅用"贫困"一词来解释他的犯罪原因。现实社会里生活在贫困之中的人很多。但是，他们不会像张某那样滥杀无辜，甚至轻易地向有恩于自己的老乡下黑手，肆意地向与自己共患难的同伴下黑手；生活在贫困中的人很多，他们不会像张某那样从小学起就与班上的许多同学打架并持刀伤人，高中时就提着菜刀闯入自己看中的女孩家逼婚；社会中的人许多都经历过贫困，但当他们遇到帮助过自己的人时绝不会像张某那样翻脸，无情无义、杀人越货。张某的许多行为绝不是"因为贫困"所能够解释的。

至于他说的"不服处罚所产生的报复心理"更没有道理。事实上，是张某犯罪在先、法律惩罚在后，法律并没有冤枉张某。况且他在广西杀自己的

① 《城乡间的差异把他们推到了城市的边缘》，《南方周末》2001年4月19日。

② 《穷是犯罪的理由吗？张君案犯关于常德的记忆》南方网2001年4月18日。

老乡、在云南杀两位女青年都不是在报复“法律”，还是为了“钱”，为了“找一个用枪杀人的手感”（张某原话）。所以，真正解析张某的心理问题，不能用他自己的归因，这只是他的一种“强盗逻辑”。

5.2.2 张某的心理画像

——“实际上谁的东西我都想抢。”（张某在法庭上的原话）

为说明张某的心理问题，作者查阅了当年庭审期间媒体对张某的大量报道，其中，从他在法庭上的表现以及他身边的人对其评价就可观其个性[①]。

——张扬与狂妄

法庭上，检察官问到张某什么时候产生的抢劫并杀害他的老乡严某的念头时，张某竟说：“不存在我什么时候对严某产生的念头，实际上（只要有机会）谁的东西我都想抢。”（指1994年1月，因犯案逃亡达8个月之久、身无分文的张某流窜到广西宁明县，靠在山上帮人采石头糊口，不到一个月，便伺机杀死将其视为“老乡”和知己的军用服装店店主严某，抢得6000元现金。）

当法庭审理1995年12月22日发生在重庆沙坪坝友谊商店黄金劫案时，目击证人周某（女，友谊商店黄金柜营业员）出庭作证，主审法官问张某对周某证词有何意见时，张某竟狂妄地说：“当时我没有打死你，你要感谢我”这句话引起法庭上旁听人群的震怒。

审理重庆市渝中区和平路抢劫杀人案时，张某在重庆的情妇严某和秦某同时出庭，法官在征询张某对其中严某的辩词有无异议时，心黑手辣的张某当庭说：“我早就想杀死严某灭口，但我看她的父母太可怜没有下手，让她多活了几年。我常德的一些朋友，我都想把他们杀了。顺我者昌，逆我者亡，这就是我的脾气……”

1999年4月20日晚，张某伙同曾居住在同一监房的刑满释放人员刘某共同实施抢劫杀人案，期间刘某的脚被张某开枪误伤，逃跑途中，张某竟趁刘某不备将其砸死。检察官问张某为何对刘某下毒手时，张某称：“他身上留了

---

① 张欧亚：《张君当庭口吐狂言：“当时我没打死你你要感谢我”》，新快报重庆讯2001年4月15日。

血，有伤，很容易被发现抓获。我们两人名声都不好，很快就会被排查到，迟早会被判刑。事前我们俩商量过，谁受了伤，对方就把受伤的打死，免得刑场碰上了不舒服。"

一审宣判后，张某告诉看守他的民警：我只是一个土匪、草莽。我这个人就像毒瘤，谁沾上谁就死路一条①。

——从小顽劣

根据警方对其讯问资料，我们还可得知，张某早在未成年时期就已经显露出其行为的异常。他 17 岁时曾因持刀伤人而被判罚 3 年的劳教。不仅如此，我们看警方对他的讯问记录，他的违法史还可往前推若干年：

警方（以下简称警）：你最初做的一件违心事是怎么表现出来的？比如偷父母或同学的钱？

张某（以下简称张）：我小时候，偷呢。要讲变坏的话，应从最早说，就是我六岁读一年级……

警：你扒窃过没有？

张：扒呢，那时是十五六岁。

警：就是少管之前？

张：是，扒了十多次嘛②。

——无情无义

张某在很多地方都有情妇，每到一个城市都有女人，而他对任何女人都从没有付出过真正的感情，都是利用而已。用他自己的话讲"我每到一个城市都有女人，有几个。因为住宾馆开支大，又要查房，不安全。女人嘛，可以给我提供保护。我对她们没有爱，只是利用。③"

---

① 江涛：《我这个人就像毒瘤——张君的最后 30 天》，《重庆晚报》2001 年 5 月 21 日。

② 李梓：《重庆警方审讯张君笔录摘要"我要杀人势在必得！"》，《燕赵晚报》2001 年 4 月 18 日。

③ 《匪首也脆弱　张君哭泣长达半小时接受采访实录》，新华社 2000 年 9 月 25 日。

张某唯一喜爱的情妇名叫陈某，而这个他还算喜爱的陈某却对张某充满了绝望，她在写给张某的信中曾说："我俩分手吧，一味的顺从、包容、忍让都无法改变你那残暴、近乎有点变态的性情。我天真地以为我对你的一片爱心，你会有所改进，但你却越来越不可理喻。你会为了丁点小事大发雷霆，你可知道感情要靠俩（两）人共同理解。你说过只要我听话，你就会喜欢我，这'听话'二字谈起容易，做到很难，我为你想了多少，包容了多少，你心应该有数。我永远好怕，甚至可以说过得小心翼翼，生怕犯错，生怕你那像恶狼发出的怒吼。我已心力交瘁，再没精力跟你谈下去，我真的相信有报应，认识你就是对我的报应。"①

显然，陈某为张某付出的是真情，但其效果几乎为零。另一采访的记者曾问他：你连被你误伤的同伙都要杀，你这又是怎么选择的？张某回答："我杀了他，可以延续我的生命，这不是很简单的道理吗？我这人只讲生存，不讲义气。"

——"像毒瘤，谁沾上谁就死路一条。"

笔者并不反对"许多犯罪人是受社会不良影响走上犯罪道路"的结论，但是，张某犯罪绝非如此简单。正如犯罪学家加诺非诺所言："当你在近处观察他们时，你会怀疑他们是否有灵魂。他们留给你的印象是如此麻木、颓丧和本性凶残……""他们的道德麻木可以从他们当众描述犯罪时的厚颜无耻观察出来。坦白的谋杀犯可以毫无顾忌地描述他们犯罪的最可怕细节，而对于他们使受害人家属蒙受的耻辱和痛苦表现出十足的冷漠。""没有什么会触动他们，也没有什么能使他们洗手不干。"他们的"特点之一是无法抑制某种愿望，他们只能被愿望所驱使。当他们渴望什么东西时，什么事情也无法阻止他们。""凶狠、嫉妒、可怕的自负、傲慢、敏感和过分地拘泥……虚荣永远是他们突出的标志。他们没有一丝悔恨的迹象。""然而，他绝不是一个白痴"。他们"将会结婚、生儿育女，却在一个晴朗的早晨，突然地抛弃他的妻子和孩子，令其全家和邻居迷惑不解地消失掉。"② 只要认真读过犯罪学家对这类犯罪人的描述，你就会发现，眼下的张某与书中所描述的"异常犯罪人"

---

① 《陈某曾给张某写绝交信：你是变态男人》，南方都市报 2001 年 4 月 17 日。

② 加罗法洛著：《犯罪学》，中国大百科全书出版社 1995 年版，第 85～89 页。

有着惊人的相似性。如前章所述，反社会人格障碍一般从儿童时期就开始有各种明显的不良表现。例如，逃学、打架、偷盗、离家出走等；青春期开始出现不负责的性行为；当这种行为失去外界控制时就会进而出现各种与道德、甚至与法律完全相悖的行为。他们可以毫不犹豫地偷同伙的东西，甚至残杀同伴；他们可能玩弄一个又一个女人，生下许多孩子却一个也不抚养；他们并不十分认真地对待其犯罪行为，他们只是重复同一种侵害行为；他们只有最肤浅的感情，他们并不十分关心自己的配偶、家庭或孩子，对他们来说，自我总是最重要的。因此，这种人格障碍也被称作“道德白痴”。具有这种反社会人格障碍的人无论出现在哪里，都会给周围带来破坏、暴力与恐惧的阴影。反社会人格障碍并非在其出现犯罪行为之后形成，恰恰相反，反社会人格先出现，才会出现各种异常的表现，并容易出现违法和犯罪行为。

由上述的事实可见，决定张某犯罪的根本原因并不是张某本人所讲的“因为贫穷”，而是在于他的情感异常，这种异常不是一时性的，而是一旦出现就终身具有的人格特征。此外，这种情感缺陷不受智商的影响，所以，也就不属于知识教育所能改变的问题。

5.3　王某的人格问题剖析

——2003～2004年北京市系列绑架杀人案的主犯

5.3.1　案件简述

2004年的2月3日凌晨2点多，著名演员吴某与几位朋友刚刚谈完事从朝阳区某酒吧出来，眼前突然出现了几个陌生男子。他们自称是警察，给吴某戴上手铐，只一眨眼的工夫，这位演员就被那几个男子拉上了汽车扬长而去，等他的朋友反应过来拨打110报警电话时，对方早已没了踪影。

北京警方立即组成专案组。通过目击者对绑架吴某的犯罪嫌疑人及其作案手段的描述，专案组判断这起案件与之前发生在北京的几起绑架案是同一伙犯罪人所为，因此，王某这个名字摆在了侦查员面前。王某，27岁，因犯抢劫罪被判有期徒刑9年，出狱后王某每天都在变换着不同的落脚点，接触的人也十分庞杂，而且王某声称身上就带着手雷，谁敢抓他就与谁同归于尽。为了把这个危险的犯罪团伙一网打尽，警方艰苦地寻找着最佳的时机。很快，王某的数个落脚点被控制起来。当晚 7 点左右，王某驾驶的车辆被发现。刑警一举将王某抓获并从王某身上和车上搜出了一把上了膛的"五四"式手枪和一个手雷。侦查员押着王某向关押人质的地点赶去，进入北京顺义后无须他指路，侦查员就越来越靠近关押人质的地点，王某明白这个窝点也早已在刑警的控制中。警方以迅雷不及掩耳的速度冲进屋内，在不到三秒的时间将屋内所有嫌疑犯全部抓获，人质安全获救，3 名犯罪嫌疑人全部落网。

随后警方在王某另一个女朋友的住处起获了各种枪支和弹药。据王某交代，这些枪支弹药都是他从外地购买的，平谷绑架案正是他们这伙人所为。在拿到赎金后，他们已将人质杀死。王某还交代这次绑架影视明星吴某后，只要拿到赎金就要杀掉人质。[①] 在此，也为王某整理一份他的人生时间表，由此可以看出王某的人生轨迹。

表 5－2　王某的人生时间表

年龄	时间	事　件
0 岁	1978 年	出生
14 岁	1992 年	分别因扰乱公共秩序受到行政拘留。
17 岁	1995 年	违反枪支管理规定受到行政拘留。
17 岁	1995 年	因抢劫被判处有期徒刑 9 年。
17～24 岁	1995～2002 年夏	入狱服刑 7 年。
25 岁	2003 年 9 月	绑架王某，拿到 300 万元赎金，杀死人质。
	2003 年 10 月	非法买卖枪支：在云南购买了前苏联制的手枪、冲锋枪共 4 支。
26 岁	2004 年 1 月	绑架王某的弟弟，遭反抗，绑架没有得逞。
	2004 年 1 月	准备绑架沈某，但绑错了人，后将人质放了。
	2004 年 2 月	绑架杜某，与吴某关在一起，后一同被解救。
	2004 年 2 月	绑架吴某，索要 210 万元赎金，当天吴被解救。
27 岁	2005 年	审判后执行死刑

① 甄颖：《吴若甫被绑案件实录》，《北京青年报》2004 年 2 月 9 日。

王某的人生很短暂，但是，他也是在未成年时期就出现违法行为并与警方多次接触。从这份时间表观察，他的一生几乎是以犯罪为生。为何如此呢，可观察一下对他的心理画像。

5.3.2 王某的心理画像

——“我当时唯一的想法是出去先把我妈杀了……”（王某原话）

在法庭对王某审判期间，北京电视台《法治进行时》栏目的记者对他进行了独家采访①。从这篇采访中我们可以看出王某的个性，即心理形象。

——从9岁开始就偷家里钱

电视台解说（以下同）：2004年3月底，在北京市公安局丰台分局看守所，王某面对着我们的镜头，一副玩世不恭的样子。他不停地对我们说他很坏，而且从小就很坏，讲起小时候的斑斑劣迹，王某显得很陶醉，似乎只有这样才能显示出他是这个犯罪团伙的老大。

王某：我是从小坏，从9岁开始就逃学，偷老师钱包，偷家里钱，等我到9岁半的时候，我们家里几乎不敢放钱，那时候家里钱都放单位，夏天我妈要是穿着裙子没有兜，她做饭，钱包拿手里，要不然拿皮筋勒胳膊上。控制不住自己偷钱，我从小欲望就比别人大，而且胆子比别人大。

解说：从对王某的采访中，我们了解到，王某9岁时为偷亲戚寄存在他家的钱，他在楼道中一直躲藏着，看着父母离开后，他用斧子劈开了家里的橱柜，拿走了里边的钱。……与同龄人相比，王某的家庭条件是比较优越的，他小时候从来没有缺过零花钱。但是王某还是觉得缺钱，父母不给他就偷。

王某：我觉得钱这个东西是一个好东西。

记者：从什么时候知道这个钱是个好东西？

王某：具体应该是9岁。

记者：当时还有印象吗？

王某：有印象，那时候在学校，我是特别不听话的孩子，老师不许别的孩子理我，可是我有钱，天天围着我的孩子很多，我天天给他们买玩意儿，

① 《法治进行时》：《吴若甫遭绑架案绑匪首犯自白：曾想杀掉母亲》，北京电视台2004年9月1日。

买贴画什么的。

记者：也就是说9岁的时候，你就知道有钱可以控制一切?

王某：那么一种虚荣心吧，我有钱可以让自己的虚荣心得到满足。

——怕挨父亲打，“逼”母亲离婚

解说：王某用他从家里偷出来的钱，满足了他所谓的虚荣心。但是任何父母，即使再疼爱孩子，对于这种小偷小摸的行为都不会容忍。

王某：所以从小我爸就说，你怎么那么坏，跟谁学的，周围没有坏人，我一直心里也觉得挺奇怪的，我说也没人教我，确实没人教我。

解说：在王某的童年，他最怕的是他的父亲。王某说，他的父亲是一个信奉棒打出孝子的人，但是每一次父亲的管教都会引得父母之间的争吵。王某12岁那年，父母离婚了。

记者：你父母最后因为什么原因离婚的?

王某：就是因为我爸老打我，我跑了，跑了之后，我妈在外面把我找着了，找着说回家，我死活哭着就不回去，我说打死也不回去，我说这辈子也不回这家了，除非你跟他离婚，我再也不敢见他。后来过了一个多星期，我妈来了，就哭，说走吧，说已经离婚了，咱们到一个新家去了，就搬到现在这个家了。

——偷光家里钱开始偷外面

解说：一开始，王某觉得父母的离婚，让他终于摆脱了父亲的约束，可以信马由缰地为所欲为了。但是一年后，王某发觉家里已经没有钱让他偷了。

王某：有一次我13岁那年我翻她钱包之后，发现里边就有两块钱，还有好多粮票。那时候可能有点懂事，我一惊，我说我和姐都上学，就靠我妈养着，一家之主怎么可能兜里就两块钱，一下子联想到父母离婚之后，我们家的生活条件，自己挺难受的，我把两块钱放进去了。从那之后，我不再偷家里钱了，也没有人打我，也没有人说我，从那之后，我们家放多少钱，放桌上，我也不偷，就改了，改了之后，我开始偷外面的。

——17岁因抢劫罪被判刑

解说：家里没钱可偷了，王某开始偷邻居家或周围的小商店，这使得王某成了派出所的常客，最多的一天，因为打架、偷东西他曾经五进派出所。但由于他年岁太小，民警大多是对他进行一番说服教育后，就把他放了。在这种偷抢打闹的日子里，王某度过了自己的童年，他的犯罪行为也从过去的小偷小摸发展成抢劫。1995 年，王某 17 岁，因犯抢劫罪被判处有期徒刑 9 年。

王某：我把判决书翻过来一看，真是判 9 年，我当时疯了，把判决书撕了，坐地上哇哇哭，当时一想 9 年，就跟现在一想 50 年似的，无期似的，我才 17 岁。

——出狱时曾想先杀掉母亲

解说：但是，王某并没有从中吸取教训，反而认为是社会待他不公。2002 年 3 月，王某被提前释放。出狱后仅一年多时间，王某就组织实施了四起绑架案。而这时，他早已把母亲及姐姐的亲情忘得一干二净。

王某：我这个人做事比如说两个东西，必须取得一个，另外一个即使舍不得，也得狠心扔了。我衡量一个天平，一个是我个人的私欲，一个是父母亲情，我对不起他们，我一衡量，我觉得我的欲望高，就给他们舍了。我当时唯一想法是出来先把我妈杀了。因为什么，因为我妈，我要是犯罪，她受不了这个痛苦，我想瞬间让她不知道，让她结束生命，然后我就放开了，没有任何牵挂。我出来之后，基本上行为跟正常人一样，可是我知道自己心理多少有些不正常。

看到上述王某的个人自述，就会让我们想到犯罪学家加罗法洛的那句话“你会怀疑他们是否有灵魂?”

——“然而，他绝不是一个白痴”

在旁听席上，记者们小声地议论着王某：他是个思维严谨的人。从他的语言表达中就能听出来。虽然王某一再表示，无论自己怎么说反正难逃一死。他劫持第 2 个人质王某后，给其家人打电话，聪明的他发现汀王某父亲的手机得响六七次才通，而一个焦急的父亲肯定会随时把手机带在身边。据此，他判断出对方已经报警，于是决定将王某杀害。将被害人勒死后还给其注射了一针农药让其尸体尽快腐烂。所有作案的工具都是王某精心购置，所有过程都是他精心设计的。① 拿到两大箱子人民币后，疑心重重的王某为防止里面

① 《绑架吴若甫主犯差点潜逃云南　要犯全部当庭认罪》，深圳新闻网 2004 年 9 月 1 日。

装有追踪器，便将箱子扔掉，把成捆的人民币都抖开检查一遍。他的同伙说，王某还叫人把连号的新币换掉，防止被人查出来。

——“他们不惧怕惩罚”

王某在法庭审判中，在回答公诉方或辩护方的问题时，总是说着说着就笑。在近两个小时的讯问中，王某不断地更换坐姿，整理整理衣袖，还不时地用左手绕着右手手腕转圈。说到详细处，用手一个一个比画。在回答完法庭所有讯问后，王某笑着说：“反正我都是死啦，怎么着都成！”

庭审王某时的照片

整个庭审，王某没有为自己的行为进行任何的辩护。而当法官问他对自己被控犯罪有何辩护时，王某则摇头表示：“我没什么好说的啦。”从现场照片也可看出他的表情：满不在乎甚至还有些嬉皮笑脸。

——“我就对得起我自己，其他人都对不起了。”

在北京高院的死刑判决书下达后，王某仍是满不在乎：“我没什么冤的，那人就是我让杀的。”在行刑前，3 名主犯各自会见了自己的亲属，王某对自己的母亲和姐姐说出了这句心里话，“都这时候了，没必要（隐瞒）了。”说完，王某咧嘴苦笑。看着亲人落泪，王某终于抽噎着说：“我就对得起我自己，其他人都对不起了。”①

综观上述情况，王某从小到大，身边不乏母亲和家人的亲情，他的母亲和姐姐都给予他非常多的关爱与帮助。母亲甚至为了他而与他父亲离婚，姐

---

① 《绑架吴若甫三主犯今日伏法　临刑前盼儿子走正道》，北京晚报 2005 年 9 月 14 日。

姐直到他被抓和审判期间还非常关心他。显然，他的犯罪历程中，环境背景的原因并不突出，更为突出的是他个人的心理问题。他的犯罪之路发展是在父母的无奈、老师的无法，民警多次教育无用、刑罚惩罚无效的背景下一步一步走向深渊的。王某的一生是一个犯罪不断升级和积累的过程，有着不可阻抗性。

5.4 靳某的人格问题剖析

——2001 年河北省石家庄市重大爆炸案的主犯

5.4.1 案情简述

2001 年 3 月 16 日的凌晨 4 时 16 分至 5 时 21 分，石家庄市棉纺三厂宿舍等四处居民宿舍先后发生爆炸，造成重大人员伤亡。案发后，警方迅速开展勘查工作并初步认定这一系列的严重爆炸事件是有人蓄意制造，于案发当天中午认定家住爆炸案发生地其中之一的靳某有重大作案嫌疑。主要依据：一是靳某具备作案因素、动机和爆炸技能，且与几个爆炸现场的有关人员都存在矛盾；二是靳某具备作案时间；三是靳某曾自制过炸药；四是 5 起爆炸现场的炸点位置均对准了与靳某有矛盾的特定报复对象。3 月 23 日 8 时 20 分，犯罪嫌疑人靳某被广西北海市警方擒获，并当场从其丢弃在树丛中的编织袋中搜出 365 克硝铵炸药、34 枚雷管等物。

“是我搞的爆炸，我早就想炸他们了！（指跟他有矛盾的人）”靳某毫不掩饰地说。靳某交代，在此案之前的 3 月 9 日，他在云南省马关县用柴刀砍死曾与他同居过 3 个月的韦某后，深感罪行严重，“杀一个是杀，杀两个也是杀！”便决定孤注一掷、铤而走险报复杀人。在这种心理的支配下他回到石家庄市，在一个星期之内他购置炸药，进行试验，最后在案发当晚打上出租车分别到目标楼下作案现场，他选择的作案对象：一是他居住地的邻居，16 号楼是靳某的居住楼，他认为邻居与他过不去；二是继母和父亲，15 号楼住着靳某的父亲和继母，靳某对继母非常仇视；三是他的前妻，13 号楼的市五金公司宿舍楼里住着靳某的前妻和她现在的丈夫；四是现在住他母亲曾住过的房子的住户，即 12 号院的二层小楼是靳某生母留下的房产，去年被姐姐转卖给他人居住。这些人虽然在生活中与靳某有过接触，也有一些矛盾，但没有你死我活之仇。靳某如此所为完全是在杀完第一个人之后的一种亡命之举。他所实施的爆炸案导致108人死亡，还有5人重伤，受伤人数也达上百人。

剖析本案的目的是想证明这点：靳某在案发前有大量的人格特征显现，这些特征只要基础工作到位就完全可以发现。

5.4.2 靳某的心理画像

——“他与邻居闹矛盾，就曾扬言要炸楼。”居委会主任的介绍

靳某，男，汉族，1960年12月7日出生，8岁开始上学，9岁因病导致听力障碍。1976年在石家庄某厂劳动公司参加工作，1984年结婚，1988年因强奸罪被判处有期徒刑10年、剥夺政治权利3年。1997年8月减刑释放。出狱后，靳某没有正当的职业，修理过三轮车，推销过化妆品，非法倒卖过火车票。2001年2月在追杀同居女友后，于2001年3月16日凌晨制造了石家庄爆炸案。

如果只看这段描述文字还略显简单。要了解靳某的人格特征可从他平时的心理表现进行观察。我们看看靳某的亲属和接触过他的人是怎么评价他的：①

——浑身又脏又臭

和他一起上学的人回忆起学生时代的靳某，说当时他的绰号叫“靳聋子”，浑身又脏又臭，他不答理别人，别人也不爱答理他。

——性情太暴躁

靳某的妹妹说：她从小就非常害怕靳某，原因是他的性情太暴躁，动不动就打人摔东西。他不喜欢吃饺子，有一次，家里包了点饺子，他从外面回来看见，一下子就把桌子掀翻了。特别是1994年母亲因车祸去世后，靳某的脾气更加暴戾。家人曾为其办过保外就医，但他回来后就囚禁已经离婚的妻子，并把家里搅得鸡犬不宁，21天后又被重新收监。

——脾气很特别

爆炸中幸免于难的靳某前妻认为：靳某这个人脾气很特别，很少与人交往，喜欢看科幻片和科技知识方面的书籍。耳朵虽聋，但视力很好，他原先

① 《亲属和邻居如何看“石家庄爆炸案”元凶靳如超》，中新网2001年4月19日。

有一把猎枪，枪法很准，还会驾驶汽车和摩托车。他俩离婚的主要原因是他的性情残暴，动不动就打骂，而且往死里打，并且生活放荡，常常出去鬼混。

——乖戾得要命

靳某的姐姐说：靳某乖戾得要命，她怀孕的时候，靳某让她给代写征婚广告，她没写，靳某竟拿鸟枪瞄准她，吓得母亲的叫声都变了调，她挺着大肚子就跑。靳某出狱后姐弟很少碰面，见面靳某就要钱，所以兄弟姐妹搬家，都不敢告诉靳某地址。去年大家商量着把母亲留下的房子卖了，分给了靳某1万元，但是，靳某却认为少给了他，为此他对姐姐结怨甚深。

——“逢面必打”

说起靳某，他的父亲和继母老泪纵横。靳某的父亲指着自己脸上的疤痕说：“这都是靳某打的”。他说，靳某还曾用铁钩子将他前妻的腮帮子钩破。还有一次，靳某把他前妻的手脚绑住，说要给她过电，吓得他前妻大声喊叫，邻居听见把电闸拉掉才没出事。靳某对继母更是逢面必打，有时甚至到厨房拿菜刀砍她。他继母一见他回来就跑，经常到派出所报告，希望将靳某关起来。

——报复心特强

靳某正在石家庄北郊监狱服刑的弟弟，看到电视中播出的“3·16”爆炸案现场，毫不犹豫地说，“错不了，准是我哥干的，我哥心狠手黑，我俩以前也制造过炸药，他有这方面的技术。另外他报复心特强，谁得罪了他，他就会报复谁。”

——嫉妒心极强

曾经看押过靳某的监狱管理人员介绍，靳某1988年判刑后先在河北省第四监狱服刑，就因为他妻子来监狱探监时，狱友给他妻子倒了一杯水，他就一口咬定狱友和他妻子通奸，非要杀了那人不可。为了防止发生意外，靳某被转到另一监狱服刑。

——此人好吃懒做

负责16号楼的原棉三宿舍第一居委会主任在接受采访时告诉我们，靳某夫妻离异、家庭不和，邻里关系也非常紧张。刑满释放后，一直行踪不定，也断断续续到南方打过工。此人好吃懒做，有钱就花，花完就要，不给就闹。他多次到居委会要求给他找工作，可给他介绍了四五个工作，他都不干，说是太掉价。他与邻居闹矛盾，就曾扬言要炸楼。

——性格孤僻、充满仇恨、易走极端

一直参与审讯靳某的石家庄市公安局副局长介绍说，靳某是一个性格孤僻、充满仇恨、易走极端的人。去年秋天，靳某在石家庄结识了26岁的云南姑娘韦某，当时韦某身无分文，靳某答应娶她并给她介绍工作。不料，靳某带给她的是窘迫的生活和拳脚相加，韦某失望之后于去年年底逃回老家。今年2月22日，靳某追到韦某的原籍云南，强迫韦某跟他回石家庄，韦某不从，3月9日，争执中靳某用柴刀将韦某砍死。

5.4.3 靳某的人格问题

综上所述，我们可以看出，靳某的异常行为和心理问题并不是出现在2001年，他的孤独、暴戾和自私早有显现，他的耳聋在某种程度上又加重了他的猜疑和偏执。这一切从他结婚前后就已经显现。后来，他在监狱服刑期间的表现以及他被释放后回家的各种表现都可从中看出与其实施爆炸犯罪行为相一致的心理特征。

6 犯罪人格犯罪解析

在众多的犯罪类型中有一类因人格问题引发的犯罪危害极大。这类犯罪人冷酷、残忍、大多有犯罪前科，虽经刑罚处罚但不思悔改，继续重复各种犯罪，制造各种系列性的严重犯罪。

研究这类人的犯罪心理可发现，这类人不同于反社会人格，也不同于一些以某类犯罪为常业的惯犯，他们有明显的导致其犯罪人格的后天影响背景。从预防犯罪的角度观察，这类人格问题有预防或减少的可能性，所以，了解这类危险人格的形成背景对于控制并减少这种人员的出现，减少系列恶性案件具有重要的意义。

6.1 犯罪人格的特征

6.1.1 人生早年心理正常

在此所提的“人生早年”主要指人的青春期之前（尤其是12岁之前），也有个别的犯罪人格者是在未成年之前（18岁前）有着较常态的心理和行为表现。他们曾经正常上学，学习认真，成绩不错，在学校里表现老实，没有明显的或张扬的劣迹行为。例如，流窜4省做了22起灭门案件的杨某在读小学初期直接上了小学二年级。他的老师都认为他特别聪明。杨某知道家里供自己上学不容易，从上学开始就十分用功，学习成绩总是名列前茅。另外，据杨某村里的人讲，杨某从小特别聪明，喜欢画画，画什么像什么。

犯罪人格者与反社会人格者不同点之一就在于这类人有正常的自然情感力，即使他们实施了非常残忍的犯罪案件，在侦查审讯阶段若与他们谈到他们的亲人时，他们大多有相应的情感反应，有的立即不语，有的低头忍住或控制情感，还有的表现出对不起家人的内疚感。这些表现是自然的，说明他们曾有正常的情感反应力。

6.1.2 基本社会化缺失

基本社会化缺失的主要缘由在于人在18岁前的家庭问题。研究犯罪人格发生的背景可发现他们具有明显的相似问题，即他们在还未成年时，他们的家庭结构或者家庭功能已经失常。在本课题专项研究中共收集这类犯罪数据30个（其中公开报道的典型个案11起，课题调查者在监狱访谈19起），其中，家庭结构不完整的有17人，占总数的56.67%，家庭功能失常的有23人，占76.67%，远远高于一般犯罪人的比例。

具有犯罪人格的人大多有过离开家庭、辍学、孤身流浪等经历。导致他们离开家庭的原因往往不是他们自身的问题，而是家庭缘故。例如，父母一方去世、有人服刑、父母双亡，寄人篱下，父母离异又重建的家庭中缺乏亲情，父母有一方酗酒、赌博甚至违法犯罪行为，还有家庭极其贫困，子女众多，少年时为此而离家出走等。

对11起典型个案的分析可发现，父母一方去世、父母双亡和父母离异的有7人，占总人数的63.63%。另外，对服刑的19名在押人员分析可发现，父母一方去世、父母双亡和父母离异的有10人，占总人数的52.63%；有2人分别由养父母和外公抚养长大。11人中剩下的4人虽然家庭结构正常，但也存在不同程度的家庭问题。例如，其中的吴某生下来就被抱养，在8岁时养母去世才回到亲生父母身边，并在11岁时就离家出走；段某的双亲虽是老实人，但常因家庭琐事而言语不和，以至于一家人多年不在一张桌上吃饭，他在七八岁时，脾气暴躁的父亲为让段某改掉恶习，曾用老虎钳将段某的一个手指夹变了形；阎某的父亲在他4岁的时候就出国打工，出国回来后对他也是动辄打骂；还有前面分析过的杨某在小时候其家庭极其贫困，加上子女众多，兄妹6人，所以，排行老四的杨某“从小就不受重视”，在杨某的记忆中，从没有人给他买过衣服，也没有人给他买过爱吃的东西，更没有任何人教他读书识字，在学校他也感到“被人看不起”。这类家庭问题直接影响到他们在学校接受教育时的心理状态。在11人中，除了杨某上到高二，伍某上到初一，其他9人全部是小学都未能读完，有的甚至是仅仅上了几天学。本应该像其他孩子一样坐在教室里读书学习的年

龄，他们却不得不四处流浪，自谋生计。沈阳系列抢劫强奸杀人案的王某曾有一段自述能很好地说明这种情况：

在我的记忆中，我从来没感受过什么家庭的幸福和童年的快乐。我爸是一个赌徒，打我记事起，他一天到晚就是赌，赢了回来就喝大酒，输了就拿我妈和我们哥俩出气，不是打就是让我们跪着，有时一跪就是半宿。家里穷得只剩下一铺炕和一口锅了，连吃饱肚子都困难。在我8岁那年，我妈实在受不了，和我爸离婚了。6岁的弟弟跟了我妈，我跟了我爸，但我爸根本不管，把我往爷爷奶奶那儿一扔，就又去要钱了。我爷我奶也不愿管，动不动还骂我、打我。我一直到13岁才上学，上了一年多，我就不上了，整天在外面瞎溜达。我先是到了铁岭市，肚子饿就向别人要，晚上就睡在“票房子”（火车站），就这么过了半年左右。有一天，我在车站里看见有一节车厢拉的都是草袋子，就爬了上去，迷迷糊糊地睡着了，等我醒来火车已经到了沈阳，就这样，一直到我被抓，这十几年大部分时间都是在沈阳度过的。①

6.1.3 青春期有生存性违法

如图6－1所示，11名犯罪人格者出现过违法犯罪行为的平均年龄为16.2岁。

① 李玫瑾：《社会化障碍引发的犯罪人格》，《人民公安》2005（8），第17～18页。

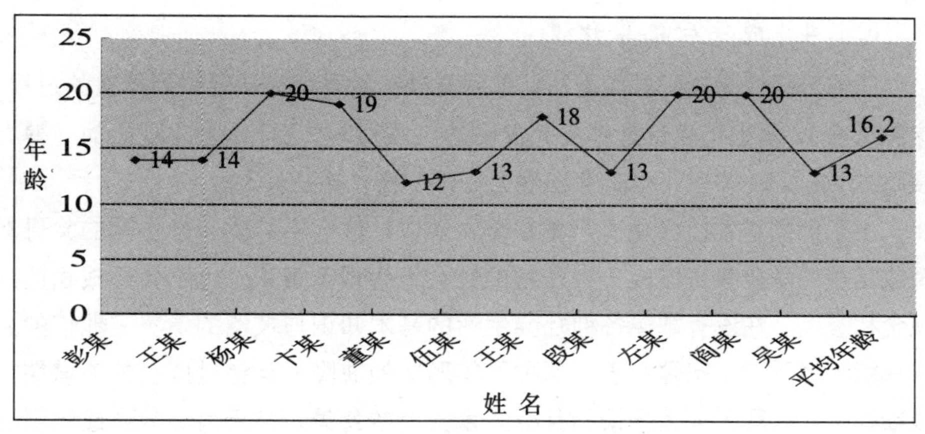

图 6－1　犯罪人格者初次违法犯罪的年龄（n＝11）

有人可能质疑：青少年时期本来就属于容易出现违法犯罪行为的时期，所以，这些人平均的犯罪年龄是否具有特殊意义？答案是：具有犯罪人格者在初次犯罪的年龄上可能不具有特殊性，但他们犯罪的原因与一般青少年违法犯罪仍有明显的区别。仅就青少年违法犯罪的普遍原因分析可归结为：贪图物质享受；盲目讲究哥们儿义气，法律意识淡薄；报复、性好奇等。还有任性、自私、学习失败、父母管教方式不当等。但是，犯罪人格者在早期出现违法犯罪行为大多只是为了最基本的生存需要。他们是在一种基本生存都无法由外界保障的情况下，为了谋生而开始违法行为。他们先是脱离家庭，然后乞讨流浪，再后开始为生存偷扒、盗窃，一旦被抓，因其缺乏家庭的保护，所以，警察也无法解决他们的日常生活问题，往往因此将他们送入拘留所、管教所甚至监狱。正如一名受刑事处罚的流浪未成年人自己所说：

> 像现在，我出去又这么小，干活也没人要，我又没有身份证，又没文化，我能干什么？这样出去以后我一毛钱都没有，只能再去偷去抢。我见过很多这样的人，他们只能偷只能抢，虽然现在很后悔可是也没有办法了，我还见过直接被枪毙的。没办法了，我也只能去犯罪，被抓，坐牢，还很可能被枪毙。①

① 本课题研究者在新疆某监狱进行个案访谈的记录（时间为 2006 年 12 月）。

6.1.4 成年后犯罪升级

犯罪升级，是指犯罪类型从简单到复杂，犯罪危害从轻微到严重的过程。这类人在12岁上下仅仅是偷盗（仅侵财），到18岁上下就会出现抢劫（暴力侵财），进入24岁上下他们会出现盗—奸—抢，甚至杀人。

由于他们基本社会化有严重缺陷，所以，他们不可能通过正常的父母教育或常规的学校教育形成一种正常的社会行为规范意识，也不会形成相应的观念和态度。在没有掌握各种社会生活的基本知识与技能的情况下他们的生存只能不择手段。问题在于，这种早年形成的缺陷一旦错过成长的关键期就很难弥补。在既无家庭亲情和社会关系支持的背景，又无良好教育或培训形成各种能力的背景下，他们的年龄仍在增长，他们自身的需要也在扩大，可是，通过合理合法手段满足自身需要的可能性却极其微弱，于是，不择手段，即通过犯罪手段或方式满足自身需要就成为他们个人成长和发展中的一种自然趋势，与此相应的是，随着年龄增长进入成年，他们的胆量与力量也在增强，犯罪的危害程度也相应升级。他们少年时进行小偷小摸是因为这类犯罪相对安全，但效率较低；要在短期迅速得到大量钱财那就是物色有钱者进行抢劫。问题在于抢劫要面对被害人，所以，必须体力强壮或者合伙作案，这种犯罪虽然有风险但毕竟来钱快，效率高，这就是他们接近成年后主要选择的犯罪方式。此外，成年后多数正常生活的人大都进入恋爱和结婚状态，但他们一无所有，问题是他们也有性的生理欲望和被异性爱抚的愿望，于是，强奸就成为他们最初杀人的动机，因为强奸不仅正面接触被害人，而且不同于抢劫的是，其强奸所需要的作案时间一定要长于抢劫作案的时间，因此，作案的风险增大，尤其是他们中的一些人已经有过犯罪前科，已经受过刑事处罚，为了不再被抓捕和受到刑事惩罚，他们必然开始杀人。仅以11人中的王某、段某和杨某为例：

王某系沈阳系列抢劫杀人案的主犯（2005年结案）。1991年6月，年仅15岁的王某因盗窃被劳教两年，17岁出来后，王某觉得掏包偷钱来得太慢、太累，于是就转而冒充警察敲诈、抢劫，作案多起。1996年因被同伙供出被抓，当时王某咬着牙硬挺，只承认冒充警察敲诈这一件事，结果只被劳教三年。1998年12月4日，王某被提前半年释放。出来的当天晚上，他就将一在河边散步的女孩子用木棒子打倒并把她强奸。没过几天王某又以同样的方式强奸另一名女子。从劳教所出来的第一年里，王某能回忆起来的自己单独作案就有20多起，杀死10多人，强奸作案七八起。[①]

段某系湘、鄂两省的系列杀害女青年案主犯（1999年）。段某13岁时因盗窃罪被判入少年管教所3年，在所内因违反监规被加刑两年。18岁出狱后，又因抢劫被判刑5年。出狱后就发展到专门以女性为对象，抢劫、强奸、杀人，共作案50余起。

杨某系四省流窜系列入室奸杀案主犯（2003年）。1990年因盗窃被西安市公安局霸桥分局劳教两年，1993年因扒窃被石家庄市公安局长安分局劳教一年，1996年因盗窃、强奸被正阳县人民法院判刑5年，此后他四处流浪，连续作案，入室先杀人，再抢劫，最后奸尸。杀人不分男女老幼，一个活口不留；抢劫有时候仅仅为了几元钱，甚至连尸体上都要搜一遍；奸尸的对象都是年轻的女性，甚至是未成年的小女孩。

6.1.5 犯罪心理不可逆转

虽然犯罪人格不具有遗传的倾向，属于后天形成的问题，但由于后天犯罪化的过程使得他们的犯罪心理一旦出现就具有不可逆转性。因为人格属于较稳定的心理现象，这种稳定的心理风格除受遗传因素影响外，还可通过后天重复刺激形成。重复刺激不仅能建立某种刺激与反应的常态模式，更重要的是这种刺激与反应模式建立的时间越早（指刺激发生在幼年）其产生的影响就越深远。这种刺激持续时间越长，其犯罪人格就越稳定，对社会的危害也就越大。例如，离家出走的孩子一般在10岁左右（多数在10~18岁之间），再加上离家的10年时间，他们的年龄可达到20~30岁之间，这期间他们会为生存从轻微违法到犯罪。随着异常社会化时间越长（到30~40岁），他们的犯罪人格就越明显，对社会的危害也就更严重。他们的犯罪可从早期“谋生”的手段转向“习惯”的手段，甚至成为“乐趣”的手段，成为解决生活难题最先考虑的选择方式。

犯罪人格形成并趋于稳定后，这种人不仅没有了是非感、没有了羞耻感，

---

① 刘芳：《恶魔王强的犯罪人生》，《人民公安》2005（8），第12~16页。

更重要的是，他们做人的人性也逐渐消失，只要需要，就无恶不作。例如，流窜四省实施系列灭门案的杨某在1999年到2003年后期作案的四年半中，先后杀害67人，致22户人家灭门。当问其作案动机时他回答只是因为“每家有1~2个女儿”，他后半夜入室杀人就是为了得到“性”的满足。当办案人员问杨某“这种行为会给社会带来什么影响”时，杨某竟然反问道：“社会？什么叫社会？和我有关系吗？”

其他研究人员的研究也证明这点，上海的邬庆祥等人的研究指出：“第一次违法犯罪时的年龄越小，犯罪恶习越顽固，越难以矫治，重新犯罪的可能性越大。”其中，“第一次作案在7~10岁的少年重犯罪率为38.5%；11~14岁少年重犯罪率为24.7%；15~18岁少年重犯率为11.3%。”[①]（2003年）

6.1.6 动机简单性质恶劣

当某个人形成犯罪人格后（一般从25岁左右）就会持续地以犯罪作为基本的生活方式，以犯罪方式解决生活中的基本需求，就这一特点而言，犯罪人格比反社会人格还要危险。犯罪人格者往往是系列案件或重大案件的制造者，他们后期作案大多是“集几类罪名于一案”的案件，如在入室盗财的同时可杀人并强奸；拦路抢劫时可强奸再杀人。尽管这类案件的性质非常恶劣，但引起如此恶性案件的心理动机却异常简单，多以“最基本的需要”为主。有的案件仅仅为几十或几百元钱和几分钟的性满足却让别人付出性命甚至家破人亡。

例如，沈阳系列街区命案制造者王某在1999年的一次入室抢劫杀人中仅抢得了200元，而这200元的代价就是一个三口之家家破人亡。女主人当场死亡，男主人被扎成重伤后送医院抢救，3年后死亡，仅活着的儿子也因被扎伤脊椎神经而导致高位截瘫，孩子没有了父母，境遇极其悲惨。在王某被捕后，侦查人员告诉他这个情况，王某自称还能记得那次的作案。当他听说“那家的孩子终身残疾”时，他感到了不安。为此，他竟然说“我就听了有一个孩子没死，终身残疾，我想这个挺不安的，那时不如让他死了”。——这就

---

① 邬庆祥等：《未成年刑释人员重新违法犯罪影响因素研究》，《青少年犯罪问题》2003年第3期，第24页。

是他的不安。

可见，犯罪人格者在长期远离正常人的家庭生活、长期脱离亲情感受的背景下会对社会和对别人变得越来越无情而任意滥杀无辜。另一系列案制造者彭某不仅杀人强奸，还经常奸尸。将人杀死后还要割断其喉管，共割喉管40人，受害人年龄最大的有70岁，最小的仅8个月，其中受害者女性31人，14岁以下儿童22人，甚至将一家8口斩尽杀绝，其手段也极其残忍。

本课题收集的11名犯罪人格者在他们的犯罪生涯中平均作案高达22起，平均死亡25人，受伤人数4.6人；最长的系列犯罪生涯持续8年之多，最高的作案频率是19天一起案件。受害人中有老人，也有未成年儿童，甚至是几个月大的婴儿。犯罪人格一旦形成，这类人作案动机就很随意地发生，同时，他们大都有过刑事处罚的经历，反侦查意识更为强烈，作案方式更为隐秘，作案手段也更加残忍，一般不留活口，使得案件难以及时侦破。由此看出，犯罪人格者的犯罪属于具有持续性、重复性和严重危害性的犯罪类型之一。

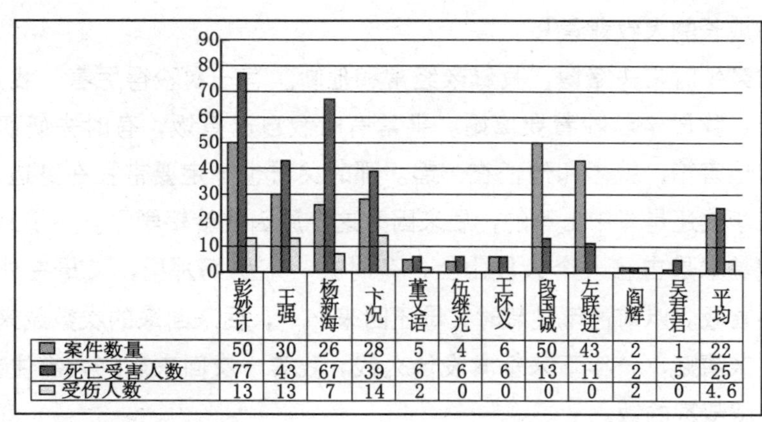

	彭妙计	王强	杨新海	卞况	董文语	伍继光	王怀义	段国诚	左联进	阎辉	吴君君	平均
案件数量	50	30	26	28	5	4	6	50	43	2	1	22
死亡受害人数	77	43	67	39	6	6	6	13	11	2	5	25
受伤人数	13	13	7	14	2	0	0	0	0	2	0	4.6

图6-2 具有犯罪人格的人犯罪数量和伤害人数（n=11）

6.2 董某的人格问题剖析

——2006年赣、浙、闽三省系列入室奸、抢、杀人案的主犯

6.2.1 董某的案情简述

“杀人者，恨社人”——某犯罪现场的墙壁上用被害人的血写的字迹

从2006年3月至5月，董某先后在福建、浙江、江西等省专在夜间攀爬窗户进入居民住宅进行杀人、强奸、抢劫犯罪活动。在这期间，董某共杀死6人、杀伤2人，强奸其中的4名女性。他还在其中的一个犯罪现场用被害人的血在墙上写了六个字："杀人者、恨社人"，让人无声而惊。由于董某的作案手段极其残忍，在案发地的居民中间造成极大的恐慌。公安机关经全力侦查，于2006年11月的一天在四川宜宾市将其逮捕。

现年29岁的董某出生于浙江平阳县的一个小山村，小学三年级（11岁）后董某离家出走，浪迹全国各地。该人善于爬乘火车，无固定职业及住所，多住在工棚、建筑工地及无人居住的空房，野外生存能力强，曾经到过浙江、福建、江西、湖南、贵州、广西、云南、湖北、江苏、上海、广东、海南等地。曾先后因犯故意伤害罪和盗窃罪入狱。

6.2.2　董某的成长与心路历程

董某身高不过159公分，家中排行老二。他在供述中也谈到了自己的家庭背景和成长的大致背景①：

我父亲平时常去赌博，我母亲经常和他吵。有一次吵得厉害，我父亲打了我母亲，我母亲就吵着要离婚。平常有时我自己煮饭，有时去奶奶那吃，因为在家里害怕，就想和他们在一起。那时父母也一定要带我在身边，我本来学习在学校还是算中上等的，后来因为这个原因我就辍学了。……从11岁开始，我基本是自己一个人住山上，有时去一下奶奶那里，父母在外打工，他们都不管我。以前过年过节时父母还回来一下，后来回来的次数越来越少，因为我父亲嗜赌，一年下来基本没什么钱。我第一次回来后，大都住在我奶奶那，吃叔叔家的饭。

——流浪：还是外面好！

13岁时我先到了金华，待了一个晚上，又坐火车到杭州，在杭州碰到一个和我相同年纪的流浪儿，我们一起去了上海，到上海后，我们没东西吃，他们说去偷东西，我不干，他们就走掉不管我了。我就傻坐在站台上，碰到一个江西小孩，名字我不记得了，我们就一起到上海火车站捡瓶子为生，我

① 摘自公安局的讯问记录2006年11月21日。

们哪里好睡就睡哪里，在上海我待了半年，当时的想法只要有饭吃就可以了。……直到被遣送站送回金华，才结束了第一次流浪。回到老家后……觉得还是外面好。

——早年：曾是正常人。

小时候，我和每个人的想法一样，希望能够出人头地，长大之后，也有知恩图报的念头。那年我在温州因为故意伤害被判刑，出狱后我第一个想法就是，如果我有一万元，就什么坏事都不做了，做点小生意，好好做人。结果为了筹这笔钱，在杭州盗窃时被抓，那时我还是纯粹偷东西，没有伤害人的念头。

——向往：挣钱·老婆·回家·种地·养羊。

以前在杭州的时候我经常想：如果我在杭州赚到钱的话我就回去，或者找一个老婆带回家，在家里开山种地，种些水果，再养几十头羊，那时我的生活就是那样想，那时我的想法就是那么简单。从杭州西郊监狱出来，我当时已经25岁了，感觉前途无望。如果当时政府给我安排个工作，一天做八九个小时，我心里也就满足了。

——努力：曾试着过正常人的生活……

我也曾试着过正常人的生活，在大排档干过，并想在家里种水果或者养羊，为此我还特地到福州买了一本养殖方面的书。可现实让我的人生定位放得越来越低，在为自己的目标奋斗了半年后，我觉得这些都是不可能的。因为光靠自己去找工作非常艰苦，晚上干到12点，早上六七点就起来，而且挣不到几块钱。

——绝望：睡死过去那是最好了……

那时我经常在想，我能睡一觉就睡死过去那是最好了。人绝望只有两种选择，要么自杀，要么杀人，我实在不甘心就这样死去，我选择了去杀人。

——想想：真是不甘心……

想想自己活得这么惨，人家活得那么好，真是不甘心。就算我去自杀，也要有人陪我，所以我选择去杀人。被带回金华以后，我经常在看守所唱刘德华的《天意》，这首歌很多地方和我现在的处境很相像。我觉得我是在金华开始到处流浪，而我流浪的终点也是在金华，这也许就是天意。

——烂命：却因杀人被悬赏10万……

董某似乎在报复，他在随身带的小本子里写道："真没想到我的人头直（值）10万元，以前自以为是烂命一条，没想到还有人出钱让我死。今天，我来到云南边境，本想逃去缅甸，可一想身边的钱已所剩不多，出境后也是死路一条，还不如再回浙西杀个痛快。"（浙西指的就是金华）

6.2.3 董某的人格问题

笔者在2007年初对董某进行心理调查时，接触之始就感受到其因掩饰绝望而生的一种狂妄："我知道你是来研究我这种杀人恶魔的!"他甚至摆出一副完全拒绝、不屑回答的表情和神态。由于我们的谈话必然要涉及他以往的感受甚至是内心的痛楚，因此，访谈不能采用讯问的强势方式，为此我努力地拉近与他的心理距离。当我看到在南方阴冷的一月里，寒气使他不停地打战时，我试着伸出自己的手问他"我可以摸摸你的手吗?"他大概非常意外，不置可否，于是我用自己温暖的双手握住了他冰冷的手，仅仅几秒钟他就开始收缩自己的手，但是，他的态度明显地开始和缓。

在谈到他童年经历时，他告诉我：他最爱的人是奶奶，因为奶奶让他有如此美好的回忆。每当他下学回到家时，也就是他一个人居住的家（父母都外出打工并不回来），上小学的他下学后必须自己生火做饭，他需要捡柴、烧火，一屋子的烟，这时，只有奶奶会赶过来帮他，每当奶奶出现在房门口时是他最快乐的记忆……他还告诉我，有一次他发烧了，很难受地躺在床上，没有人知道，也没有人管他，后来奶奶来了，发现他病了，于是背上他去看病，却赶上山里大雨瓢泼，在泥泞黏滑的山路上奶奶背着他摔倒过好几次……他在说这些事情时眼中充满着泪水。我听着他的叙述，同时脑海中却浮现着在侦查阶段刑警让我研究的犯罪现场的照片。毋庸置疑，暴力的心理必有相应的背景问题，一个人如果在最弱小的时候、最需要别人呵护与善待的时候却没有被善待，那么，我们如何指望他在成年后能够善待别人和这个社会?

在我们离开拘留所的路上，陪同我的一位从事刑侦多年并主管大案侦查的同行问我："您认为他第一次杀人是什么心理原因导致的?"我当时就回答：他杀人不需要太明显的刺激对象，有他这种成长背景的人"何时杀人"就取决于他的年龄成熟度。因为他在不够强大、欲望还较简单时不会杀人；但当他生理年龄达到成熟时，当他不仅需要吃饱、还要有性欲望、需要异性关爱时，他就会对现实生活不满，会因为自己一无所有而愤怒。因为他没有家庭可依靠、没有教育背景可凭恃、没有任何能够自尊的生活资本，这时他几乎无路可走。没有自尊、没有资本的人如何吸引异性？如何以合法、守法的行为方式满足成年后的复杂需要？他只能通过盗抢来获取物质满足——这种作案方式可以不被人发现而完成并达到目的；但是，要得到异性的满足则必须面对另一个人——这种满足要实现而不被抓住，还有一点即不被女性嘲笑或咒骂，那只有一种选择，就是杀人获取。这就是犯罪人格的形成和发展过程，也是他们的人生轨迹。

6.3 杨某的人格问题剖析

——1999~2003年皖、豫、鲁、冀四省系列入室强奸抢劫杀人案的主犯

6.3.1 杨某的案情简介

2003年8月中旬，河北省石家庄市公安局两位从事刑侦技术的警官找到我，他们正在北京为在石家庄城乡结合部发生的一起入室杀全家案进行物证鉴定，同时也想对这起案件的犯罪嫌疑人进行一下犯罪心理分析。他们告诉我说，此案是系列案件，已经在安徽、河南、山东、河北发生过20多起，每次都是满门被害，被害人已达60多人。因为当时全国正在为防控SARS的流行进行区域隔离，他们希望能迅速破案，将此案犯拦在河北并争取在河北将其抓捕，为此，需要对这名谁也没有见过的犯罪嫌疑人进行一下犯罪心理画像。记得我们讨论了两个下午，在刑警提供的案件信息基础上对犯罪嫌疑人作出初步的分析及心理画像：此人应该出生在农村，家庭的经济条件较差；他较早离家出走，也可能因犯罪被判刑多年，总之他离家时间很久；年龄应在25~35岁之间；此人身材不高；偏瘦、结实；有过犯罪前科；善于从事体力劳动（他作案多用锤子）；应无女友，也无婚姻；为人内向，性格蔫狠；生活不规律，昼伏夜出。还有对此人的籍贯判断“可能是安徽人或是河南人”等。2003年11月中旬，此案犯果然被河北省警方在沧州抓获。

2004 年 2 月 1 日，河南省漯河市中级人民法院一审判处杨某死刑，杨某当庭表示放弃上诉。杨某确实难逃一死，他的所作所为让人不寒而栗，4 年半的时间内，他不停地在皖、豫、鲁、冀四个省流窜作案，选择的作案对象大多是偏僻村庄的贫穷人家，在很多案件中杨某在财物上所获甚少，但作下的几乎全都是灭门血案。他作案 22 起，杀害 67 人，强奸 23 人。那么，他为什么要杀这么多人呢?

6.3.2 杨某的成长与心路历程

作者曾在此案侦查阶段，在没有目击证人证言的情况下通过犯罪心理分析对此犯罪嫌疑人进行犯罪心理画像，而且事后证明当初的分析较为接近杨某本人的情况，那么，分析的根据何在? 答案在于，此案从许多方面都呈现出只有“犯罪人格”才具有的作案特征。案件侦破后，当我们了解了他的成长经历后也发现事实正是如此。

杨某家有 6 个孩子，他排行老四。杨家属于村子里最贫困的家庭之一。高中一年级时，杨某突然离校出走了，其父称，不知道他为什么要走。要了解杨某的犯罪心理问题就必须了解他的成长与心路历程，只不过他的犯罪历程比董某要晚了几年，因为他离家出走的年龄比董某晚了 5 年多。

——原本：“老实孩子”

杨某 1968 年生人，身高也不足 160 公分，相貌平平，性格内向，平时不爱说话。杨某上有两个哥哥、一个姐姐，下有一弟一妹。他从小性格内向，不爱说话，喜欢画画。其父说：“海儿从小特别聪明，喜欢画画，画啥像啥”。村民对他的评价是，勤快，是个好孩子，老实得很。当地派出所一位民警说：“杨某小时候连杀只鸡都不敢，我们也想不通他怎么成了嗜血成性的杀人狂。”①

——家境：极其贫穷

杨某家住汝南埠镇的某村，这里不通公共汽车，从村里到汝南埠镇有三公里的距离，道路崎岖不平，即便在晴朗天气，普通三轮车也难以在其上行

① 孟绍群：《连环杀人案带给人们的警示：狂杀 67 人究竟为什么》，《法制日报》2003 年 11 月 21 日。

驶。杨某家是这个贫困山村里的最贫困家庭之一。

曾有位记者为了采访几经周折，穿过坑坑洼洼的乡间小道，找到了杨某老家的村庄。他描写道："村子里绝大部分是砖瓦结构的平房。看上去像牛棚状的房子就是杨某的家了，用家徒四壁来形容丝毫不为过分，这是记者见过的最为贫穷的家庭。矮矮的房屋根本不像正常的民居，房子被分成三间，一间厨房、一间客厅兼卧室、一间牛棚。人畜混住，家里弥漫着牛粪的臊味。家里除了一张松木床之外没有任何值钱的家当了。记者看到了墙上张贴着一张杨某哥哥家孩子的奖状。这张奖状是杨某家里唯一一件闪光的东西，记者感受到这个出了'杀人恶魔'的家庭仅有的一丝尊严和追求。①"

——学习勤奋：家中唯一读上高中的人

因为学习勤奋，杨某成为家中唯一能够读上高中的人。但据村民介绍，家里却无钱供养他上学，他因此和父亲吵过架。在高中住校时，其他同学可以从家里带粮食来换饭票吃饭，但杨某却常常煮野菜或是自己烧饭吃。据人回忆，幼年的杨某上学时，一到周末就去割草、放牛，那时牛还是集体的，杨某放牛是为家里挣钱。读到高中时，杨某突然离家出走。

杨某的父亲回忆说，那时儿子因为没有饭票就捎信回家，在几天之后当父亲背着两袋小麦赶到油坊店乡高中食堂，准备用小麦换饭票时，学校老师告诉他，杨某已经几天没有上课了。杨某的父亲后来得知杨某是去焦作煤矿打工去了。

——想闯荡：离家出走

据警方传出的消息，杨某辍学的原因是想外出闯荡，靠自己的双手过上好日子。此时杨某才十六七岁。他先去焦作煤矿打工，后来又到了太原一个建筑队做饭，并且给家人写了一封信，叫家人不要挂念。杨某的父亲为此特地跑到太原去看望儿子。此后，杨某在外漂流打工，但从没给家人邮寄过钱，"他打工辛苦，能够自己花就不错了，怎么可能给我寄钱?" 杨父说。

在这期间，杨某只回过家一次，并且在村边的砖厂干了不到一个月的苦力。杨某的姐姐说："他那时光着上身，穿着短裤，干活很卖力"。但是，杨

① 孙展、韩复东：《一个老实而内向的农家孩子，何以变为嗜血成性的杀人魔鬼?》，《新闻周刊》2003 年 12 月 4 日。

某“过上好日子”的理想却在现实中处处遇挫。警方的消息说，他在打工中遭遇了干活却拿不到工资的情况，终于有一次，他在一家餐馆打工被拖欠工资时偷拿了餐馆里的一个大铝盆。当时，他攥着那卖铝盆得来的13元钱百感交集，第一次感到钱财也可以来得容易，从此走上了靠偷、抢为生的犯罪道路。

——犯罪：一条不归路

1988年，杨某因为盗窃第一次被西安市某公安分局劳教两年。1991年，又因扒窃被石家庄市某公安分局劳教一年。据说，在这次劳教前，杨某曾有过一位同居女伴，他当时犯罪也是为了让她满足，所以当他被逮捕时，女友曾告诉他“会等待他回来”。但一年后杨某满怀期待地找到这位姑娘时，人家已经和别人结婚。杨某再次离家出走后就再没有回来过。①

1996年在家乡驻马店市某县，杨某因强奸未遂被判刑5年，在这起案件中，杨某试图强奸一名妇女，遭遇激烈反抗并被咬掉一大块舌头，为了疗伤，“口里含了几天的鸡蛋清”。警方人士分析说，这可能是他后来对女性特别仇恨的原因。2000年杨某被提前释放。

从2000年10月2日开始，他在皖、豫、鲁、冀四省流窜作案，先后实施过22起案件，致使67人死亡，伤10人，23人被奸尸。此外，他还交代自己已经在山东的庆云、河北的石家庄踩点还预谋作案3起。

6.3.3 杨某的人格问题

杨某从离家时的17岁到最后被逮捕时的35岁，离家的时间约18年。其中，他在打工的前两年没有犯罪记录，但从他19岁（或20岁）起，他分别在劳教所度过3年，在监狱度过5年，另外7年多他则一直未停止过犯罪。概言之，他后半生一直与违法犯罪为伍，在犯罪的背景下生活了15年左右。这15年对于一种人格的形成或对于尚未完全成熟稳定的人格进行改变的时间足矣。

用他父亲的话说：“他在外闯荡了十多年，一共回家不超过三次，究竟这

---

① 孙展、韩复东：《一个老实而内向的农家孩子，何以变为嗜血成性的杀人魔鬼?》，《新闻周刊》2003年12月4日。

些年他在外地做了些什么，他心里是个什么想法，我们也不清楚。”用他母亲的话说：“这个十几年都给忘了，以为他死了，相貌都想不起来了，走马路上遇见也不认识，想着他这个事我心里很慌，这个事，十几年，现在变得这个程度。”

我们从他系列地残忍杀害全家的作案方式可断定：作此案的人首先是对家庭生活的情感反应已经呈现异常，作案人一而再、再而三地在没有遭遇任何抵抗的情况下杀害全家，这种动辄滥杀全家、对生命毫不留情的情感特点只能在长时间脱离正常家庭或亲人的背景下才能形成。其次，他杀人不分男女、不分老少，不留一个活口。作案非常有经验，尤其具有反侦查的意识，这种表现可判定，此人一定多次与警察接触过，并经过诉讼活动，他对证据意识非常清楚。仅这两个特征就可判断此人具有犯罪人格特征。他一定有过不止一次的犯罪前科，同时有多年服刑的经历，他现在已经超过结婚年龄，但他一无经济来源，二有较强的性欲望，如前分析董某的犯罪心理问题，当人成年后出现性需求时，因为自己一没有家庭依靠，二没有生存的职业背景，三没有吸引异性的资本，因此，仅靠盗窃、抢劫满足物质欲望已经不是这种年龄的人的唯一需要，他们要得到性欲望的满足就需要另一个人（异性）的配合，问题在于，这种强奸行为意味着面对一个活人但对方还不一定配合，于是，即使强奸成功也必有后患，会为几分钟的快乐在监狱里待上几年不值得，所以，强奸同时杀人，然后还可盗抢财物，这种犯罪就成为他随后的基本生活模式，不止一次地作案，自然构成系列的重大案件。

我们再来看一段警察与杨某的对话：

民警：你怎么看待那些被你杀死的人？
杨某：我没想过。
民警：你觉得他们该死吗？
杨某：我不知道。
民警：你觉得自己的所作所为，给社会带来了什么影响？
杨某：社会？什么叫社会？跟我有关系吗？
民警：你这一辈子最感激谁？
杨某：警察。

民警：什么？你会感激警察？

杨某：这是真心话，我自从被抓住以后，警察已经给我买来两套新衣服了。我长这么大，从来没人这样关心过我呢。

民警：你出狱后，没想过走正道吗？

杨某：想过，可是谁领我走正道呢？

很多提审过杨某的警察都认为，他非常仇视社会。据转述，他在多次被提审时，反复表达同样一个观点："为什么别人有的，我没有?"

综上所述，"早年不幸—违法—犯罪—处罚—异常生活方式—严重危害社会"是犯罪人格的形成、发展及结果的共同规律。从对犯罪人格的研究中可发现：未成年人在孤弱的时期如何能够得到家庭、社会、法律等方面的保护是多么重要。早年错过观念与知识教育关键期的人，如何指望他成年后能够遵守社会规则并善待社会，所以，预防犯罪人格形成的关键在于社会对那些因家庭问题导致孩子丧失保护和抚养的情况予以干预，这需要社会的理性认识并取得共识，预防犯罪有时需要有长远的规划和努力。

7 缺陷人格犯罪解析

在犯罪人群中，除反社会人格、犯罪人格外，还有一种最常见的人格问题即缺陷人格。这也是一种后天形成的人格障碍，这类人格障碍在很多方面与犯罪人格接近，尤其是人格的核心内容——观念和性格具有严重的缺陷。但他们与犯罪人格也有明显的不同：他们大多生活在一个结构正常的家庭内，他们在物质方面能够被满足，尤其在情感抚养方面并不匮乏。相反，他们经历的正是一种过分宠溺的情感抚养，由此导致他们出现了严重的人格缺陷。所以，这种人格缺陷也可称为溺爱型的人格障碍。

溺爱是一种无原则的放纵抚养方式。在这种背景下成长的人经常处于一种不明是非、唯我独尊、无法无天的境地，很容易形成一种自我中心的思维方式和任意冲动的行为习惯。思维方式决定观念，行为习惯决定性格，当自私与任性成为一种人的心理风格后，人格缺陷就已经形成。具有这种缺陷人格的人当其成年后独立地进入社会生活，他会自然而然地将在早年家庭中形成的个人心理风格带到社会活动中，将各种社会情境视为家庭背景，将“他人”视为“理所应当顺从他的家人”，一如既往地唯我独尊，无敬无畏、无规无矩，严重者无视社会的法律，从而出现各种违法行为和犯罪行为。

缺陷人格在犯罪人群中约占22%。与反社会人格（约占13%）和犯罪人格（约占7%）相比数量居多。同时，这类人格障碍的形成原因主要在后天。所以，研究这类人格问题对于总体上控制危险人格数量，减少对社会具有危害的危险人格者的数量都有重要的现实意义。

7.1 缺陷人格的犯罪特征

7.1.1 早年心理正常

在这一特点上缺陷人格如同犯罪人格，他们大多属于后天原因导致的人

格问题。这类人在人生早期（主要指14岁之前）大多有完全正常的心理表现，情感反应正常，与人交往正常，而且大多外向，他们在这一时间段内主要的生活场所是家庭和小学，如果不存在智力上的问题时他们的学习生活都基本正常。他们的心理和行为问题往往在青春期甚至接近成年时期显现，一般在14岁以后才较为明显。他们最初的违法犯罪也往往出现在接近成年的前后，他们的犯罪表现略晚于犯罪人格者。

根据本课题收集的个案情况分析，具有缺陷人格的罪犯其初期犯罪的年龄平均年龄在21.5岁；初期被判刑的年龄为21.8岁（n=33）。这一平均年龄比犯罪人格的16.2岁要相差5.6岁（n=11）。

7.1.2 具有宠溺抚养背景

与犯罪人格不同的是，这类人格障碍者在早年的生活中，大多生活在亲情较为充分、物质需要满足也较为及时并充分的家庭中。所谓“亲情较为充分”，是指以下类似或接近的情况：母亲没有工作全天陪伴照顾孩子；位于长孙位置并从小与隔辈人（爷爷奶奶等）共同生活，或者因几代同堂，更多的时间与爷爷奶奶相处；还有位于多名女孩之后的第一个男孩等。他们的早年生活基本被亲人包围并充分呵护，衣食无忧。当然，亲情充分与衣食无忧并不等同于宠溺，但是，宠溺必有相关的条件和背景。决定宠溺抚养的关键是抚养人对孩子的态度及抚养方式，当抚养者对孩子的各种要求百依百顺，随时满足，甚至对其不合理的要求或错误的要求也顺其欲望予以满足时，就造成一种宠溺式的抚养背景。

宠溺抚养首先容易造成人的低能，尤其是生活自理能力和吃苦耐劳的能力较差。其次还容易造成人的观念混乱，令人缺乏基本的是非判断力。

7.1.3 具有情感力

与犯罪人格和反社会人格不同的是，缺陷人格者其情感方面大多具有正常的表现。在各种心理现象中，人的情感是否正常往往表现在他的生命中是否有内心真正在意或喜欢的人，并能为自己真正在意或喜爱的人作出某种牺牲。人的情感发展在人的生命初期开始并取决于早年抚养的情况。尤其在出生前几年，人在自身完全无能与无助的情况下需要得到他人及时的照顾，这种需要如果能够得到较充分并及时的满足后，他就会对抚养人产生一种依恋性的情感反应。这种抚养关系如果能一直持续到青春初期（一般在12岁前后）其依恋性的情感反应就会稳定下来。凡是在这种背景下长大的人一般对母亲或早年抚养人都具有真实的眷恋感。尽管缺陷人格者有时也会实施非常残忍或冷酷的犯罪行为，但他们对待自己所爱的人仍有着一份正常的情感反应。这也是他们与反社会人格和犯罪人格最明显的区别点。他们大多对自己的母亲、恋人或孩子有着一份情感，对认识的人也大多友好。也正是基于这种心理背景，他们在之后的社会生活中与人相处或交往时也不存在明显的情感交流障碍，他们大多善谈，甚至愿意结交朋友，有的还表现为拉帮结伙。但也有被宠溺的极端者表现出对最宠爱他的人进行欺负的现象。

7.1.4 懒散且弱能

在宠溺背景下成长的人大多不善劳作，他们从小饭来张嘴，衣来伸手，从小就习惯于被人照顾，所以，他们承受体力之苦的忍受力极弱，独立应对困难的能力更弱。这种人从上学时期就会出现相应的逃避学习的表现，他们不愿意学习不是因为智商低，也不是因为家境贫困，而是因为学习的枯燥与辛苦。他们在初中阶段开始出现混日子或逃学行为，一般在初中后期不愿上学或开始辍学。辍学后要么选择放任自流，有的成为游手好闲的混混；要么曾想打工挣钱，但真正进入社会后就开始感受到社会的竞争与压力，他们做不成复杂的智力工作或技能工作，简单性的工作又多为体力劳作，无论哪一种情况对他们而言都是困难的。所以，他们中的一些人在接近成年或成年之后因父母财力不能充分满足他们的欲望时就开始寻找最简单的方式获取钱财，不择手段，从而出现违法犯罪行为。

7.1.5 缺乏是非观念

如前所述，观念是人在后天形成的一种态度，一种决定人如何反应的心理倾向。6岁之前父母的唠叨，父母对孩子某些行为的反应，父母自身的言谈举止等都可以形成人的早期观念，这也是人的伦理观形成的过程。例如，父母常说"咱人穷志不穷"并在家庭生活中具有同一表现，那么孩子耳闻目睹就会形成这种人生观念，当他成年后面临不义之财时会出现一种回避性反应或拒绝性的表现；即使诱惑强烈且无法拒绝时，这种人也会出现犹豫和内心不安的表现。相反，父母在孩子最初拿别人的东西时予以默认、肯定的反应

时，孩子就会形成另一种观念，即别人的东西是可以随便拿的。这就是观念对人的心理影响力和控制力的作用。

宠溺性抚养恰恰是没有是非观念的抚养，这种抚养在爱的背景下对孩子的各种不良行为没有及时阻止，没有告知这是一种错误行为。甚至父母自己还具有相同的错误行为，这种背景下成长的人就不会形成相关的观念，成年后他们遇到类似的情境必然出现同样性质的行为，而且，他们不会犹豫，不会回避或拒绝，也不会出现事后的不安感。由于缺乏观念的自我指导性与约束性的力量，因此，具有观念缺陷的人一旦出现违法犯罪行为往往不会自动停止，相反，他们会重复进行并趋于严重。所以，在犯罪人群中的惯犯具有缺陷人格的现象更为多见。

7.1.6 犯罪具有择机性

缺陷人格者在犯罪方式上与反社会人格者相近，不择手段，无羞耻感。但与犯罪人格者有较明显的差别。前章已析，犯罪人格者在犯罪中大多具有严重的情感挫折问题，带有仇恨性，所以他们一旦开始犯罪便在很短的时间内趋于严重暴力，尤其是为了最简单的性欲望满足而杀害无辜者。缺陷人格者不同，他们大多还有家庭与亲人的依靠背景，所以，他们还有正常人的情感，他们作案更多地趋于功利目的，带有机遇性的特点。例如，在侵财或强奸时“是否杀人”往往取决于情境和被害人反应，他们并不是逢案必杀。在强奸犯罪中，他们更多地追求性满足，没有仇恨宣泄性的表现，甚至主动向被害人示好。所以，缺陷人格者判重刑或极刑的较少，他们在监狱服刑者中更为多见，尤其是那些具有 3 次以上的判决但仍在监狱服刑的人多为缺陷人格者。

7.1.7 善于欺骗与表演

缺陷人格者在犯罪后对自己犯罪行为的态度或解释明显不同于前两类人。他们既不像反社会人格犯罪后的公然嚣张，也不像犯罪人格者犯罪后的明显仇恨冷漠；他们往往愿意与人交谈，善于表达，但是，若在缺乏对他们人格特点了解的情况下“与他们初次接触时”很容易被其言语或外表所迷惑。他们往往表现得很配合你的提问，但回答时特别强调他犯罪的“客观”理由，他把自己的犯罪原因往往说得“令人同情”，甚至将“被害人”说得一无是处。其中，有许多供述内容都带有表演性与欺骗性。对于他们这种谎言只有了解案件的全过程，甚至参与过侦查讯问和刑侦走访调查后，如听取过被害人的陈述，听取嫌疑人身边人对其的评价，尤其是从犯罪案情观察等才能发现他们的谎言。他们的这种信口开河的肆意，犯罪后还强词夺理，谎话连篇的无耻表现都与他们从小被家人宠溺而形成极端自私的思维方式和心理风格有直接的关系。

7.2 朱某人格问题剖析

——2006 年安徽宿州杀妻灭女案的主犯

7.2.1 朱某的心理画像

在2006 年底安徽宿州发生一起杀人碎尸并抛尸案，警方经过快速反应、仔细侦查后很快抓住了作案人朱某，经过审讯得知，他杀害后碎尸并抛尸的是他的妻子。令警方震惊的是，他在杀妻前几个月内还先后杀害了自己的两个女儿。在审讯中他还交代出，早在10 年前他曾毒杀过他的妻妹。身背4 条人命的朱某在彻底交代了自己的犯罪行为后，居然告诉警方，他现在之所以杀妻灭女是因为他与自己的父亲有仇。他居然说“10 年来我都在计划杀我的父母，我后悔现在用全家4 条人命仍然没有杀死父母。”直到他临刑前，他最后的话仍是：“死后只有两个遗憾：一是我再没有机会杀我父亲了；还有一个遗憾是我用全家人的性命也没有换回我父亲的良知。”此话前后矛盾，没有逻辑，办案的刑警虽然能破案，但对朱某的犯罪心理及他所言的心理问题不能理解。作者通过对其进行的个案访谈发现，朱某是较典型的缺陷人格的犯罪人，在此对其进行解析。

朱某现年33 岁，笔者在与其接触谈话时观察，他思路清晰，表达能力好。他自我介绍道，他在小学至中学期间学习不错，但最后因十几分之差没有考上大学。据他讲，原因之一是高中时有个女孩让他心动，影响了他的学习；另一理由是高中学习难度增大，他也不愿再学下去。他的社会性发展也很正常，他在村里人缘不错，村里人、还有接触过他的人都说他人不错。他有辆车跑运输，经常捎带村里人进城，为此宁可拒绝自家人的要求。生活中的朱某给人的印象随和谦卑，吃喝嫖赌样样不沾，连歌厅都很少去，网上虚

拟世界更是从不问津。尽管杀人碎尸，但他自己讲在日常生活中竟然胆小如鼠。他说过去夜里很少一个人敢在家睡觉，即便一个人时必须把所有电灯打开。村里一个男人因为开山被炸死了，全村人都跑去看热闹，唯独他一个人吓得躲在家里不敢出门。

然而，就是这么一个胆小的人在暗地里却是胆大妄为。在此案发生的前十年，他的妻妹为了高考借住在他家中复习，他竟然背着全家人强占了她，后来发现妻妹怀孕了，为了不让别人觉察，他居然偷偷把家里的老鼠药取出半包放到妻妹碗里，致其死亡。在2006年下半年，他在某种意图下先以出外打工为名将家人骗出村庄，先杀害了两个女儿又杀害了妻子。为消灭罪证，他将妻子碎尸后抛在一条国道边。在碎尸中他还将妻子的生殖器割下烹煮吃了。

当此案侦破后，朱某竟然交代说：他杀大女儿和妻子的原因是怀疑这个孩子是他妻子与他父亲通奸所生。他还“言之凿凿”地告诉一位采访此案的法制记者，他杀妻灭女都是为杀他父亲做准备。但是，因为笔者参与过侦查分析，对他的案情有了解，当笔者看到有关他案件的报道后产生很大的质疑，案件现场呈现的尸体（事后知道是他妻子的尸体）曾有生殖部位被切走的事实。我们侦查时的判断就是，这是一种独占行为，意味着死者的性器官只能归属某人。他的犯罪行为本身说明，他对妻子是独占的，心里认定妻子是他一个人的。逮捕朱某后经过讯问，其也证实了这一判断，他也曾回答：“她（指妻子）是我的，所以我要吃掉……”现在他的行为与他的口供自相矛盾，于是笔者赶赴当地拘留所对其进行了调查。他在谈话中漏洞百出，他说：他只是怀疑第一个女儿是父亲的，但第二个女儿肯定是他自己的……而且他特别喜欢小女儿，因为她学习很好，也很乖巧。

我的疑问是，他若对妻子与父亲不满，应该先杀妻子，可是他为什么最先杀害的是两个女儿？而且他在明确知道第二个女儿是自己的情况下为什么还同时杀了两个女儿？如果说他妻子与他父亲通奸，那他的妻子就不是一个干净的女人，既然如此他为什么还要在杀害妻子后吃掉妻子的生殖器官？这不正说明在他内心中认定妻子是属于自己的，应该是清白的吗？

仅列举这些疑问就可看出朱某自己说出的犯罪理由并不可信。从他被捕后一直用最恶毒的语言攻击他自己的父亲和已被他杀害的妻子，他始终没有丝毫的内疚，乃至行刑前侦查人员告诉他——在他父亲的坚持下所做的亲子鉴定结果已经证实："大女儿是他自己亲生的女儿"，这一事实面前他仍然没有一点儿的愧疚。有人可能将此种现象简单地称为"嫉妒妄想"——精神病的一种名称，这种"名称"类似一个标签或一个诊断结论，但是一种无意义的标签或结论。事实并非如此简单。

概括朱某的心理形象：表面上其给人一个正常良好的印象，事实上其是一个极其无耻、自私的人。

7.2.2 朱某心理问题的由来

被抓时的朱某33岁，从他第一次杀人是在10年前的事实推算，他23岁时就已经存在着与犯罪有关的心理问题。我们可从当时的一些情况分析相关的问题，即他与妻妹的关系无论从性别、年龄、力气、主动性、成熟度和居住权等方面相比较来说都占着明显的优势：一名正准备考学的女孩、没有沉溺于黄色录像的女孩、尚无男女经历的女孩很难主动勾引一名成熟的有妇之夫。因此，他与妻妹发生的性关系究竟是诱骗得手还是强占得手现在都无法得知。问题在于，对于这样一个弱小无辜的妻妹，他不仅敢上手而且为了摆脱还敢下毒杀害，可见其内心的狠毒与自私。显然，这一事实行为已经说明他的心理存在着严重的问题。那么，他的这种狠毒与自私是怎么形成的?

如前所述，了解一个人的心理必须研究他的心理发展轨迹，人在后来生活中显现的心理问题必有形成的背景和过程。从他对父母的无端仇视和猜忌，再观其作案中显现出的极端自私的特点，笔者形成最初的两个判断但需要证实：其一，他早年（指6岁之前）更多的时候不是与父母在一起，而是与更加宠爱的祖辈在一起；其二，他一定有从小被过分娇宠的背景，因为人的任性、自私和肆意妄为往往与从小被"没有是非的宠溺"抚养有关。于是，笔者在见到朱某时特意了解了这些问题，他的回答证明了我的判断。他是长孙，从小更多的时候都是与太爷（即父亲的爷爷），还有爷爷、奶奶在一起。他说："童年的事情不好回忆了，印象中就是我的太爷，就是我爷爷的父亲经常带我。"从这种家庭关系中我们可推断：太爷、爷爷、奶奶、爸爸、妈妈之间谁会更多地对他说"不"？不管他是否记忆某些生活细节，但在他模糊的心理感受和记忆中，家庭中更多的时候对他敢说"不"的一定是他的父亲，一名

中学老师。笔者认为，这是他后来一直对父亲极其憎恨和出现诸多“无名不满”的早期心理背景。同时，这种长孙被宠溺的背景也就养成了他从小自我中心、自私自利、任性，甚至肆意妄为的行为习惯和性格特点。

此外，作为长孙的朱某经常要面对不同的长辈，因此，每当他做了不好的事情时终究要给长辈一个理由，尤其是让袒护他的人能够继续袒护他，于是，他也就逐渐养成了“撒谎”的习惯，最好的谎言就是将过错推给别人，不管是不是事实，只要他认为能够自圆其说就可以。所以，我们在他的犯罪供述中可以看出大量的“类似表现”。

7.2.3 朱某人格缺陷的表现

如前所述，缺陷人格者大多有良好的社交性，即使与我这位外来人交谈他也表现得很友好，甚至很有礼貌。笔者与他交谈了一天，他有问必答，他有正常的情绪和情感反应，如他对情妇的念念不忘、对父亲的仇恨等。尽管他的犯罪行为很怪异，但他在各方面的心理活动是正常的。他的人格缺陷最核心的问题在他的性格和观念上，这两个问题均形成于后天。

前面已多次提到，性格是人在后天形成的社会行为方式，社会行为，是指对别人的态度和行为表现，如冷酷、残忍、自私；相反，善良、宽容和厚道等都属于对别人的表现。性格形成有关键期，如果一个人在12岁前（即依恋期）形成一些不良的性格问题，那么，在青春期还可通过改变环境、改换教育者进行矫正。如果12岁前的环境在18岁前没有太大改变，那么，一个人的性格在形成后到成熟稳定都不会再发生太大的变化。现在再观朱某的成长背景恰恰具有类似的问题。他在20岁前几乎没有更改过环境，而生活早期的抚养背景其隐患已经形成了深深的烙印。

性格又与人的观念相关，父母在对成长中的孩子其各式各样的社会性行为予以阻止或认可的同时就在给孩子灌输一种观念。朱某早年的成长背景恰恰是父亲在家时间不多，阻止的机会太少，而且与其他家人抚养态度相比又居弱势。所以，朱某的父亲在最后说的话：“可回过头想一想，儿子走到今天这步，我有不可推卸的责任。我好痛心……”应该说，他的父亲是一个有头脑的父亲，有自悟能力并且已经悟出了自己教育的失误。

7.2.4 朱某杀妻灭女的真正动机

对于朱某杀人的真正动机，笔者也是在对他进行心理访谈、对他的心理轨迹有了完整的了解之后才发现的。如前所述，他的杀人动机一直让人困惑，直到临死前，他还在骂他的父亲；他还在污蔑他的妻子。这两点表现让我们看出什么？

我试举另一种心理现象来说明这一问题，曾有一名12岁的男孩因为整天泡在网吧被妈妈一顿臭骂后竟然服毒自杀。这是一种什么心理？这是因为母亲平时对孩子表现出太多的爱和在意，孩子是利用母亲的爱来惩罚母亲。如果孩子哭闹，母亲绝不迁就，如看着哭闹的孩子却表现平淡，这就给孩子一个信号，你哭得没有道理我不心痛，我不在乎，所以，孩子以后就不会以哭闹、自伤，甚至是自杀的方式来对付或报复母亲。这就是宠爱过分造成的被溺者对其的“欺负行为”。

朱某的行为正如此。他在欺负着一直爱他却无奈而迁就他的父亲，欺负着从来都逆来顺受地迁就他的妻子。相反，对他霸道的情妇却让他在临刑前念念不忘（情妇的霸道是出自他自己之口，显然是他自己的感受并给予其如此的评价）。有鉴于此，他杀女灭妻的真正动机不是因为父亲如何，也不是因为怀疑妻子如何，更不是为了女儿非自己亲生的问题。正因为不是这个问题，所以，他对亲子鉴定的客观结果并没有什么后悔的反应。他对鉴定结果的忽略和漠视正可以说明，他并不是真正地在意这件事情，他真正的犯罪动机并非为此。

笔者在访谈中曾有意问他这么一个问题：“你最讨厌什么事情？”他回答：“别人说生男孩的事情……”。这才是一语道破天机。任何一种心理现象都要放在某种背景之中才能理解。没有男孩——这在实施多年的独生子女政策后的城市里已经普遍地被人们所接受，被默认，已经不成为人们的心病。但是，在许多农村地区，这仍是一些家庭或一个男人的心中之痛。朱某作为长子，一直膝下无儿，而他的弟弟和弟媳却生了一个儿子，家中一直以他为重心的长子优势因此而被削弱，最重要的是在外人看来“他没有本事，生不出男孩”，这让在家中一直受宠的他没有了面子，他为此敏感并且愤怒，这也是导致他和父母关系紧张的重要背景和真正原因。再者，没有儿子的事情在村里人看来也是某种无能表现，甚至是别人议论的话题。所以，在诸多借口中他唯一不愿随便提的话就是这类话题，即没有儿子，不能生儿子。——这是一件让他感到羞耻并恼火的事情。

他杀妻灭女的动机也是出现在遇到一名情妇之后，而他所说的“怀疑”却已经有了许多年。所以，怀疑奸情根本不是杀戮的理由。若论他对情妇的感情，笔者认为，与他对妻妹的感情是相同的，即生理需要时在一起，不需要时照样可以除掉她。朱某在我对他的访谈快结束时曾问我一个问题，他说：“您认为，如果我不被抓，这×××（指情妇）会与我结婚吗?”我替他分析：“你连自己的女儿都敢杀，这位女人又不傻，她自己有个儿子，不是你的，她难道不怕你哪一天对她儿子起杀心? 为了她的儿子她也不会轻易与你结婚的。”当我说完此话时，朱某居然冒出一句“如果她不与我结婚，我一定也会杀了她。”他这句话的口吻与他一贯的心理风格是相符的。

分析到此，就很容易明白他作案的真正动机：朱某与妻子已经有了两个孩子，都是女儿。而情妇只有一个孩子，还是男孩。这说明，情妇能够生男孩，他若与她结婚就有可能生男孩。这是他真正渴望的事情。当朱某向情妇表达想与她结婚的愿望时，有夫有家的情妇却开始推托：你有老婆，她对你那么好……问题在于朱某还是很爱对他百依百顺的妻子，这从他后来吃掉妻子的生殖器官也可证实。所以，他曾想留妻子一命，将她安排到外地（浙江）打工，哪怕暂时地支开，只要情妇能与他结婚。没想到的是，当他杀完两个女儿后，妻子因为不愿意一个人在外地生活又回来了，而且发现两个孩子不在了，这导致他后来产生了彻底的杀妻之心。

他真实的犯罪动机理由很简单，就是如果能与生过儿子的情妇结婚，再加上他自己两个女孩与妻子已经“失踪”，他现在33岁，完全可以再生1～2个孩子，那么，生男孩的希望是存在的。他只要生出男孩，那么，他在家中的地位（老大的地位）就自然确立，父母就不会再小瞧他，村民也不会再看不起他。这个旁人看起来荒谬至极并愚蠢至极的念头就成为朱某杀妻灭女的真正动机。

此案的犯罪动机确实隐晦，但是，当我们真正了解了朱某的生活背景，了解了他的人格，再了解了他在生活中所遇到的刺激源，就可以发现他真正的犯罪心理问题，即自私、心胸狭窄、冷酷，还有算计。直至走向刑场，他还在将脏水泼在年迈的父亲身上和被他所杀害的妻子身上。

7.3 杨某人格问题剖析

——2007 年江苏某地杀害战友案的主犯

7.3.1 案情简介

杨某系某部队战士。2007 年 12 月的一天他因站岗时出现不规范动作而被班长批评，他心存烦躁和怨气，于是，事先买好一把刀具藏在抽屉里，待中午午休时乘别人睡熟之机冲向某班长床铺，将其砍成重伤致死。

此案笔者对其本人进行了心理调查，对杨某的犯罪心理问题概要总结如下：杨某的犯罪属于进入部队后适应性障碍引发的严重心理问题所致。原因在于他幼年被母亲过分宠溺，生活能力极弱；同时，心理自我调整能力、意志力也很弱。入伍后他经常为整理内务和训练活动达不到标准而被批评，为此他很烦躁痛苦，也对部队的生活产生了抵触情绪。即使遇到合理的管理和批评，他也会产生不良的感受和情绪，日积月累，这种不良情绪达到了一种危险状态，尽管有指导员多次对他耐心谈话劝解，但每次谈话后用他自己的话说“只能减缓几天的情绪焦虑”，并不能从根本上改变他早年形成的弱能和性格缺陷。当比他年轻的副班长因为纠正他某次执勤时不规范表现动作后，他便将以往积累的不良情绪发泄在此战友身上，作出不计后果的发泄性的杀人行为。

7.3.2 杨某的心理画像

如果给杨某的个性心理特点进行描述的话，他是这样一个人：虽然自尊但因能力较弱而缺乏自尊的资本；渴望友情却因自私而很难与别人相处；脆弱娇气难以适应兵营生活；缺乏自知之明而迁怒于他人。

如前所述，能力决定每个人的做事方式、效率和水平。有能力的人对外界的认识和反应相对准确并及时有效，他们容易获得成功感；相反，能力弱的人往往对外界不能形成准确或有效的反应，他们往往认识狭窄，反应不当，由此更容易经历失败，形成痛苦感受。从杨某的学习经历看，因为他家庭经济条件尚可，所以他一直上到高中。据他自己讲，他初中时学习还可以跟上，到高中时明显吃力，他不愿意再学下去，但家庭要求他继续学，所以，他勉强上完高中。之后他一直没有找过任何工作，直到当兵。从这一过程可看出，

他的智力基本正常，这排除了他因弱智而冲动，不知道行为是犯罪性质而作案的可能性。

但是，杨某确实不属于聪明和能干的人。智力只是能力的基础，人的能力还有其他重要的内容：生活能力和与人交往的能力。这两种能力需要后天培养。但是，杨某家庭中，父亲是小学老师，母亲没有工作。家里虽不算富裕，但有固定收入，由于母亲没有工作，作为独生子的杨某就成为母亲重点照顾的对象。从其心理成长来看，他十分依赖母亲（现已 22 岁，身高 187 公分），直到我们在拘留所见到他时，他还一直要求想见他母亲，由此可看出，他的许多事情都需要或依赖母亲替其做主或解决。

进入部队后，他自己说：最先痛苦的事就是整理内务，把被子叠成方块，这在他来说就是非常难办的事，他在拘留所谈到这事时表情仍然十分痛苦。以下是我们在调查他心理问题时他与我们谈话的内容："我真的很痛苦，我活得很痛苦，我不想活了……我请求你们判我死刑！""部队里要求太多，要求太高，我做不到……如果是五分要求的话，我只能做到二分。我怎么做也做不好……"他说："每天整理内务，要叠成方块，我就很烦。我总达不到要求。""训练也一样。"

问题在于，内务整齐是部队生活最基本的要求。在家从不自理生活的杨某对此要求觉得很难达到，这怎么能够得到战友们的尊敬和喜爱？所以，因无能的表现自然导致无尊严的感受。可是，被从小娇宠的他又非常自尊并自负，不能忍受别人的批评，而且，被批评后他还是不能做好……这种重复性的失败体验和内心痛苦感受就形成了他最初的不良情绪积累。

由于母亲的过分照顾，他不仅生活能力极弱，而且心理发展也出现迟缓的表现。他只会考虑自己的感受，从不知如何理解别人，也不可能从别人的角度完整地看待一些问题。这就造成了他与人相处时的困境。他自己也说："我想合群，我想和大家搞好关系，但我融不进去。"事实上，不是别人有意排斥他，而是他的举动经常只顾自己、不顾别人，由此造成别人的反感。被他杀害的副班长事实上也是从别的班刚调到此班时间不久的人，不存在与他有宿怨的问题。只是因为他的内务或执勤中没有达到规定要求批评过他几次，他就怀恨在心，图谋报复。

除弱能外，他还存在较严重的性格缺陷。性格作为社会行为方式往往表现在待人处事的方式上，它决定着个人的人际关系。性格缺陷并不影响个人的日常生活，甚至不影响学习及成绩，但性格缺陷会影响个人与别人的交流和成就感。生活中，与他人交流并保持良好人际关系是维持个人心理正常状态所不可缺少的内容。当人出现性格缺陷时，会使其在社会生活中感受失败，例如，因处事不当导致别人的反感。多次令人反感后大家就会疏远此人，这时性格障碍就会引起个人的人际交往失败感，失败感又会反过来加重个人的心理问题，很多失败者往往看不出自身的问题，会将问题推向他人。这种恶性的心理循环一旦形成，就容易使人逐渐产生对他人的严重敌意，最终酿出对他人的绝望和愤怒情绪。

如前所述，情绪是人在个体需要能否得到满足的情况下产生的心理体验，包括生理感受，如身体舒服与否，还有心理体验，如心情好坏，进而出现相应的外部表现，如沮丧还是快乐等。情绪感受积累到一定程度必有外部表现，一般先为表情性的情绪；然后是言语，话少沉闷或牢骚满腹地抱怨；进而再出现相关的动作。也有不善言语的人直接以动作表达。负面情绪体验和积累往往是攻击伤害行为发生的基础。杨某的情绪就属于负面情绪，加之前面分析的过程，他就有了一个积累和爆发的结果。

研究诸多情绪型犯罪人的心理可发现，这类犯罪人大多有过失意经历或失意期，如被人嘲笑、被人轻视、被人讨厌等。本案中，杨某就有因自身的无能而被人轻视、因自私狭窄的性格而被人疏远的缘由，由此造成他对别人的愤怒，在报复别人时没有一丝的怜悯，没有一点人性。

杨某犯罪带有强烈的情绪性并显得异常疯狂，但这并不意味着他不具有刑事责任能力。他在犯罪前有明显的预谋表现，事先托人买好作案刀具并藏匿好；作案时有等待对方睡熟的自我控制表现；作案中有明确的选择性和指向性，只杀害批评他的副班长；虽然捅其56刀带有不正常的情绪即异常疯狂的表现，但其行为有引发的客观现实理由，事情前后有明确的因果性，另外，他对自己的作案过程叙述清晰。所以，尽管他作案时的表现异常疯狂，但他仍属于正常人不良情绪积累导致的冲动发泄反应。

尽管杨某犯罪带有情绪性，但如前所述，决定他不良情绪发生、决定他犯罪行为发生的原因仍然是他已经具有的人格缺陷。具有他这类人格缺陷的人会遇到更多的生活挫折。一个人如果不能吃苦耐劳，不能跳出自我中心的思维模式，不能与人合作，他遇到挫折时也就不能反思并发现自己的问题，从而他们因不能自我调整而陷入困境，以犯罪的方式解决这种困境就是这类人最容易的选择。

8 危险心结

本课题对犯罪人员的调查和分析发现，犯罪人群中的多数人都不属于危险人格的犯罪人，他们在被逮捕前或案发前具有正常的社会生活背景，属于一直正常生活的人。究其犯罪心理原因可发现，他们之所以犯罪大多与其自身某种“心结”有关，这类人如果能够得到某种心理上的帮助和疏导可能不犯罪，他们不属于必然犯罪人。从本章起将分析不同于危险人格的另一大类的犯罪心理问题——危险心结。

8.1 危险心结概述

所谓心结，是指人在心理历程中经历了某种外部刺激而形成了心理创伤和由此发生的执著于心理创伤的扣结现象。当人的一种心理历程因刺激和特定经历出现了某种心理发展的抑制、偏执、结滞状态，由此出现异于他本人常态的行为表现，甚至出现危害社会的行为，这就是因危险心结而出现的犯罪心理现象。危险心结就是与犯罪有关的心结。

理解心结现象必须先了解心理历程现象。人的一生其心理是一个连续的过程，犹如一条线，而因心理创伤引起的扣结现象犹如在一条线上打了一个结，这个结与线相比呈现为一个点。使用“点”的概念是因为它与“线”的概念相对应。显然，人的一生就如同一条“线”，而“点”就是人生活历程中遇到的某一个事件或刺激，在本书中将其称为刺激源，即当某一刺激使人出现心结时，这种刺激就具有心结发生的起源意义，故称为刺激源。当一条线上出现一个“结”时，整根线就会因这个“结”而无法继续穿越，人的一生也同样，由于某一心结不能解开，致使其心理发展出现抑制、偏执、结滞的现象，有的心结会影响到人随后的生活并影响其随后的许多种刺激的心理反应，也有的心结则以潜伏的方式存在，在相隔很长的时间仍表现出相当的力量来干扰人的心理反应方式。在许多的犯罪心理问题中都可观察到这种危

险心结。

鉴于“无法穿过”现象也可称为“阻碍”或“障碍”现象，所以，心结的概念亦属于“心理障碍”的范畴。心理障碍是心理学和精神医学中经常使用的概念。要理解危险心结还需要先概述一下有关心理障碍的各种研究观点。这对于我们更准确地了解危险心结的定义具有帮助。由于心理障碍已经成为一个使用范围较广并且含义较复杂的概念，本研究使用“危险心结”的概念与“心理障碍”还是有所区别的（详细分析在后）。

8.1.1 心理障碍的研究

在心理学中，心理障碍（mental disorder）一般泛指由于心理的、社会的、生理的或药物的原因所造成的无法有效适应生活的失常现象①。还有定义为“没有能力按社会认为适宜的方式行动，以致其行为后果对本人或社会是不适应的。”这种“没有能力”可能是器质性损害也可能是功能性损害的结果，或者两者兼而有之。概言之，心理障碍是人在日常生活中遇到某种刺激后异常反应的表现。

首先，每个人在自己的一生中都会或多或少、或轻或重地出现心理障碍。据世界卫生组织（WHO）的估计，心理障碍在人群中的发生率极高。在同一时刻里，几乎可有20%～30%的人有不同程度的心理异常。类似于我们日常生活中人人都会生普通疾病一样，当然，绝大多数的疾病都是小病并可治愈；但也有小病转成大病的情况，有难以治愈的病类情况，更严重的是还会有强烈的足以致命的传染疾病。心理障碍也同样，也有大小之分，有局限于自己或影响他人之分。严重的心理障碍不仅使当事人自己陷入痛苦感受中，出现自杀现象，还会出现影响社会或他人的暴力犯罪行为。所以，心理障碍现象值得研究，也是犯罪心理的研究课题。

其次，由于心理障碍的发生率如此高，因此，心理学对于心理障碍的研究范围也非常广泛。例如，教育心理学要研究学生的学习心理障碍，医学心理学要研究病人的心理障碍，社会心理学要研究诸种社会问题导致的个体心理障碍，体育心理学要研究训练中运动员的心理障碍，心理医学（精神医学）

---

① 张春兴著：《张氏心理学辞典》，上海辞书出版社1992年版，第403页。

也要研究重大刺激（如灾害、事故、特殊刺激等）形成的个体心理障碍，同样，犯罪心理学也要研究因遭遇犯罪而受到心理创伤的被害心理障碍，以及由于复杂的刺激导致心理障碍而出现的犯罪行为现象。

再次，由于研究心理障碍的领域广泛，也就导致了对“心理障碍”的研究解释因研究领域的差别和需要不同而出现种种的差异。厘清这些差异对于我们进一步研究本课题要阐述的问题具有重要的意义。

8.1.1.1　心理模式：心理障碍即为一种变态

在许多心理学教材或著作中对变态心理的解释也会出现“心理障碍”或“精神障碍”的不同解释，作为当代心理科学名著译丛之一的《心理学——一条整合的途径》中，关于“变态的概念”就有这样的解释：

“为了实际应用，人们给变态下了一些更为专业的定义，其中最简单的一种观点认为，障碍是心理健康专业人员治疗的或需要治疗的东西。……考虑障碍的第二条途径是将痛苦经验和功能损伤联系起来，这一观点认为，障碍的指标是痛苦或残疾的程度。临床上，这是许多心理健康医生采用的定义。”① “问题在于，如果单独使用痛苦的程度这一指标，那么这个定义就意义不大。如人们在得知家人在交通事故中丧生时会表现出极度的痛苦，但不能认为这就是一种障碍。也有一些被认为是障碍，如人格障碍，人们可能根本没有经历到痛苦或残疾，但却被判为心理障碍。”② 显然，在此书中作者认为，不能用痛苦、需要治疗等特点来描述心理障碍，心理障碍就是变态。

8.1.1.2　医学模式：心理障碍即为大脑疾患

1958 年的心理科学杂志上曾有人撰文指出：“精神失常（insanity）纯粹是一种大脑疾患，内科医生肩负着监护精神病人的责任，并且应必须永远如此（Pilgrim，1990 年）。”③ 一些医学模式的主张者还特别验证了心理障碍等同于身体障碍的正确性。坚持这一模式的学者还提出精神分裂症、痴呆症等

① ［美］M. W. 艾森克主编：《心理学——一条整合的途径》，华东师范大学出版社 2000 年版，第 836 页。

② ［美］M. W. 艾森克主编：《心理学——一条整合的途径》，华东师范大学出版社 2000 年版，第 836 ~ 837 页。

③ ［美］M. W. 艾森克主编：《心理学——一条整合的途径》，华东师范大学出版社 2000 年版，第 837 页。

为证，如麻痹性痴呆（GPI）是由梅毒引起的。由此论证精神上的障碍都属于生理或生物遗传的问题。还有学者认为“正如身体疾病表示肌体的某些机能失常一样，心理疾病代表着大脑功能失常。因此，大脑有某些病理过程时，人们就开始患心理疾病。”（贾斯帕斯，1963 年）当然，贾斯帕斯还区分了神经症与精神病两种术语。他认为，“神经症通常指不是基于生理功能失常的一种心理障碍”；“精神病表示大脑的某些功能失常”，“精神病是一种疾病，神经症则不是。”①

8.1.1.3　社会模式：心理障碍是社会建构的价值判断

与医学模式的解释相反，社会模式更强调人的行为与经验的关系，这种解释更注重社会的价值系统。他们认为，社会解释有许多种，所以，心理障碍是社会建构的，而不是反映了事物的客观状态。最典型的例子是“同性恋是否是心理障碍的争议”。在 1973 年以前美国的精神病学会（APA）在其精神病诊断手册（DSM－Ⅱ）中一直把同性恋列为障碍，原因是同性恋代表了某一特定心理性欲发展阶段的固结。作为一种障碍，同性恋被自我不和谐同性恋所取代，专指那些经历不想要异性唤起的人。后来，男性同性恋的激进团体强烈地反对这种社会价值判断，多次要求从精神病诊断手册中（DSM－Ⅱ）删除同性恋规定。在1994 年的第四版精神病诊断手册（DSM－Ⅳ）中已经删除了自我不和谐同性恋。这一实例说明心理障碍定义的变化是随着社会价值观念的变化而变化。

8.1.1.4　综合模式：心理障碍是有害的机能失常

从不同模式观察，人们更倾向于综合考虑。这一模式的代表人物是威尔费尔德（Wakefield）。他认为，心理障碍是有害的机能失常。两个条件缺一不可，即功能失常和有害同时具备才为心理障碍。“当一个人的内在机制不能实现其功能，并且严重侵害由社会价值和意义界定的个人幸福感时。我们说障碍存在。”（Wakefield，1992 年）此定义中的“功能”主要指生理器官的功能，因生理器官出现问题致使个人痛苦（即社会公认的幸福感缺失）就为心理障碍。

---

① ［美］M. W. 艾森克主编：《心理学——一条整合的途径》，华东师范大学出版社 2000 年版，第 841 页。

功能失常可能是遗传造成，也可能是系统损伤所致，如出生时大脑受损。现代的脑成像等多种技术也越来越能显示大脑特殊部位与心理障碍有关。其次，在解释成因上，人们更注重生活经历的重要性，如特殊的刺激，特殊的经历以及幼年被忽视或被虐待等背景都会导致人出现心理困扰。此外，人的认知偏差，感觉单一等也会导致心理障碍的出现。

总之，对于心理障碍的探讨出现过生物学或医学模式、社会学模式，还有心理学模式。本文在此主要使用的是心理学的模式。

8.1.2 心理障碍与心结

既然心理障碍的解释有多种模式，在实际应用中或研究过程中，人们往往要根据所使用的上下文背景来选择解释。然而，尽管其解释有多种，仅从概念的出处可以大致分为两种情形，即广义的解释与狭义的解释两种。

8.1.2.1 广义的心理障碍解释

按照广义的解释，“心理障碍”等同于精神医学中的“心理异常”的概念，这是一个全面的概念解释。具体而言，可包括心理异常的各种表现，具体包括类型如下①：

严重的心理异常：精神分裂症；躁狂抑郁性精神病；偏执性精神病；反应性精神病；病态人格和性变态。

轻度的心理异常：神经官能症，包括神经衰弱、癔病、焦虑症、强迫症、恐惧症、疑病症、抑郁症。

心身障碍：躯体疾病伴发的精神障碍，包括肝、肺、心、肾、血液等内脏疾病，内分泌疾病，胶原性疾病，代谢营养病，产后精神障碍和周期性精神病。还有各种心身疾病（如高血压、冠心病、溃疡病、支气管哮喘等）所引起的心理异常。

大脑疾患和躯体缺陷时的心理异常：中毒性精神病，感染性精神病，脑器质性精神病，颅内感染所伴发的精神障碍，颅内肿瘤所伴发的精神障碍，脑血管病伴发的精神障碍，颅脑损伤伴发的精神障碍，癫痫伴发的精神障碍，锥体外系统疾病和脱髓鞘疾病的精神障碍，老年性精神病，精神发育不全，

---

① 《心理障碍》中国心理热线 http：//zgxl. net/xlzl/cjxljb/xlza. htm。

还有聋、哑、盲、跛等躯体缺陷时的心理异常。

特殊条件下的心理异常：某些药物、致幻剂引起的心理异常；特殊环境（航天、航海、潜水、高山等）下引起的心理异常；催眠状态或某些特殊意识状态下的心理异常。

上述的这些内容在精神医学中都被视为心理障碍。

其次，按照广义的心理障碍解释，人格障碍也属于心理障碍的内容之一。事实上，在对复杂的心理障碍现象进行诊断中，医生们也经常使用各种个性或人格量表，通过心理测试与统计分析判断某个人是否心理正常。研究者也通过个性测量收集心理正常与异常的统计常模，进而研究心理障碍问题。

总之，基于上述意义使用的心理障碍多为广义的心理障碍。这种界定多用于精神医学的临床诊断与治疗当中。

8.1.2.2　狭义的心理障碍解释

狭义的心理障碍则源于精神分析的理论。精神分析的创始人弗洛伊德（Sigmund Freud，1856—1939）在临床中面对各种精神异常症状时开始了一种探索，他提出一种释梦技术，通过释梦先找出病人内心中潜意识领域被压抑而滞存的心理问题，然后将潜意识内的内容带入病人的意识层面，使“一种未完成的心理历程”通过医生的帮助予以完成，从而达到治病的目的。按照弗洛伊德的观点：各种精神上的异常一般表现为某种行为症候，而这种“症候的形成实为潜意识中他事的代替，有些精神历程，在正常的情况下，必待发展到病人在意识内明白知道才罢。假使不能如此发展，或假使这些历程忽然被阻而成为潜意识的，那么症候便随之而起。……假使我们能用精神疗法使这个历程重新还原，那么我们就可以完成症候的工作了。”①

理解弗洛伊德所研究的“心理障碍”实质是指人的一种心理历程被阻止、被压抑而形成了某种心理发展的淤结状态。由此，个人才表现出异常的症候和行为。这是狭义心理障碍的概念背景与应用。这也是对心理障碍进行分析治疗中应用最多的一种解释。本课题使用的“危险心结”就是基于第二种情况，即狭义的心理障碍解释。

---

①［奥］弗洛伊德著，高觉敷译：《精神分析引论》，商务印书馆 1984 年版，第 220～221 页。

由于人们通常理解的心理障碍也应该包括人格障碍，所以，本书使用“心结”和“危险心结”的概念其目的是更加强调“一反常态”的心理特点，这明显地不同于“一旦出现则终身具有”的人格障碍现象。

此外，本书将“危险心结”作为单独一类犯罪心理现象研究还考虑到这类心理问题产生的犯罪现象与危险人格问题产生的犯罪现象也有所不同，既有行为特征的不同，还有人员特点的不同。若说人格问题重在成长过程的话，那么，心结问题则重在人生事件上。二者的防控对策也必然有所区别。这种区分对于探讨预防犯罪的思路具有非常重要的意义。

8.2 危险心结的犯罪特征

由危险心结引起的犯罪行为大多具有如下的表现特点：作案人的心智和社会性一直表现正常；成长与生活背景也相对稳定；情感活动表达正常甚至较为丰富；他们大多具有道德感和知罪能力；犯罪多具有令人意外性，有的犯罪还伴有严重暴力性或变态性。具体分析如下。

8.2.1 心智和社会性表现正常
——这一特点使他们异于严重精神病人

因危险心结而犯罪的人其最明显的表现是：他们一直很正常地生活、学习或工作，他们也能够与亲人、与他人正常地相处。他们具有正常生活的能力。但似乎突然发生的犯罪让其周围人吃惊，不能理解，出乎意外。他们的犯罪通常是让人感到意外，有的甚至是表现疯狂、暴力甚至变态，以至人们对于他们的心理状态通常会发生疑问。但他们的犯罪又具有明显的指向性，有明确的犯罪目的或犯罪理由；犯罪活动大多带有预谋和策划的特点；还具有明显地自我保护意识，尤其在犯罪之前对自己的犯罪意图的故意隐匿表现说明，他们的犯罪具有明显的故意和智力活动的特点，他们有刑事责任能力。

首先，他们能够正常学习，从事技能性工作，甚至多数表现很聪明，例如，云南大学杀害同学的马某，美国弗吉尼亚理工大学校园枪击案赵某，陕西汉阴县道观杀人案的邱某，还有画得一手好画且电脑游戏玩得不错的河南平舆县的黄某等人都能很好地理解别人并作出正常的反应。

其次，他们能与别人正常地交往和交流，表现得体。例如，2008 年上海

袭警案的杨某曾参加自由组合的登山团体（俗称驴友队），并在旅途中与同伴友好相处，乐于助人。云南大学杀害同学的马某，邱某等也都有过帮助别人的经历。

再次，他们在生活中具有行为规划性或操作能力，包括他们在实施犯罪的过程中都可明显地观察出他们具有“规划性与可操作性”，目标准确，行为严密和隐匿。

这类人既有生活和学习能力，同样也具有犯罪能力。只是由于他们不属于一贯为恶或经常为恶的人，所以，他们的犯罪才出人意料。同时也容易让人们对他们的犯罪动机感到困惑不解。但他们仍然不同于精神病人。

8.2.2 成长与生活背景相对稳定

——这一特点使他们异于犯罪人格

他们大多具有较稳定的社会生活背景，有着一个相对稳定的居所和家庭生活，有的仍与父母（包括单亲）生活，有的组建了自己的家庭，结婚生子等。而不是居无定所，也极少过着漂泊流浪式的生活。所以，他们没有形成在异常社会背景下容易形成的冷漠无情的犯罪人格问题。就此而言，他们不属于必然犯罪人。他们后来实施的犯罪往往具有相关事件或刺激源，这种事件或刺激一方面有来自社会的原因，另一方面也有他们自身在平时看来属于小问题的性格缺陷。

所谓社会原因问题分析起来非常复杂。例如，生活贫困导致的居住环境的恶劣给人在幼年形成的某次不良刺激；因贫困导致的环境迁移事件使人在幼年时遭遇过刺激；因贫困导致的生活乏味或绝望在某一时刻让人刻骨铭心；还有因文化观念的冲突引起的人际冲突事件等；因父母离异时刻使人在幼年形成一次强烈的心理创伤；还有因现实生活中的婚恋挫折引发的一时疯狂；因现实生活难题而令其一时不知所措等。

所谓性格缺陷往往与后天的教育密切相关。教育问题大多发生在家庭结构正常，但家庭教育功能不正常的背景下。有些家庭虽然富有却缺乏对孩子辛苦的哺育；有些家庭虽然温饱不缺，但孩子却只由单亲抚养；还有的家庭几代同堂导致过分娇宠孩子；有些家庭则因为孩子学习出色而忽略了观念的灌输与性格的教育。同样，学校教育中过分强调竞争，强调知识理解和记忆而忽略信念及人生基本意义教育等。这一切都可使一个看似完全正常的人在遇到挫折与刺激时出现令人意外的、不择手段的犯罪行为。

8.2.3 情感活动正常甚至丰富

——这一特点使他们异于反社会人格

由于他们大多具有相对稳定的生活背景，即使家庭结构不全或家庭功能有残缺，但他们大多仍对自己的亲人具有较明显的留恋感。例如，河南平舆县杀害17名青少年的黄某（2003年）在审判后期一直强调“自己有许多话想对父母说……”；云南杀害4名大学同学的马某（2004年）在逃亡期间用录音的方式给自己的亲人留言称“自己对不起父母，是不孝的儿子……”；陕西杀害道长等人的邱某（2006年）在知道警察抓捕他的情况下仍夜间潜回家中给自己的孩子送生活费；上海袭警案的杨某（2008年）在审判期间也表示“对不起自己的母亲”；湖北杀害8人的熊某（2009年）在杀人前给母亲打电话嘱咐后事；等等。正是这种情感反应的能力，使得他们在犯罪后能够对“仍还在意和眷恋的家人”充满着歉疚感。

由于他们不属于必然犯罪人，具有正常人的情感性反应，有着自己在意或眷恋的家人，犯罪后他们也往往强调自己的犯罪理由，所以，他们犯罪后大多容易博得一些人的同情，如上述的马某、邱某，还有杨某。同时，我们也应该看到，正是他们的这种情感存在，使得他们尚存人性。例如，马某在杀害四人后又遇一同学敲门，本想将其杀害，后因想到此同学在他没钱买饭时曾借给自己钱而收起杀意；杨某在袭击警察时遇到孕妇则不予伤害；邱某自述在道观杀人时曾遇父子俩，看到小孩时他曾想放生二人，只因他们拼命搏斗反抗而不得已才杀小孩等。这种犯罪指向的取舍都可看出这类犯罪人不同于犯罪人格与反社会人格。

8.2.4 具有道德判断和知罪能力

——这一特点使他们异于缺陷人格

他们不同于不具有刑事责任能力的严重精神病人，在于他们有“故意犯罪”的心态，最重要的是他们有对自己的犯罪有道德判断能力，有知罪能力。例如，杀害同学的马某在逃亡期间，即还没有被警察抓住期间就已经在给亲人的录音里提到了“其实我现在知道自己错了……”；邱某在法庭上当法官宣

判他死刑后问他“有什么话要说”时，他干脆地回答“没什么说的，杀人偿命嘛！”；还有杀害青少年的黄某在审判期间有人问他“你对那些喜欢网络的青少年有什么要说的”时，他回答：“告诉青少年，不要相信陌生人的话！”；还有的被告人在法庭审判期间“向被害人的家属鞠躬或磕头表示道歉”。

不仅如此，他们与缺陷人格也有明显的不同。缺陷人格，是指因在溺爱中长大而形成了任性、冲动、撒谎、表现无耻等特点的人格。具有缺陷人格的人在犯罪后往往把责任完全推到别人身上，甚至毫无羞耻感地撒谎，表现得非常无耻。但危险心结的犯罪人在表示知罪时也同时表示“要承担法律后果”。例如，云南大学杀害同学的马某在一审法庭宣判死刑后，尽管他的亲人在法庭上大喊“你一定要上诉，让我们再多看你几天……”，他却坚持不上诉，当记者问其“为何不上诉”时，他明确地表示“我也要惩罚我自己”。陕西道观杀人案的邱某在法官宣布他死刑立即执行的判决后，问他还有什么要说的，他只说一句“杀人偿命，没有什么好说的”。上海袭警案杨某在法庭上也有类似表现。当然，这些犯罪事实上也不具有免罪或轻判的可能，因为他们的故意犯罪已经对社会造成了严重的伤害。

8.2.5　犯罪多为令人意外的表现
——这是危险心结最突出的特征

这类犯罪人的犯罪行为还多具有令人意外性或让人难以置信的特点，他们的犯罪行为与他们平时的一贯表现或本性往往差别很大，有的平时非常老实的人突然杀人，有的平时很温情的人突然谋杀，包括职务犯罪人，有的一贯生活节俭的人却成为贪腐犯罪者。

这种令人意外的表现之一是异常暴力性。因危险心结引发的犯罪案件很多作案形式都带有严重暴力特点。这是因为危险心结发生的“刺激源”往往不是“无生命的客观物质”，而是社会生活中遇到的“他人”，如因他人的力量强大而带来的心理压力感，因他人的敌视而带来的恐惧感，因他人的不同意志而带来的挫折失败感，因他人的期待带来的焦虑感等，这些压力、恐惧、挫折和焦虑等恰恰是危险心结发生的原因。所以，犯罪人的危险心结发泄对象也多为“私人目标”，而且必是置“他人”于死地而后快。他们有的公开作案，也有隐秘作案；有的不仅杀他人，而且还自杀，如2007年美国校园枪击案的赵某，2008 年广东珠海开车撞学校的骆某。

这种令人意外的表现之二是变态性。由于这类人作案前大多具有正常生活背景，也一直表现正常，所以，他们作案动机常常让人感到困惑。例如，河南杀害 17 名青少年的黄某，其犯罪动机不具有一般犯罪所具有的动机内容，既不为财也不为性，不为报复，也不为排除某阻碍者，不明动机让人对他的犯罪疑惑不解（2003 年）；山西阳泉残害女性的杨某案更是如此，其作案既不为抢劫物品，也不强奸或猥亵女性，既不存在与女性发生冲突而报复的问题，也不具有婚恋失败的发泄问题，其作案动机仍是让人不明不白（2006 年）；云南大学杀害同学的马某面对警察和法官时交代自己杀害同学的动机竟然是“同学说他偷牌、说他为人很差劲他由此很生气就杀害他们”，其说法令人怀疑，其动机让律师认为是“精神不正常”（2004 年）；还有发生在东北四地流窜尾随入室抢、奸、杀的林某案（2008 年），湖北随州杀害 8 人的熊某案（2009 年），都具有令侦查人员、法官、律师和媒体人员感到困惑不解的犯罪动机问题。以至这类案件进入司法程度后，不明其心理问题的公众或媒体大多关注司法精神病鉴定。问题在于，一些案件即使经过司法精神病鉴定仍然不能解释他们的动机问题，所以，人们期待的司法精神病鉴定并不能为人们解惑，结果让很多人对犯罪人的心理或犯罪动机感到恐惧，因为没有理由的行为是让人不可预测和控制的行为，这是生活中令人恐惧的一种原因。

令人意外的第三种表现是让人不可思议性。这多表现在一些受过良好教育，有很好的社会地位，甚至异常聪明、久经世事的人出现的犯罪行为中。如让人曾经羡慕的著名企业家夫妇突然之间发生谋杀案；头一天在公众面前还春风得意的样子的人突然畏罪自杀；进京汇报工作的高官却被抓捕在高级酒店内的嫖娼现场等。这些案件的当事人大多有着某种潜在的危险心结。

8.3 危险心结的形成

那么，如何理解这种引发犯罪行为的危险心结现象呢？要理解这一现象，我们必须知道两个与危险心结有关的问题，其一是“创伤性刺激源”；其二是特定的个人生活经历。

8.3.1 创伤性刺激源

弗洛伊德（S Freud，1856—1939）在其《精神分析引论》中对心理障碍发生的源点进行过解释。他指出："一种经验如果在很短的时期内，使心灵受到一种很高度的刺激，以致不能用正常的方法谋求适应，从而使心灵的有效能力的分配受到永久的扰乱，我们便称这种经验为创伤的（1915 年）。"因创伤而使自己"执著于过去的某点，不知道自己如何去求得摆脱，以致与现在和将来都脱离了关系。"[①] 这就是心理障碍的由来。同样也是危险心结出现的原因。

当个人的心理活动在某时间内遇到了意外的或强烈的刺激（一般为生活事件，也包括天灾人祸），使人的"心理应对系统"出现了失控，人在这种事件面前，要么来不及反应，要么出现不当的反应，甚至根本不知如何反应，总之，在面对刺激事件时人的心理反应是完全失败的反应，为此，所有的具有正常情绪感受的人都会感受到一种失败带来的痛苦，出现负面的情绪体验。这种失败带来的痛苦感可称为"心理创伤"。犹如生理创伤有痛感一样，心理创伤也会让人为之痛苦并留下心理伤痕。

问题在于，人们在面临失败时要么退缩回避，要么不甘失败而出现弥补性的努力。恰恰由于人的心理发展具有时间延伸性和前后连贯性，因此，个人的任何"弥补性的努力"都只能动用随后的心理应对系统，调动自己所有的能力来解决以前的心理失败问题，进行挽救性的甚至是颠覆性的努力，这种补救努力使人的心理应对系统不再顾及之后的各种生活刺激，只应对已经过去的失败事件，从而发生心理扣结，即人的心理活动被缠绕或系结在已经过去的某一失败事件上而不能摆脱或自拔（英文可用 mind entwist 或 fasten 表示）。这种心理扣结就是危险心结的本质特征，所以，本书中将危险心结又用"心结"来简称。

要了解心结的发生还必须了解一种心理现象——意识流。这是心理学家詹姆斯提出的概念。人的精神活动有其独特的连贯历程，将这一历程前后联

① ［奥］弗洛伊德著，高觉敷译：《精神分析引论》，商务印书馆 1984 年版，第 216 页。

系起来的就是人的意识活动，这种意识流用“我”的方式表达，我们睡觉时，不会说“我”，也不知道“我”，尽管睡眠时已经不知道“我”，出现过“我”的间断。但是，等我们睡醒后，我们仍然记得前一天的事情，记得过去的许多事情。这种“记得”就代表我们的心理具有“统一精神活动”的能力。然而也正是这种“记得”的意识能力使得人在经历某种严重的心理创伤后，将记忆（确切地说将心理活动）停留在那一时刻上，他不时地感受着自己失败反应的愤怒，感受着某种意外的强烈刺激后的痛苦。一方面，随着时间的进行，人们的年龄可以变大、变老；但另一方面，昨日的事情却在人的内心仍可历历在目，尤其是刺激强烈、创伤深刻的记忆，永远鲜活地以心象的方式出现在人的眼前（即脑海里）。于是，当事人就会为此而行动，以现实的各种努力，弥补过去的失败反应。以越来越成熟的心智去弥补曾经“不能”的反应。当一个人不择手段甚至以犯罪的方式弥补某种失败时就是危险心结导致的犯罪。

所以，心结的发生也可称作心理发展停滞现象的发生。若形象地比喻：日子在一天天过去，但某人内心的某一页永远翻不过去。正是这种执著于挫折或固执于失败的人才容易出现不择手段的弥补行为。许多犯罪行为之所以让人难以理解，就在于导致其行为的原因不在眼前，其心理创作点不在眼前。因为，他内心存在着对这一刺激过敏的或痛苦的记忆与心结，这种刺激如同某人曾经被染过某病而对类似染病环境极为恐惧一样，使他在“对常人来说根本不是个问题”的问题面前有着超出常人的过度敏感反应。因此，在这种危险心结的影响下有些人可出现怪异的行为表现，有的还可引起精神疾病，同时，还有些人就会出现各种各样甚至严重的犯罪行为。

8.3.2 特定经历

尽管危险心结一般都有心结源——引起心结的刺激源，但这并不意味着：凡遇同类刺激源的人都必然出现危险心结。在同一刺激面前，不同的人会有不同的心理反应。这种差别除了个人之间存在天生的个性差异外，更重要的是人在后天所经历的人生内容有所差别。

经历，是指个人在生命历程中亲身经过的事情，它既可以是一个具体的事件即一种刺激，也可以是一种过程即一种感受历程。如果说不良刺激让当

事人产生某种心理创伤的话，那么，经历还可以将这种感受演变为一种伤痛的历程，将刺激由“点”拉成了“线”。

每个人在其一生中既有与别人相同的刺激，还会有自己特有的刺激，甚至人人都会遇到的各种刺激在某一特殊个人身上形成不同的组合，因刺激的特殊组合而形成一个人的独特经历。例如，接触不同类型人物的顺序会使人出现较大差异，若早年先接触好人至成年再接触坏人，这可使一个人正常发展；相反，先接触坏人再接触好人，可使一个年幼的人走上一条不归路。经历，是精神分析理论最重要的概念之一。弗洛伊德非常强调经历，尤其是早年经历对人的心理，特别是早年经历成为潜意识后的影响。

在心理现象中，有些内容既不能简单地归于遗传问题，也不能简单地归于环境。譬如，同一家庭中的多位子女的心理发展差异就属于这类现象。尽管他们的先天遗传——父母相同，尽管他们后天成长环境——家庭相同，但是，出生顺序的不同仍会让遗传与环境相同的孩子们出现不同的心理表现。有的孩子表现更为宽容，有的孩子表现更为嫉妒；有的孩子强壮而不在乎微小刺激，有的孩子羸弱而感受细腻。家庭中的长子因为是父母的第一个孩子，父母与其单独接触的时间较多，所以，长子的情感发展尤其依恋情感会更多地集中在父母身上，同时，由于长子与父母及他们身边的成年人接触机会较多，所以，长子大多心理成熟偏早；而排在第二、第三、第四位的孩子其情感发展不仅有父母的影响，还有兄长或姐姐的影响，由于父母会把后面的孩子委托给长子照管，如陪同玩耍、简单看护等。所以，同辈人的接触使得排幼的孩子更有竞争意识。这只是生活经历造成个体心理差别的一种表现。

研究危险心结引起的犯罪问题可发现，许多引起严重犯罪的危险心结其刺激源非常普通或非常微小，所以，人们不能明白，为什么仅因为这么简单或弱小的刺激就让人作出如此严重的反应？要了解这一问题就必须研究“反应者”的特殊经历。例如，2003 年底河南驻马店平舆县发生的黄某杀人系列青少年的案件，黄某被捕后交代：他在 12 岁那年看了一部电影，讲的是杀手的故事，于是，他从那时起（12 岁左右）就想当杀手。作为一部普通的电影或录像片在当地并非黄某一人观看，为何别人没有产生这一想法呢？或者别人产生过这一想法却从未将其付诸实施呢？要真正理解黄某的犯罪心理和行为问题仅从一部杀手的电影（即刺激源）解释是不够的。要准确地理解他的心理问题就必须了解他的人生经历（此案心理问题将在第 10 章单独细解）。

还有许多引发犯罪的危险心结其刺激源也不具有“独一性”，这种刺激可能让很多人都遇到过，如初恋的失败，与人发生口角，囊中羞涩等。绝大多数人在遇到这种刺激后都能调整自己的心态，调整自己的行为。所以，仅用“创伤性刺激源”理解危险心结还是不完整的，还必须考虑人生经历的影响。概言之，研究危险心结的发生必须有两个参考点，即创伤性刺激源与特殊的经历。

8.4　危险心结的类型

如前所述，因危险心结而发生的犯罪最显著的特征是，这类人在犯罪前基本呈现为生活正常的人。确切地说，他们已经具有不犯罪也能生活的能力，但某一天却突然疯狂，如 2006 年的邱某案件和 2007 年的美国校园枪手赵某案件；还有一贯正常的人却突然冷静地预谋犯罪，如 2004 年云南大学杀害同学的马某案件；有的人则一直正常生活却在暗地里偶尔出现犯罪举动让人不可思议，如 2003 年河南黄某案件和 2006 年破获的山西阳泉的杨某案件。这类突发的案件或者表现蹊跷的案件其制造者大多具有因“创伤性刺激源”而形成的“心结”问题。

犯罪的心结大致可有以下几种情况：意识抑结、认识偏结、情感伤结，还有瘾结或痴迷结等。

8.4.1　意结类型

意结，是指人在有意识的状态下出现的部分意识活动的自我抑制和阻结现象。也可称“意识抑结”现象。由于意识具有“能够觉知”和“不能觉知”两种状态，那么，当人对自己内心已经存在甚至对自己行为已经有影响的内容“不愿觉知”或“不能觉知”时就会出现一种有意或无意地遮掩或抑制类的行为表现。有些人甚至通过犯罪的方式达到这种遮掩或抑制的目的。

许多扭曲的变态犯罪常常具有这类意识遮掩或抑制的问题。例如，在有意识的状态下只纠缠于问题对象而不觉知自身的问题；还有对自己内心深处的潜意识活动因抑制而完全不知并流露出矛盾的心理表现，类似于“此地无银三百两”；还有清醒状态下意识层面对潜意识层面活动的拒绝而引起的冲突

障碍，如“在乎越深则愤怒越狠”的表现。这种“意识抑结”是“心结”的一种表现方式。(要理解意识概念可详见本书第3章的3.2.1)

本书所论的“意结”与精神医学中的意识障碍（consciousness disorder）还略有区别。精神医学中的意识障碍特指意识清晰度方面的变态。是人对现实自觉的、有意识的反应能力降低或消失的一种异常心理现象。一般包括意识蒙胧、神游症、定向和自知障碍三种情况。但是，这类意识障碍使人难以从事故意的或有意的行为，因此，人在这类意识障碍下即使作出违法行为，经过司法鉴定，通常不具有刑事责任能力。这一概念并不是本文所要研究或使用的概念。

由于意识是认识活动的基础，因此，正常人在清醒状态下出现的某种“意结”就会影响到他的认识活动。因为意识范围决定人的视线范围，而视线范围又决定人的思维准确性和完整性。“井底蛙”之所以容易知足就在于它看到的天空只有井口那么大。同样，人的意识即能够觉知的范围就能决定人的认识水平。假如某人只有单向的意识角度，即只能看到别人身上的缺点，看不到（意识不到）自己的缺点，那么，此人就不会调整自己的心理或行为，从而就难以解决他所面对的人际冲突，这就是一种意结问题。意结与犯罪心理和行为的关系将在下一章予以具体论述。

8.4.2 知结类型

知结指个人因感觉狭窄和思维偏差而出现的认识扭曲和偏执现象，也可简称“认知偏结”现象。由于认知活动大多具有“客观对象性”，所以，由认识偏离而产生的扭曲和偏执现象会导致个人对其“认识对象”的错误结论与攻击行为。

“知结”类的心理问题往往与人的智力没有明显的关系，认知扭曲和偏执的发生不在于当事人的智商高低，而取决于他的认识范围和思维方式。如高学历者仅因恋爱对象提出“分手”而将其杀害的实例，其行为者属于高智商者，但他们对于爱情的认识却极为狭窄，所以，他们会选择无回旋余地的“杀人或自杀”方式来解决这种并不十分困难的情感问题。

由于认识起始于感知觉，所以，“知结”首先与此人的感知范围有关，而感知范围又取决于个人的社会活动范围大小。一个人的社会活动面决定其感知范围，同时感知范围又决定人的认识信息的完整性，进而决定一个人的认知水平。其次，“知结”与一个人的思维方式有关，当思维方式单一或过分复杂时就容易使人在认识上出现偏执结论。思维方式单一，是指他只考虑问题的一点而忽略其他点，或只看到问题的一面而从不看另一面；思维的过分复杂，是指由于过度思考将一个原本简单的事实补充了大量的想象内容而使得问题变得万分复杂，如一个女人在爱上一个男人后遭遇背叛，向好朋友诉说时发现好朋友也遇到过负心人，于是得出个结论：“男人都是不可靠的”，这就是狭窄或偏执的认识。在此基础上，当事人进行的所有认识都会向同一结论靠近，包括概括、判断和推理，由此出现偏差，出现片面的认识，以至出现偏执、固执的看法或结论而不能自我调整。有的还会伴随强烈的情绪感受问题，如无缘由地憎恨一个从未接触过的男人。所以，某些情绪类的犯罪人也往往具有认识上的偏执。这种认识偏执是心结的一种表现方式。

人在认识的基础上还会形成较为稳定性的观念或信念。观念是人在看到的同时形成的想法或态度，而信念则是在思维基础上形成的看法或态度。前者使人产生感性的认识与反应；后者使人出现理性的认识与反应。当人的认识上出现偏差时，人们往往也会形成错误的观念或信念，并在此基础上作出错误的行为。例如，许多犯罪人都常常提到一句话：“自己真是一念之差……”。这种一念之差往往是“看到的同时出现的想法”。因一念之差而犯罪的人大多具有很好的智力和正常生活的能力，他们只是在一件事或一类事上由于一念之差导致错误的行动。例如，交通肇事者对于突遇的交通事故采取了逃逸的方式，结果不仅没有逃脱法律的追究，而且还让自己在逃亡中时时刻刻地处在恐惧与焦虑状态中。因一念之差的犯罪还有“贪念”、“色念”甚至“侥幸的念头”。许多具有正常生活能力的人出现犯罪行为大多具有“聪明反被聪明误”的认知扣结现象。至于不良信念更容易让人出现行为问题。例如，有人相信“人不为己天诛地灭”；还有人总说“咱大错不犯小错不断”，凡有这种认识的人在面临诱惑时就会发生“为己的选择”或“因小失大”的犯罪行为。

8.4.3 情结类型

情结，指个人因心理创伤和情感困扰而出现的一种心理纠缠与淤结现象，

也可简称为“情感纠结”现象。情绪或情感是一种复杂的心理现象，其复杂的原因在于情感是伴随着个人的需要、认识和意识等活动而衍生的一种心理现象。所以，任何一种情绪或情感都同时伴随着其他的心理活动。当人因情绪或情感引起痛苦感受时，有人会出现发泄或迁移的行为，这种行为多为泛化性的暴力犯罪。

最早提出“情结”（complex）概念的人是弗洛伊德。他指出：“实验证明，这些联想不仅依附于我们所给予的刺激观念，而且有赖于潜意识的活动，意即有赖于当时没有意识到的含有强烈的情感价值的思想和兴趣（也就是我们所称的情结）。”① 弗洛伊德所讲的“思想和兴趣”都与人的认识有关；他还使用了“没有意识到的”描述，显然，他论的“情结”主要指因思想或兴趣对其感受强烈（指情感）但自己并不十分清楚（即意识到）的内容。尽管自己不十分清楚，但这种与个人的认识、兴趣、思想相关的情感仍然存在于心，同时还具有强烈的动力性或表达性。

情结中的情绪（感）首先与人的需要满足与否密切相关。当个人的某种需要得不到满足时就会引起需要者从生理到心理的痛苦感受，如饥饿、寒冷、孤独，渴望而不可得等都属于需要不能满足的情况，这种因不满足可让个体倍感痛苦的现象就是一种心理创伤，这类痛苦感受随着刺激源的强度和持续程度可致使一些人出现疯狂或执著反应。疯狂反应表现为出现异于一贯心理风格而不管不顾的行为现象；执著反应则表现为长期陷于“未满足的痛苦之中”而不能自拔并出现心理停滞或顽强补救的现象。人在这种心理状态下往往表现异常，不顾一切，甚至自我毁灭。某些让人震惊的滥杀案件大多具有这种情结问题，如 2007 年美国校园枪击案主犯赵某的心理问题，还有 2008 年发生在上海的袭警案主犯杨某的心理问题都属于这一类型。具体分析在 11 章内阐述。

情结中的情绪（感）其次还与人的认识密切相关。心理学的研究表明，认识可以改变人的情绪和情感。但是，有时人的认识也恰恰可能构成人的情感困扰，造就矛盾和自我心理冲突，从而成为一种心源性的不良刺激。例如，

---

① ［奥］弗洛伊德著，高觉敷译：《精神分析引论》，商务印书馆 1984 年版，第 79 页。

一种认识是“这钱我不应该收……”，另一种认识是“这钱收了也不会有人知道……”；再如，一种认识是“上级这个决定是错误的，应该说出来”，另一种认识是“不能说出来，说出来自己就完了”。类似的认识冲突都在个人的意识范围内争执，行为要由自己的认识定夺，关键是此时的个人认识已经无所适从，无法摆脱这种矛盾，由此，个人可因认识的矛盾性而出现情绪或情感上的焦虑与冲突。甚至即使作出了其中之一的选择，即使已经作出行为事实，但是，认识的另一方，即未被选择的一方仍在意识或意识之下活动，这时，个人的内心仍然焦虑或不安，由此出现让旁人看来不可思议的怪异行为。

弗洛伊德关于情结的论述能够让我们更好地理解“情感纠结”类的心理问题，即这类情结不仅具有创伤性，更重要的是还有不可表达性。很多事情或很多欲望让人不可多想，也不敢多想，但又不可在内心完全消失，当这种心理冲突达到一定严重程度时个人就会出现情绪上的爆发性表现，多为令人意外的表现。

8.4.4 成瘾类型

在与犯罪有关的危险心结中，除上述三种重点类型外，还有成瘾（addiction）性的心结或痴迷（crazy or obsessed）性的心结，简称瘾结和痴结。瘾结大多与人的特殊兴趣有关，如网瘾（Cyber freaks or Virtual Addiction），赌瘾（Gambling），酒瘾（Alcohol），毒瘾（Drugs）等；痴结在许多方面类似于成瘾现象，但是，这种心结不同于成瘾现象的地方主要是其发生与发展主要与人的信念或信仰有关，如陷入邪教的信徒（idolatry），迷信巫术者（black magic）。

当人出现瘾结时会出现这样一些表现：（1）每天的生活中只想做这一件事，失去其他的生活追求和兴趣；（2）变更重要的人生任务或时间表，生活无序，如不上学或上班，不睡觉等；（3）总在重复做同一件事或重复某种行为，即使自己已经知道此事无意义或有危险性仍不能停下来；（4）一旦不做此事就会在脑中想象与此有关的事情（沉溺）；（5）在做这类自知无意义事情时怕人批评而回避他人；（6）出现相应的生理功能紊乱现象，如果不做便浑身无力、一蹶不振，懒于言语，甚至身体严重不适（长期生活无序导致的疾病）；（7）出现相应的行为和品格障碍，如撒谎、偷盗、攻击他人等现象，

严重者可出现危害较大的犯罪行为，如酒瘾者在酒后强奸或杀人，网瘾者为筹得上网钱财而实施抢劫杀人。

而痴结在某些方面与瘾结者相似，如沉溺、一反常态、心理异常等，但还存在一定的差别。由于痴迷的对象往往与信念或信仰有关，所以，痴迷者的表现更倾向于幻想，由于痴迷和幻想致使其思维变得狭窄，人容易出现偏执或疯狂状态，从而出现相类似的行为，如某些气功练习者的自焚行为；当其行为攻击他人或社会时就构成严重的犯罪案件，如日本的奥姆真理教徒在地铁内放毒案件，恐怖主义者在某种信念支使下实施恐怖性的“人体炸弹”（也称肉弹）犯罪等。

瘾结和痴结在其发作状态时其心理表现（如神态或言语）或行为（动作）有时与精神病人相似，表现异常。所以，人们往往将其简单地视为“精神病人”。但是，这种心理问题与某些遗传性的精神疾病或生理问题导致的精神疾病不同，他们有“自陷心结的起点”。如酒瘾者有放纵自己饮酒的开始点，吸毒者有过“有意尝吸”的开始点，赌瘾者也有最初尝试赌博的主动性。这种“自陷其瘾”的起点大多与他们当时的心理问题有关。最突出的心理问题就是逃避现实生活的难题，减轻自己不愿面对的某种现实压力。例如，陷入瘾状的少年大多有着学习或升学上的挫折心结问题；陷入瘾状的青年人则往往有就业或失恋的挫折心结；陷入瘾状的中年者则面临着经济压力、破产、失业、婚姻解体、长期生病等烦恼；还有一部分人不善言语表达或与人交流有困难，缺乏生活情趣或乐趣，惧怕现实的冷漠与乏味等，进而转向虚拟世界而出现心结。

所以，对于这类心结的研究，其预防的意义大于治疗（即矫正）的意义，因为，对于已经陷入瘾状者或出现痴迷者再进行干预和改变其难度很大。既然这类心结都有起点，那么，对起点及起点前的背景研究就具有重要的意义，同时，开展预防性的工作就极为重要。例如，对于课堂学习失败的青少年，如何通过其他技能的教育帮助他们找到自信与成功感受，这将对于预防他们陷入网瘾具有重要的意义。同时，对于因孤独而陷入瘾状者的预防则在于在人群中如何鉴别此类人员，并及早对他们开展团体心理治疗，让其建立与人交流的信心与能力，并从中得到快乐体验。这一切都比出现障碍后的干预努力更有价值。

9 意结类犯罪心理

意结又称“意识抑结”，这种与意识活动有关的障碍不同于人们通常理解的“没有觉知”（如休克、麻醉等）的意识障碍，也不同于精神病学解释的“因严重的精神疾病而不能自知的意识障碍”。本书已经在8.4.1中对意结现象进行了说明，是指人在清醒并且没有严重精神疾病的情况下，在有意识的心态下出现的对自己部分心理内容的不知或者因自己不同意识间的冲突而对自己心理内容觉知困难的现象。这种心理现象最常见的表现就是，完全正常的人、具有正常心理能力的人对自己做过的犯罪行为其理由“说不清楚”，或旁观者根据一般人的心理规则对其行为缘由不能理解。在各种刑事案件的侦查讯问与法庭审判中很容易遇到这种令人费解的心理现象。本章将归纳这类心理现象的共性特点，同时列举典型案例进行分析。

9.1 意结类的犯罪特征

9.1.1 犯罪动机往往令人费解

在侦查过程中，我们可发现有许多犯罪人其犯罪活动具有明显的“对象”选择性，有“作案时间和地点”的选择性，这意味着“他有意识活动的存在”。有的犯罪人在案发前没有明显的刺激源或前因（如吵架，失恋等），但他们的犯罪行为有明显的目标指向性，并且预谋过程很完整。这类案犯在被逮捕之后，本人也可以完全承认犯罪事实，也会说出一些他自己的理由。但是，这些理由让人不能理解。

例如，杀害大学同学的马某（2004年）在讯问中交代：被害人“因打牌与他吵架，说他偷牌，说他为人很差劲，他当时很生气，就杀了他们……”可是，他杀的4人中有2个人都没有与他吵架，更何况只为打牌吵架就谋杀4个人？他交代的理由让人很难接受。

山西阳泉残害10多名女性的杨某（2006年）曾这样讲他的犯罪理由：“我从小就在这么小一个地方长大，心理憋闷得烦，我一心烦就想出去捅人……”，问题是，与他同一地区生活的人们绝大多数都没有走出去过，他们在生活中也会有烦心事，为什么绝大多数的人都没有这种表现？而且，杨某生活中没有女性与他发生过冲突，没有失恋，身边有爱妻，家庭中有姐姐和妹妹，关系良好。此外，“烦了就出去捅人”，为什么专选女性捅呢？这些问题只用“心烦”无法解释。

东北四地尾随女性入室强奸抢劫和杀人共作案10余起的林某（2008年）从17岁开始作案，他早年作案只尾随幼女入室进行强奸，后来发展到连抢带杀。当问他17岁为何开始强奸幼女时，他只回答：“我当时失眠很严重，不知为什么就想做这种事情，只有做了我才感到浑身释然……”。人们皆知，失眠是一种病态，但与强奸没有必然的联系，他的“理由”让人一头雾水。

山东曾有一起强奸猥亵致死案件（2004年），案犯在白天的中午尾随一女中学生进公共厕所欲施行强奸，但女孩拼命反抗，犯罪人竟将手伸到女孩阴道里将肠子拽出体外，导致女孩大出血死亡。当侦查人员问其为何如此灭绝人性时，他只回答说“我当时喝酒喝多了，上厕所遇见她，稀里糊涂地就想做那事……”。想要“强奸”也不必然要将手伸进被害人的阴道里，他的回答并没有说明他自己的心理问题。

在此列举的这些犯罪人大多没有犯罪前科，具有正常生活的背景与轨迹（指第一次作案前），他们在导致自己作案的理由上，尤其是第一次作案的理由上往往不能说明自己的行为动机，即使说了一些理由也不能令人信服。

9.1.2 具有正常心智下的心理遮掩性

上述的几起案件，犯罪人的犯罪理由让人困惑，最让人不能理解的是，他们完全在正常地生活：有的人已经结婚生子，有的人有着一份不错的工作，还有的人在名牌大学里上学，有的为人平和，甚至有朋友，他们身边的人评价“他”时也多称其聪明、老实、懂事等。他们的父母也是正常生活的人。所以，这种人实施犯罪后最让人感到不能理解，也是最容易引起人们对其精神状态（即心智）质疑的类型。

这类犯罪人一般也不会像缺陷人格那样无耻抵赖，他们很少伪装自己有精神病，他们大多如实交代自己的犯罪经过，只是“说不清”自己的真正行为动机，或者他们坚持犯罪的理由让人难以接受。这种表现大多是他们自己在内心有着某种要遮掩或回避的内容。这种遮掩与回避并非完全针对讯问人员，事实上他们自己也难以面对自己真实的心理问题，即某种事实或真相。

这种现象可从他们谈话时的言语内容观察，当讯问或审问他们的作案动机时，每到关键时刻，他们常会出现声音放低，自己反问自己，或出现停顿、沉默，或出现一个完全无关的替代话语。例如，因与同学吵架而杀同学的马某在谈到与同学吵架的“内容”时，他总用令人不明的词来代替具体内容：“他们到处说我的生活习惯‘那么古怪’，他们总说我‘很怪……’，“我把他们当好朋友，他们这么说我，我就恨他们！”另一起系列奸杀案的林某，从高中阶段起就尾随少女入室强奸作案，一般情况下人在高中阶段面临着高考，学习都很紧张，从时间到精力都不应该出现这种强烈的需求，并且他学习出色，不属于辍学和游手好闲的问题少年，所以，他实施系列强奸的原因让人很困惑。当我问他“你为什么在高中就开始作案时”，他要么回答“我那时一宿宿地睡不着觉，总失眠……”，要么就呈思考状或回忆状长时间地缄默，这些表现都是回避性表现。

9.1.3 犯罪具有隐秘和谋划特点

对于这些“动机不明”的犯罪人要了解他们的心理就需要进行个案访谈，但是，如上所述，即使与其面对面地谈话，如果调查者不具有心理学专业知识和相关专业研究背景，不能结合他所呈现出的表情、动作等非言语行为以及他在回答问题时的语音、语速、语频和用词等次言语表现观察，只凭他的口头回答仍然会让调查者或讯问者感到疑惑不解。例如，杀害自己同学的马某从被逮捕之初到最后法庭审判，在谈到自己的作案动机时始终只强调与同学打牌吵架，说同学诬陷自己偷牌，自己没有偷，所以很生气！于是就起意杀了他们。按照这一说法，仅因同学“诬陷他偷牌”这么一点事能让他“恨得一周之后杀 4 个人”，如果这一理由成立，他的精神（即心理反应）显然不正常。但是，从现场大量的物证观察：他的犯罪预谋与实施都不是在情绪冲动的状态下进行的，有一周时间的细心准备与等待，他先后去市场两次挑选合适的作案工具，事先糊好准备作案的宿舍窗户纸，四个衣柜中有的柜子没有门锁，他特意买锁扣安装好，在装进尸体后将其锁好，因为不能在一天内完成作案，这期间怕别人进屋时不经意打开柜门发现尸体，他还事先买好两张火车票和一个假身份证，显然这是为了犯罪后及时逃跑做的周密准备。这一切活动如果用“精神不正常”解释显然不能成立。

由于犯罪是法律明文禁止的行为，所以，凡是故意犯罪人在犯罪前都有一种回避侦查和逃避法律惩罚的心理，他们会将自己欲要犯罪的意图遮掩，并将所有的犯罪准备行为隐秘进行，甚至在实施犯罪条件不理想时他们会等待，以期不被发现，能够达到犯罪目的。这就是犯罪的隐秘性与计划性。

9.1.4 行为人具有人格保守性

如前所述，因心结而犯罪的人不属于“一贯为恶”的人，也不属于“明火执仗的为恶者”。相反，他们有着正常人的生活，尤其在日常生活中他们常常表现为老实人、正派人。他们的老实与正派不是装出来的，而是始终如一。这恰恰是问题的关键。正是因为这种日常表现可从另一角度说明他们的一种心态，即他们从小接受的是正常的家庭教育，被长期灌输或教育的思想内容是较正面的、传统的、封闭的，甚至是保守的观念。本课题研究的几例因意识问题引起的犯罪人大多成长并生活在交通不太发达，生活范围较狭窄的区域，如山西阳泉的杨某案，云南大学的马某案，山西汉阴的邱某案，这些人大多从小生活在一个经济不太发达的地区。这种生活地区的特点既可以让这一地区生活的人们形成单纯观念与朴实为人的风格，还可以让这一地区的多数人形成较稳定的风俗习惯和相应的保守观念。当一个从小在这种环境中成长，这些风俗习惯与保守观念就会慢慢地融入他们的内心，成为一种潜意识，从而使他们形成一种“内心屏障”而形成自我克制力。但是，这种有地区局限性的观念和风俗一旦遭遇更广阔的社会背景或更多元化的社会背景时就会形成人们心理上的“不自主地被吸引”却又“不得不抗拒”的矛盾心态。尤其电视和网络的出现，诱惑已经成为非常容易接触到的“视觉冲击”，强烈的感性诱惑可迅速唤醒人的生理本能，同时，已经具有抗拒力的传统意识也立即反击，进行“心理秩序的维持”与“外来诱惑的阻抗”。从而出现心理上的严重冲突与人格矛盾或分裂。这一切都源于当事人是一个“活生生”的人，同时还曾是一个“正派人”。

9.1.5 心结多与潜意识内容有关

何谓潜意识？了解这一概念必须了解人的心理空间现象，即装载我们一生所有的意识内容的心理空间。人的心理空间如同生活的住房空间，进屋一眼就能望见的都是“可意识的”层面，问题在于，屋内东西不能都放在桌上或床上，还会装进抽屉，装进柜子，甚至装进上锁的箱子里。凡是不能一眼看到的就是意识之下的东西。我们自己家中哪些东西容易让我们不知道或忘记？一般是不经常能看到（即没有放在明面上）或因为藏起来过久以至忘记其存在的东西。那么，人的内心也有类似的意识内容。首先，我们的身体以及我们生活中最不能让人眼看见的部位和活动是什么？这答案谁都清楚，即与性器官有关的部位都是要遮掩的。其次，没有结婚者或有婚姻但伴侣不在身边生活的人其“性欲”即使“有”也要“收藏”起来，不能随便昭显于外人。再次，当遇到一个能够充分引起你的性欲望的异性你是否马上向人们显示欲望还是暂时或永久地收藏起来？显然多数人都采取的是藏起来的方法。这种“遮掩与隐藏”首先在我们每个人的意识层面，然后才会有正常的自我约束与控制表现。人在生命的初期时没有这种遮掩和隐藏的意识水平，也就不会有回避他人和不好意思之感受。这种遮掩意识和感受随着年龄增长而懂得并开始出现，而且最初是在外人面前进行遮掩。随着生活地区文化风俗等影响，这种遮掩意识会变为一种思维习惯，变得在自己想象时也颇有些不安，即“这种念头很荒唐……”“这种事情不要脸……”。这时，人就有了意识中的道德法官。而意识中出现“道德法官”时就容易出现对内心真实欲望的抑制，从而出现内心真实的要求被意识阻结的现象，即意结。

意结其源点就在于这种潜意识存在却又自己不敢面对。真正让这类人心理痛苦与发狂的事情恰恰是“他对自己很渴望的事情却很否定”。这种心结的表现方式较为复杂，最常见的有三种情况：①不敢，即自己不敢承认自己的真实欲望，他们怕被别人知道自己的真实一面。但是，这种人只要有独处的机会仍可大胆满足一番。②不能，即自己根本不知道自己内心存有的真实欲望，这是对潜意识的不知。有时他们也很烦躁但自己不明缘由，出现无名的愤怒。③不愿，即使自己隐约的意识或隐约知道自己的内心欲望但完全拒绝，回避，克制，从而出现强迫性表现，通过做另一件事情来替代这类事情。

凡是存在这种犯罪心理问题的人都会出现前面所提到的“一个具有正常心理的人却实施令人困惑的犯罪行为，而且说不出道不明犯罪缘由”的现象。这类犯罪有攻击性的犯罪，有变态性的犯罪，还有不明缘由的犯罪。因为他们有意识之下的愤怒，有意识之下的冲突，有因不自知或不想自知而迁怒于他人的愤怒。

9.2　马某犯罪心理解析

——2004年云南某大学杀害大学同学案的主犯

9.2.1　案发：令人困惑的犯罪动机

2004年4月，一位负责刑侦工作的刑警问我：“正在通缉的马某的犯罪心理你有没有分析过？……目前，我们搞不清他的犯罪动机。”他介绍说：“马某在宿舍里杀害了四名同学，整个作案方式既不像为钱财，因为他杀的四个人全是穷学生；也不像激情杀人，因为他一天杀一个，三天内分别杀了四个人。”他问我：“这案件的作案方式是不是有些变态？”我说这需要了解一下他作案的情况。他进一步介绍：“现场收拾得很干净，被害人的尸体都藏在宿舍的衣柜里，犯罪的预谋特点很突出，作案后人即逃跑，现在不知下落。”我当时就说，那不是精神病人作案。心理变态严重，即精神病人作案的特点是不知道自己在做什么（即无意识），所以，他们的作案现场应该是混乱的，而且严重变态的犯罪人并不知道自我保护，他不会逃跑，他往往要当场宣布自己的犯罪理由。

那还有什么原因呢？他们给我看了一些从马某的电脑恢复后的一些资料，基本上是些漂亮女孩的照片。我回去以后又仔细查看了所有的相关资料，最后，我给他们的结论是：马某作案有“杀人灭口”的特点。至于为什么灭口我还不太清楚。当时联想到此案发生在云南大学，作案人的老家在广西，这些地区接近毒品通道，会不会因为贫穷而贩毒？因贩毒被同学发现而杀人灭口？所以，当得知马某落网后，作者最关心的问题就是他的犯罪动机。

作者第一次听到马某本人对犯罪动机的解释是在他被海南省警察逮捕后，由海南的警察介绍得知：“据他自己交代是跟同学打牌吵架，同学说他偷牌，他很生气就杀了他们。”同时还得知他在海南逃亡期间买了复读机和10盘磁带。其中有两盘是他自己的录音。至于录了什么，因为马某是用广西方言录的，而逮捕他的海南警察和押解他回案发地的云南警察都听不懂这种广西方言，所以，还不能进一步判定他的动机问题。

9.2.2 报道：因贫穷的自尊而杀人

这个案件受到媒体非同一般的关注。在繁多的新闻报道中有一则消息引起社会的广泛关注，这是网上传出的消息："马某有一段时间不能去上课是因为他没有钱买鞋，一直等到学校发了助学贷款，他才买了一双拖鞋去上课。"这则消息立即引起人们对于贫穷大学生的同情，作者在最初听到"他没鞋上课"也非常震惊。于是，迅速上网查看相关报道。这个消息是根据一个女同学说的情况进行的报道，但我不明白，没鞋上课的马某没有女朋友，他住的宿舍也没有女生，为何同宿舍的男同学不知道此事，却由"某女同学"说出这种情况？对这条新闻我一直都质疑。另一个让我怀疑的原因是如果因为穷而杀人，那为什么杀的都是穷学生？这不合乎一般逻辑。这则新闻在当时起了很重要的导向作用。"因为我穷，他们看不起我，所以他们跟我吵架……"于是，更多的人都开始同情自尊的马某。后来我们在网上都可看到"有四家律师事务所提出免费为马某作无罪辩护"，还有很多律师"自愿赴云南大学为马某辩护……"。我当时的感觉是，有些媒体正在有意无意地同情马某，而事实上则在对刑事审判进行着一种社会导向。但是，这种导向并不公正，而且没有事实根据，从逻辑上也不能成立，稍有专业背景的人都不会相信这种理由。于是，我决定去云南昆明调查一下马某真正的犯罪心理问题，此想法得到相关部门领导的支持。

9.2.3 调查：犯罪行为－口供－答卷

由于我去之前的一天马某按侦查程序刚刚指认完犯罪现场，大概他经历了一段反省期，当他现在再次回到作案现场——曾经居住三年多并在此杀害了四名曾经朝夕相处的同学的宿舍时——让他心理上感受到巨大的冲击。根据办案的同志讲：他指认完现场回来后就开始绝食，不说话，心理状态很不稳定。由于这些原因，办案警察不太希望此时让外来调查人员见他并进行调查谈话。在这种情况下我只能提出看他讯问中交代的全部资料。当地刑警们毫无保留地拿出全部的审讯记录（约有9次），还提供了他在海南逃亡期间的录音翻译材料，还有他在15岁时的一个日记本。这些材料让我对他的心理问题有了较详细的了解。

在讯问材料中涉及“犯罪动机”问题时，马某的回答仍是强调“打牌”，而且详细地讲了打牌的经过，他们打的是两家对勾。在打牌过程中吵了起来，同学邵某先说马某“你耍赖，你藏牌”，而马某则强调说“我没藏……”，双方开始吵，后来吵得很凶，用马某自己的话讲：“我们吵得非常凶，说了些什么，我都不知道了。我当时一个感觉就是：我恨，特别地恨……”。看到这些叙述我当时就有些纳闷：吵什么都不记得了？会吗？——我在去云南之前就曾针对此案草拟了一份调查问卷并事先传真给云南公安的朋友，在我离开昆明前拿到了马某回答的问卷。我在看这份答卷时也深感遗憾，因为有些问题我不能跟进提问。但当时对他的犯罪动机已经有了一个初步的判断：马某为“某事”而杀害4名同学，是因为这件事情他不愿意让更多的人知道。这一判断与我早期分析他因“灭口而杀人”是吻合的。我认为，他在面对多次讯问和各种采访时不会如实说出吵架的全部内容，因为这种内容是他自己无法面对的（即自己不愿觉知），也不愿意让别人知道（不愿别人觉知）。这是他杀害知道这一内容和因吵架而听到这一内容的同学们的理由。

9.2.4 分析：犯罪动机不是贫穷－自尊

回到北京后，我很快写出了《马某犯罪心理分析报告》。在这份报告中我共分析了他四个心理问题：一是他的智商决定他的心理特点，他属于高智商者，偏重理工科思维方式，这种思维容易以逻辑和公式的方式解决问题，但往往没有情感因素的考虑，如果他能在一开始就以情感的方式考虑这一行为结果他绝不会如此作案。所以，从他作案的设计与实施来看属于典型的智力谋杀（他属于心理正常的杀人犯罪）。二是他言语表达能力较弱，不善以辩解或其他复杂的言语方式表达并缓解自己的情绪，调整自己在吵架时的劣势。三是他的性格问题，由于他在家中排序较小，容易形成自我中心的思维方式，容易过多地考虑他自己的感受，不能以客观的眼光看待冲突内容。四是决定他杀人的关键问题在于他的人生观问题，他对生命的困惑及对生命的简单看法致使他以四条性命的代价来解决他的自尊问题。报告的全文没有涉及他的犯罪动机问题。但有一点非常明确，即马某不是因为贫穷而杀人。

后来，马某在面对律师时，在法庭上，在接受媒体采访中，始终都给出同一说法，即“因打牌而吵架”，“因为同学说他为人很差劲他很生气而杀人”。由于这些人们无法理解他的行为理由，于是，辩护律师主要以他“犯罪的理由不充分、精神不正常”为辩护理由，社会上也有人一直在呼吁“马某一定是精神病人作案”。但是，法庭审判中出示了司法精神病鉴定的结论，所以法庭作出了判决。就在判决之后，仍有许多人在质疑：马某作案时的精神是否正常……

9.2.5 动机：无法面对潜意识的问题

马某究竟为什么事情大开杀戒却又欲言嗫嚅，敢于承认有罪但说出的作案理由却不足以说服他人？事实上，他们之间确实发生过吵架，但是真正引起马某杀心的内容不是“偷牌和为人很差劲”的话，而是涉及马某隐私的话题，这种隐私一定是马某的某种行为，马某虽然做过但却不愿意让别人知道的事情。

心理冲突大多源于矛盾的心理内容同时出现。其中，欲望与观念的心理矛盾也是最为常见的一种心理冲突内容。一方面，马某出生并成长在一个传统、朴实、相对封闭的农村地区，而他的父母都为人善良、勤劳和正直。他的父亲辛苦劳作，正直威严。在他逃亡期间父亲就曾通过记者写公开信的方式督促他回来把事情说清楚；当他归案后承认是他所为后，他的父亲冒着大雨带着全家人分别去四位被害人的家乡向四家人谢罪；他的大姐在他被捕后曾写公开信，痛斥小弟可恨又可怜。信中看出姐姐对他的关心与所作所为的痛心。除了有一个完全正常的家庭背景外，马某本人的成长经历也非常顺利，由于天资聪颖，他从小学到高中，学习出色，曾参加数学、物理竞赛多次获奖；以高分数考进云南大学生命科学院。所以，他虽贫穷但温暖的家庭和顺利的学习经历都使他形成了自尊和传统的观念和人格。他的人格形成与发展属于完全正常。

另一方面，他在大学三年级时（即案发前一个学期里）买了一台二手电脑，因为有这个电脑，他决定寒假不回家了。在仅他一人的宿舍里可以打开电脑上网，可以看任何想看的东西，也可以做任何独自情况下可做的事。笔者推测，这期间上网他应该看些平时没有机会涉猎或接触的东西。他 23 岁，健康强壮，但还没有交往女朋友。没有女朋友不等于没有对异性的兴趣和欲望。一个人在宿舍里自由地上网，看些这类信息没有任何值得非议的地方。问题在于，当他看到某些刺激的文字和画面时，生理与心理的同步反应会让他做些什么？不管他做与不做这都是他隐私的事情。问题在于，与他吵架最凶的同学恰恰是唯一与他同宿舍、又是他最好的朋友。那么会吵些什么我们大致也就知道结果了。为了证实这些我们分析一下他的言语材料。

在法庭一审后，《中国青年报》记者对他进行了唯一的直面访谈[①]，记者问了下面的问题：

记者：你喜欢浏览什么网站？

马某：军事、流行音乐、游戏。（顿了一顿）还有很多黄色网站。

记者：有性压抑吗？

马某：没有。

记者：你有过性体验吗？

马某：体验？常有。（有些语无伦次）真实的？有好多次，在校外。

此话基本证实前面的推测：平时较少接触异性和性问题的马某在寒假期间因网络浏览而唤起了欲望或冲动，寒假独居的条件也使得他有机会放纵一下。只是这种敏感事情是如何被同居一室的老乡邵某发现我们不得而知，但他们因打牌吵架一定是吵出了这类话题。对于老实、朴实、自尊心极强的马某来说，尽管他做了这类行为，不等于他能够公开这一事实，因吵架而暴露的隐私使其无法恢复自尊。于是，他出现了“执著于过去的某点、不知道自己如何去求得摆脱”的心结。这一分析还可从他的自述中找出印证[②]：

记者：你现在能解释自己当时的行为吗？

---

① 崔丽：《马加爵：没有理想是我人生最大的失败》，中国青年报2004年6月18日。

② 崔丽：《马加爵：没有理想是我人生最大的失败》，中国青年报2004年6月18日。

马某：当时想得很少，就是充满了恨。

记者：你的恨并非一下爆发。办假身份证、买铁锤、火车票，等等，你为作案和逃跑都做了准备。

马某：那段时间每天都在恨。必须要做这些事，才能泄恨，至于后果是什么，没去想。

马某感受的“恨”是一种羞愧难当的感受，是他自己已经做过某种事情被同学发现，他无法消除这一事实又难以面对随之而来同学们知道后议论或嘲笑的局面。这种“个人欲望支配下的行为事实”与“意识范围的羞耻感而产生的回避与压抑反应”是他自己无法解决的“意识冲突”，于是，他只有尽快杀害知道这一情况的几名同学，才能让这一冲突消失。这就是他当时产生杀心的原因。

同时还是由于自尊与羞愧，他在面临讯问和审判时都难以启齿说出真正的犯罪动机。但是，其心理问题我们仍可以从他在回答讯问的话语中发现问题。以下摘自讯问记录[①]：

民警：为什么杀他们？

马某：因为他们看不起我。邵××说我为人不好，打牌作弊，龚×过生日都不请你，杨××也说我。他们都说我为人不好。我想我在学校名气那么大，都是他们在背后说我。比如，说我古怪，爱看A片。我的想法是我很痛苦，我跟邵××很好，邵还说我为人不好。我们那么多年住在一起，我把邵当做朋友，真心的朋友也不多。想不到他们这样说我的为人。我很绝望，我在云南大学一个朋友也没有，我在学校那么落魄，都是他们这样在同学面前说我。我在云大这么失败，都是他们造成的。他们在外面宣传我的生活习惯，那么古怪。我把他当朋友，他这么说我，我就恨他们。

---

① 摘自公安局的讯问记录，2004年3月15日。

再看另一段讯问记录①：

民警：为什么杀他们？

马某：我觉得他们看不起我。

民警：怎么会有这种感觉？

马某：他们老在背后说我。

民警：他们都说了些什么？

马某：他们都说我很怪，把我的一些生活习惯、生活方式，甚至是一些隐私都说给别人听，让我感觉是完全暴露在别人眼里，别人都在嘲笑我。

马某的犯罪动机确实是隐晦的，但通过他本人的叙述我们仍然可以看出问题的症结。其中，“让我感觉是完全暴露在别人眼里，别人都在嘲笑我”的话已经将吵架的真正话题显露无遗。“一种暴露在别人眼里”的感觉意味着“穿着衣服也像没穿”一样。从中我们也可发现马某内心真正恐惧的是什么。在各种心结现象中有一类心结是“自己最隐私的事却被不该知道的人们知道——这将如何面对这些人们”，这一窘境竟然发生在大学同学吵架中，因吵架而被“展现给他人”，本应潜伏或压抑的事情却成为人人皆知的事情，问题在于，嫌疑人马某仍是一个自尊并传统的人，他为此的努力就是将知道此事的人杀掉，从而将此事仍然置于潜伏状——这是典型的意识之结引发的犯罪行为。

当全国通缉、最终逮捕和法庭审判让马某知道了他的这一犯罪行为让每条生命背后的亲人期待与未来生活的依靠全部落空时，他真正地后悔了。他明白了自己最初的选择是多么的自私。马某在拘押期间曾认真地反省自己②：

我觉得没有理想是最大的失败。这几年没什么追求，就是很失败。

---

① 摘自公安局的讯问记录，2004年3月15日。

② 崔丽：《马加爵：没有理想是我人生最大的失败》，中国青年报2004年6月18日。

理想这个词，可能在初中就消失了。理想很重要，后来不知道为什么，我成为没什么理想的人了。

我希望我的家人，在为我伤心的时候，请他们也同时想到受害者的家属，明白我是一个不可饶恕的人，不应该为我伤心。

大学生不是“天之骄子”，……确实，他们可能比平民百姓知识水平高。但他们还有更多更大的空间没有抓住，没有去珍惜。希望每个人都过得充实一点，有所追求。

看到马某这些自我反省可以判断，马某不是一个必然犯罪人。就其人格而言，马某是正常的，他在事后具有很好的自我反省能力。他的问题只是在吵架后的那几天内出现了心理异常。他无法面对同学的揭露和嘲笑，甚至担心别人的蔑视，他自己也不知道在别人知道此事后如何去面对别人……于是，羞愧、自尊、仇恨与绝望导致了他的犯罪。我们假设，如果这期间有位年长的智者能发现他的心理问题，给予开导和劝慰，其结果可能就大不相同。

对此案的解析可知，类似的刺激在不同的人面前造成的心理感受与反应可以完全不同。马某在面临吵架时面临失败的感觉，因为吵的话题涉及他的隐私，甚至是糗事，这种话题不宜用来吵架，可以说在这种话题面前他是吵不赢的，所以，他在吵架中只能居于完全的劣势——彻底失败。为此，他用了更加错误的方式去弥补吵架的失败。而这一切只缘于他无法面对自己做过的事情，无法面对别人知道他做此事的结果，最关键的是，他自己对这种事情的“评价”也很差，这是他愤怒的原因，无法回避的原因，也是他被捕后不愿交代的作案原因。所以，不是犯罪理由不充分的人就一定有精神病，而是他们心理上有着一个“能够意识却不愿意意识”，因而无法解开的“心结”。

9.3 杨某犯罪心理解析

——1992~2004 年山西某市系列残害女性案的主犯

9.3.1 案情：令人困惑的犯罪心理

杨某系山西某市的一个矿山宿舍区内系列扎刀案及杀人虐尸案的主犯。根据已查明的情况看，从第一起扎刀案发生（时间为 1992 年 3 月 2 日）至他落网前的最后一起（时间为 2004 年 11 月 24 日），在近 13 年时间内，他先后实施扎刀案 11 起，杀人碎尸案 2 起。此案历经 10 多年。犯罪人大多趁着夜黑路歧实施犯罪。其中 7 名被害人在没明白怎么回事时就已经遇害；而另外 4 起的被害人由于事发突然又受重伤，基本看不清作案人的长相。作案人杨某也强调，他不对认识的人下手。每次作案都是事先看好前后无人，配上脚步的节奏才动手，因而被害人的被害率很高。被害人即使侥幸生还也无法在事后进行有效的辨别并提供证词。本案作案方式的简单与熟练性使犯罪人基本不在犯罪现场留下或丢掉有效的物证（如作案工具、随身物品等），也几乎不在现场留下任何有效的物质痕迹（如指纹等）。所以，本案侦破的难度非常大。这 13 年中，同一地区还间歇性地发生过几起针对女性的杀害虐尸案。

犯罪人在作案中呈现出的特点是只针对女性，只扎、只杀、不抢、不奸。这些特点令人怀疑“作案人是否具有生理缺陷”或“因女性而受到过心理伤害”？譬如，我们能想到的，如生活中曾有继母的虐待、母亲对家庭的背叛、青春期受过女孩的嘲笑、初恋的失败、婚姻遭受挫折，或者因嫖娼染上难以根治的性病等。直到案件侦破，我们得知，杨某不具有其中任何一项心理原因。尽管他承认作案并交代了大量的犯罪情节，但他的犯罪动机仍然令侦查人员们费解。

在笔者与他接触时曾明显地感到他有极强的心理防御机制。访谈开始阶段，他对所要填写的心理问卷咬文嚼字地“找碴儿”，然后对于我的口头提问在一开始时也是答非所问，用不少的时间与我们扯些无关的事情。对于涉及他内心的问题或案件中某些敏感问题时，他基本上都是故意南辕北辙地回答。这些表现非常符合心理治疗中常见的抗拒现象。以至预审人员都很困惑，即他已经交代了罪行，但为什么不愿意让人知道他作案的心理；重的问题都交代了，为何轻的问题反而不愿说呢？监管他的警察还告诉我：这个杨某进了拘留所后，让他洗澡，他竟然死活不肯脱裤衩，最后，竟是穿着裤衩洗了个澡……总之，曾经是一个很难侦破的案件是一个很难解破犯罪动机之谜的作案人所为。

但是，他并非“天外来客”，他的心理问题也并非不可理解，只是需要费些周折。如前所述，我在侦查阶段对他的性格、年龄、兴趣与爱好、职业挫折等心理画像都还接近他本人的心理形象。通过笔者对他两次的访谈发现，他的表现如此矛盾就在于他的心理具有的矛盾性与冲突性，他的犯罪行为也非常符合意结类的犯罪问题。

9.3.2 矛盾：貌似正常的异常人

如前所述，杨某在自己家里是好丈夫、好父亲；在父母眼中是好儿子；在邻居眼里，他是老实人。他有极强的自尊心，极要面子。办案的同志告诉我们：他在讯问杨某时杨曾谈到他在结婚后的第一个春节，陪妻子去女方亲戚家，因为他家里较困难，所以没带什么像样的东西。尽管如此，女方家人没有计较，还给了他和他妻子很多的压岁钱和礼物。就这样他回到家仍然非常不高兴，对妻子讲，以后不去你家了，免得丢脸。后来每年春节杨某都从不陪妻子去拜访亲戚。另一调查也印证这一问题。当笔者问他：你从小到大，父亲、母亲教育你时讲得最多的话是什么时，他认真地想了之后告诉我，他父亲总说：“人活脸、树活皮”，母亲常说的话是“不管干什么，别干丢人败兴的事”，他还说，“父母都循规蹈矩，自尊心很强，对我影响很深。”所以，他非常自尊、话语不多而给人老实稳重的感觉。说话时也一字一句地斟酌，给人一种严谨谨慎的印象。但就这么一个人其内心的活动却非常矛盾和怪异。

在笔者对他访谈时问他“如何看待不轨的性行为”时，他居然回答：这事儿“既要讲道德，又要讲原则，还要有宽容”……

首先，他对妓女很宽容，他认为，不能简单地说妓女们不好，“她们也不容易，没什么本事，凭自己的身体吃饭”，所以，他很理解她们。其次，虽然他同情妓女但他从不嫖娼，他的理由是“这里边还有个道德方面的事儿”。最后，当他有一次偶尔发现了自己的老婆有外遇时，这么一个残忍之人竟然对其予以原谅。以下是笔者对他的访谈记录：

问：你对于女性哪种事最不能容忍的？

杨：我没有讨厌哪种人。

问：你比较喜欢哪种女人？

杨：比较温柔的、善良的，能持家的。

问：你对妓女怎么看？

杨：一个就是自身的原因；一个是社会的原因。社会允许干，凭自己吃饭。365 行都有人干，有人干主席，有人干厂长，个人能力不一样。

问：你对她们持什么态度？好的？中性的？坏的？

杨：两种都持。好的、坏的都有。具体也不好选。

问：你跟她们有过接触吗？找过她们吗？

杨：聊过天，没找过她们，因为还有个道德方面的事。我干活的地方就有（指妓女），也问过她们，她们说也没什么本事，还有的年龄大了。

问：如果你结婚了，老婆虽然对你也不错，但有一次有外遇，你怎么看？

杨：有些事是不能做的，第一步不能原谅，第二步分析原因，是她的错还是我的错？想个解决的办法，是继续过还是离婚？继续过就分析原因。

问：你会不会也去找一个？（指婚外情）

杨：不会，我不会以暴制暴。我做人有原则。

问：是不是会让你心里不痛快？

杨：是。假如男的有外遇，女的也会不快乐。谁也不会说遇到这种事情，会欢天喜地的。

问：你现实当中是不是也遇到过这种事情？

杨：有，2000 年以后了。

问：会不会对你以后作案有影响？

杨：没有影响。有影响是思想变化，坏事不能做了……

问：你知道这件事后对她还好吗？（指他妻子）

杨：好，她对我也好。感觉有点陌生，沟通以后就没事

了。(大概)

问：这个事你家里人知道吗?

杨：知道。我说的。我觉得就是个人生的插曲，坏事也会变成好事，我们还是有感情基础的。

谈话记录时间：2006年5月7日于山西某市看守所。

杨某是这样说的，他也确实是这样做的。他从结婚到被捕，扎伤了那么多女性，却没有一起案件伴有现场的性猥亵或强奸之事（他在两起碎尸案中的表现另有分析）。他在发现妻子有外遇的情况下（2002年）痛不欲生，他用皮带教训了背叛的妻子，从不写日记的他竟然连着三天写日记，其中写道“我在她心中已没有了一丁半点余地。……我还在心里给她留着‘整个’空间。试问我是不是‘傻到’极点。人家早已‘移情别恋’，自己还苦苦守着这一亩二分地不放。”甚至他还认真地把这件事告诉了双方的父母，在双方父母的干预下，在妻子忏悔后，他又写道：“重新找回的感觉真好！……”。可见他对家庭和妻子的认真与维护。我在向她妻子调查时，她也证实了这一情况，她说杨当时曾气愤地对她（妻子）说：“我从来没有做过对不起你的事！”（指从来没有与别的女性做过性事）。

的确，在这之前发生的在家残害女邻居的碎尸案中（即“2001年10月13日”案件），杨也没有强奸被害人。“苦苦守着”，“留着整个空间”，杨某为什么具有如此的心态？笔者认为，这源于他从小生活的环境与他成长的家庭。他的父亲曾当过兵，对他们子女管教比较严格。用他自己的话讲，父亲的话不多，但他做得不对时父亲就会惩罚他。由于从小到现在，他就在“这块巴掌大的地方生活”（杨本人的话），接触的社会面也不大，这一地区的保守及经济的不发达也使他趋于保守。他在20岁之前只处于头脑简单的生活状态并已经形成了一些较稳定的观念。自1990年后（他20岁）他们开始接触到电视和录像，这时里面的一些画面让他的心理出现变化，尤其是黄色录像在他贫乏而枯燥的生活出现了新异性的刺激，然而，这时期恋爱结婚的新生活缓解并满足了他性的欲望与冲动。从小到大已经形成的观念也对他多多少少地起着约束作用。考虑到前面已经分析的“他自尊心极强”，因此，对于这种丢脸的事，他确实具有强烈的抗拒表现。包括他洗澡不脱内裤，交代问题时怕人家说他性变态等都证实这一点。

但是，这种约束只在“意识”的范围内，他内心深处、他自己说不清的心理中却有着原始的、野性的，甚至相当强烈的放纵欲望，这种欲望是因为他闲来无事时只凭看黄片解闷的原因造成。他的另外两起杀人碎尸案都是在这种酒后的烦躁状态下实施的。他自己也承认这一事实。喝酒后的两起案件与不喝酒做的扎刀案有两点明显的不同：第一，对女性出现了具有明显“性欲指向”。1998 年 5 月 6 日他作案选的是妓女；2001 年 10 月 13 日他作案选择的是“我得不到就要把她毁了”的女人。第二，这两起案件中都出现了对女性性器官的虐待行为。在前一起案件中，出现了扒开女性性部位的衣服动作，使性器官暴露，然后割胸剖腹，甚至割走了被害人的乳头。在后一起案件中，则出现更多的对女性身体，尤其是生殖器官的残害。毋庸置疑，酒对人的影响不仅有生理的，更多的是心理上的影响，让人更容易暴露出本来的面目和真实的指向。

由此可见，表面老实、固守婚姻、重视家庭、拒绝婚外情的杨某其内心深处充满着性的欲望，具有强烈的性攻击倾向。这种欲望一旦在无人发现、在酒精的催发下便会扭曲地爆发出来。此案非常典型地揭示出人在意识的状态下其潜意识活动如何存在，并以异常行为表现或表达的犯罪心理现象。

9.3.3 动机：源于久远的压抑

分析犯罪动机是本案侦查时的一个难点，在侦查阶段笔者对他的心理画像之外还曾列出过八种可能的动机用以排查相关嫌疑人。但案件侦破逮捕杨某后我们发现，这八个动机他都不具有。实事求是地说：本案主犯杨某是笔者在研究犯罪心理多年中遇到的一个“疑难杂症”。他外貌老实，甚至给人以敦厚的印象，事实上他心计极细，一点事情都要琢磨很久；他平时白天除外出干活很少出门，但夜间却像幽灵般地外出作案；他每天在家看黄片，甚至偷窃性用品商店的性用品在家试用，但他从来没有出现过婚外的任何性行为，即使对女性实施系列扎刀或碎尸案也从无一例伴有性侵害行为。不仅外在表现有明显的矛盾性或双重性，他的作案动机也令我们在接触他之前感到疑惑不解：他个人成长及生活状况基本正常，父母健在，父亲当过兵，母亲一直在家操持家务，用他自己的话讲，母亲勤俭持家，带大他们五个子女。他上有兄姐，下有弟妹，在日常生活中，姐姐给他帮助最多，尤其在他遇有经济困难时都是姐姐帮助他渡过难关。他只谈过一次恋爱，时值22岁，恋爱对象就是现在身边的妻子。他身高178公分，浓眉大眼，是妻子先看上他，几乎没有恋爱的挫折，只是他本人家里的经济条件差些，为此，妻子家里曾有微词，但妻子本人义无反顾地嫁给了他。妻子有稳定的职业，在国营部门上班，而他一直无稳定的职业。也正因如此，他有更多的时间在家照顾女儿。上述的这些经历找不到让他憎恨女性、伤害女性的任何理由。此外，他从不嫖娼，所以不会因染性病而憎恨女性；他也没有性无能，不会因为做不成性事而攻击女性……

笔者在访谈中曾给他提出这一问题："在你的生活中找不出一位女性对不起你的事情，你为什么要伤害女性？为何只扎女性？只跟女人过不去？"他在思考了一天之后告诉我，他自己也不知道为什么？他只告诉我：他第一次外出扎人是因为心里烦，并非因为对方是女人；第一次外出杀人虐尸是因为喝了酒，好像也没有女人对不起他的事；而在家杀人碎尸是因为那个女人总穿戴整齐，还打一个小洋伞从他家门口过……如果再追究下去，他给出的理由可以总结这样几条："这个社会不好……"；"我是学生，警察是老师，我就给老师出道题"；"我得不到的，我就把她毁掉……"。这，就是他给出的作案理由。这是一种没有逻辑关系的理由，让人费解的理由。

这是笔者在研究犯罪心理现象中经常遇到的一种现象：犯罪人对于自己犯罪的理由说不清楚。他们说出来的犯罪理由要么太普通，以致多数人都有，从而不能解释为什么大多数人都不犯罪而他犯罪的理由；要么就是前后太矛盾，太没有关联性，以致其理由不能成立。事实上，很多犯罪心理上的问题尤其是动机问题，犯罪人最开始也说不明白。因为他自己有时也并不十分清楚。但是要破解他的心理之谜，还必须让他自己说，这与弗洛伊德研究的"释梦"极为相似，弗洛伊德在解释"释梦技术"时曾说："梦者对梦本有所知，只是接触不到这个知识，所以不相信自己知道。"

对于杨某的犯罪动机，我们破解的线索其一是他的作案事实；其二是对他的访谈。首先，我们需要从犯罪事实寻找破解他犯罪动机的线索。犯罪动机必有其内心的指向，而内心的指向必与他个人的心理内容有关。依此原理，我们来观察他实施的十多起对女性的袭击案件。这十多起案件绝大多数都是

偶遇的，只要夜间能够发现单独行走的女性，只要周围没有人他就开始跟踪上去并作案。虽然这些案件的犯罪指向都是女性，但被害女性没有明显的个性特征，即明显的独特性。但有一起案件具有明显的独特性，就是他在家门口站立观望时，将一名过路的中年妇女拉入家中予以杀害并碎尸的案件。这起案件的被害人其一是在白天经过他家门口，其二他对这名女性评价是“从我家门口过目不斜视，特有气质……”。显然，这起案件的目标选择性极为突出。所以，我的分析由此入手，即被害者如何吸引了他的注意？

这名被害女性在被害时年龄40岁，她儿子已经读高二。而作案人杨某当年才37岁。他们之间不熟悉，也没有发生过任何冲突。每天从他家门口过路的女性很多，其中不乏更吸引异性目光的年轻女性，他为何只选择了一位年长自己的女性？被害者的年龄引起我的注意。显然，他心理上的“扣结”应该是年龄相近的女性，即40岁上下的女性。既然在他现实的生活中找不出与这一年龄女性冲突过的刺激源，那么，这一刺激源应该发生在过去并且已经成为他的潜意识，显然，对这一年龄的女性其潜在的否定态度甚至蔑视心理的发生点不在近年而在相对遥远的幼年。同时，这种感受的来源应该是视觉的冲击，强烈且不可消失并且一定与性有关。

幼年，他生活中40岁上下的女性最大的可能性就是他的母亲。母亲40岁上下时他应该多大年龄呢？我判断他应该在10岁上下。那么，什么样的背景可能导致上述心结的发生呢？假定他在睡觉时意外地惊醒而看到过父母的同房，那时，他年龄仍在依恋期（12岁之前），加之他本人是男孩，对母亲的情感更为强烈，所以，当他意外地看到母亲完全不同于平时见到的情形时他的心灵会受到巨大的冲击，“再好的女人也是不要脸的……”，这种视觉感受一旦成立，就完全可以理解杨某为什么选择一个“特有气质且为中年女性”予以愤怒虐杀的理由。

为了证明这一点，我在访谈中开始涉及相关背景的提问，我通过他家早年的住房条件，是床还是炕的设置，分床睡还是在同一炕上睡的问题了解是否可能发生这种心理背景；还通过他对不同女性的看法，通过投射法了解他意外看到不同女性性行为的感受，还涉及了敏感的幼年夜间睡眠是否被惊醒过的问题等。最后的结果基本证实了我的判断。正如弗洛伊德在精神分析中时常提到的被解梦者的抗拒表现一样，杨某也多次呈现出这种不自觉的抗拒表现，从他的表情，头部动作，言语等都可发现这类反应。仅就住房条件的提问，他在开始回答时就出现了回避表现，事实上他早年是全家居住在一间房内，且全家都睡在一个炕上，但他一开始的回答是："我爸带男孩睡一间房，我妈带女孩睡一间房"，这问题后来通过询问他的妻子及问他本人他家子女出生顺序被纠正。在我问及他"早年夜间睡眠是否会被惊醒的问题"时，他的反应几乎是过渡性的："那时很小，睡得很死，睡着以后就什么都不知道了……"。如果幼年睡眠没有特殊记忆，他的回答应该是简单的，但他特意强调"什么都不知道"其含意已经不言而喻。

由此可见，"意识抑结"往往有与压抑"性"的记忆有关。这种压抑可发生在人的幼年，当一个年幼的男孩受到某种意外的"视觉冲击"而且源于自己非常依恋的人，这种刺激经历是他一生无法表述的感受，但感受与视觉冲击以意识流的方式存在着并且不断地呈现于心，这种"存在与拒绝"造就了最常见的意识扣结，从而出现"在自己的意识层面不允许其存在，不能接受其存在，要将其消灭之"的努力，杨某的犯罪行为正是这样一种努力。

弗洛伊德在《精神分析引论》中分析神经症其"症候"出现的原因时指出过："以为症候的目的不是性的满足就是性的制止，癔病以积极的欲望满足为要点；强迫性神经症则以消极的禁欲意味为要点。"① 笔者认为，强迫性神经症就是反复做着让人不能理解的无意义行为，其真实的心理问题就是希望禁止自己的某种欲望。如同让自己陷入成瘾状态的人大多是在回避某种现实麻烦的道理相同，杨某实施无意义的扎刀和碎尸行为恰恰是这种强迫性禁欲的心理表现。

了解意结导致的犯罪现象才能理解一些带有变态特征的暴力犯罪人的心理问题。这种犯罪其心理虽然变态，但仍然发生在人的正常意识范围内，尽管犯罪人对自己为什么想杀人不能说明理由，但他知道自己杀人是犯罪的行为，他在逃避侦查的设计中继续杀人，这显然是一种故意犯罪的心理。所以，意结心理问题导致的犯罪行为仍属于具有刑事责任能力的犯罪。

---

① 弗洛伊德著，高觉敷译：《精神分析引论》，商务印书馆1984年版，第237页。

10　知结类犯罪心理

知结，指个人因为感觉狭窄和思维偏差而出现的认识扭曲和偏执现象。“扭”字意味着用力的方向正好相反，不顺畅，可让人想到“缠”字；由于用力的方向不对导致越缠越紧而不可解开；偏，意味着离开正道或大路，走入一条越来越不好走的支路。

如果说意结主要发生在“有与无”之间的问题，那么，知结类犯罪人就在有意识的范围内因为认识扭曲或偏执导致自我认识和调整功能失效，尽管他们在犯罪前有正常的生活轨迹，但某种偏执认识仍然让他们丧失准确的感知能力，出现具有算计却又不够理性的行为，出现自我调节功能减弱甚至丧失现象，直至出现任意和疯狂的危害社会或他人的犯罪行为。

本章选取两起较典型的因认识偏结而导致疯狂犯罪的案件。一起为陕西汉阴县杀害道观住持等 10 余人的邱某案，另一起为沈阳某宿舍区系列捶砸抢劫杀人案主犯高某等。这二人都在 40 岁上下出现异常犯罪行为。这之前他们都有正常人的生活轨迹。了解这种犯罪人在案发前的心理问题由来可让我们发现这类人心结的症结。

10.1　知结类的犯罪特征

10.1.1　犯罪动机指向性明显或具体

因知结问题引发的犯罪不同于意结的犯罪心理问题，因为这类犯罪不具有动机不明的问题，相反，犯罪嫌疑人在讯问和审判阶段都会明确地告知他们犯罪的理由或发生仇恨的源点，而且，这些原因并不复杂，也并不让人难以理解。

例如，陕西杀害道观 10 人的邱某，因为头一天与道长发生过争吵，吵架后有多种“事实证实”他的怀疑，即道长与他老婆有染，所以，他杀道长既有个人蒙羞的理由，也有伸张正义的理由。他在法庭审判中再三强调这一理由。

另一系列伤、杀、抢劫女性案件的高某，作案十多起只对中年女性下手，下手狠毒，抢劫其不多的财物。若为钱财如此犯罪确实不属于最佳方式，当问其原因得知，他最恨中年女性，他一生中几次挫折都与中年女性有关。

这类犯罪并不存在隐讳的心理问题，只不过他们讲述的犯罪理由令我们不能接受。而且他们带有明显的固执心态。例如，邱某老婆事实上并没有与道长有染，法庭上已经告诉他这一事实但他仍不接受。高某虽然遇到令他产生挫折的女性，但不能因个别而否认全体，他明知伤害的这些中年女性并不都是刁妇，却仍然伤害她们，原因何在？这其中就有认识偏执的问题。

10.1.2　具有正常心智下的认识狭窄性

因认识性障碍的犯罪人在犯罪前也多有正常的生活背景，他们从学习到毕业，从结婚到生子，他们也像绝大多数普通人一样，辛苦地工作，养家糊口。他们并非没有成功与快乐体验。例如，本章将要分析的两起案件的主犯，一人曾因自己年轻时的能说会道，以自由恋爱的方式博得一位在当地称得上漂亮姑娘的芳心，娶为自己的老婆，并成为自己一生最骄傲的事情；另一人虽然高中毕业后没有考上大学，但他在做保安的工作中自学法律，竟然考取了许多法律本科学生都较难通过的律师资格，这也让他感到骄傲。这些经历在一定程度上也可以说明他们具有正常的心智，也曾有过成功的人生经历。

然而，能够能说会道，能够自学考取律师资格的人为何会成为犯罪人？如果说生活中的挫折令他们犯罪的话，不如说他们在遇到挫折时如何看待挫折，如何化解挫折的认识能力出现问题。尤其当人进入一种挫折状态中，即出现失败感受时，如何调整自己原有的目标，如通过某种认识选择了过高的人生目标，这常常会让人因为难以实现而让自己陷入失败感受中；还有如何调整自己的行为方向，如通过认识却选择了不适合自己特点的谋生方式，这也很容易让人遭遇失败并感受痛苦；还有如何以坚毅和豁达的态度面对生活中的挫折等。认识狭窄性的人恰恰在遇到挫折时不能准确地发现自己的问题所在，尤其是不能通过自我反省发现个人的问题所在，相反，他们往往只看外部，与不同于自己的他人简单对比，甚至将挫折的原因归咎于他人和社会，事实上，改变外部环境的努力比调整自己的努力要困难得多。所以，当针对外部的努力再遇挫折时，他们就容易出现愤怒而发生不顾一切的攻击性犯罪。

10.1.3 犯罪多带有报复特点

如前所析，在生活中遇到麻烦与挫折时，如果不能审视自己的问题所在，不能从容易调整的个人角度去改变和化解难题，而将目光全部向外，从外部寻找个人失败的全部原因，那么，人就容易出现对外部目标的愤怒与仇恨。所以，由认识偏执引起的犯罪心理大多具有明确的针对他人或针对社会的报复指向。而且，这类报复的对象也大多与他曾遇到的挫折有关，尤其是来自“人”的刺激，他们常说的一句话即“就是因为你（你们）我才怎样……”。显然他要将所有的麻烦和错误都归结在这个要报复的对象头上，而且自认为合理，有根据。要教训对方，要让对象也体验一下他所感受的失败痛苦，如上海袭警案杨某，再如杀害道观住持的邱某等都具有这一心理特点。

值得强调的是，作为外部人在观察这类心理问题时，如果不审视问题的全部过程，不考察当事人的心理风格，只是就事论事，只听当事人的感受性言论，很容易被他所误导。很多案件的犯罪嫌疑人在司法过程中往往容易通过媒体采访博得人们的同情就在于，公众只能听到他一方的陈述，而听不到被害人的陈述。所以人们对于这类报复性的犯罪容易发生同感甚至同情态度。

10.1.4 人格大多具有偏执性

所谓“偏执”若从字义解释即片面而固执，偏执可以体现在人的思维中，也可体现在人的行为上，还可以成为人的一种心理风格。在生活中，我们可能会遇到这类人，他们感觉灵敏，较为聪明，但思维固执，好猜疑和嫉妒，缺乏幽默。他们往往自我感觉良好，甚至过分自尊，常认为自己很有志向，当志向不能实现时就归因于别人的嫉妒或排挤，由此容易与他人发生冲突或矛盾。发生冲突时，往往强调自己“有理”，好狡辩或争辩，有的会因一些细小事情而纠缠不休，不达个人目的绝不罢休。他们往往没有朋友，因为他们不宽容；他们几乎做不成什么事情，因为他们太自以为是。但是，这种人不能招惹，因为他容易没完没了。这种人即使在犯罪后的侦查与审判阶段，在认罪的同时还要强调“自己有理”。

这种人格偏执仍与人的认识有关。人的认识包括感觉、知觉、记忆和思维。其中决定人出现认识性偏执心态的主要有感觉、知觉和思维两方面的问题。一种是因感觉范围过窄而导致的认识偏执，如“井底蛙只能看到井口大的天”就形容视觉狭窄决定认识的范围。另一种的认识偏执则源于一种思维定式，这种偏执的思维定式往往是当事人不自知并且已经成为习惯的思维方式。当一个人在表述问题时总强调自己的感受与理由，从不考虑对方或他人的情况时就容易出现片面性认识。就此而言，自私的人更容易出现偏执的思维方式，他们一遇问题就只想到自己的利益，从不考虑别人。所以，偏执的人除了他自己感觉范围狭窄、认识片面或僵化外，大多还伴有自私的人格特点。

10.1.5 心结多与日常挫折有关

研究这类心结现象时有一个特点非常值得强调：因认识偏执而出现的报复犯罪，人们大多以为是“刺激源”（即他报复的对象）引发了他的报复心理和行为。例如，发生在上海的杨某袭警案，人们一定认为是警察招惹了他；陕西汉阴的邱某杀害道长等10人，人们一定认为是道长招惹了他；还有辽宁沈阳的高某锤砸女性系列案，人们会认为是他妻子背叛了他并与他离婚导致他对女性的怨恨等。事实并非如此。尽管这类人作案时有明确的愤怒对象与报复对象，但是，真正导致他们出现愤怒反应的不是“一次性刺激”，而是“日常挫折的刺激积累”。某一明确的刺激源只是“导火索”，这不是危险所在，真正的危险是他们自身的“心理炸药”，即一种积累的挫折感受。

研究这些人的心理问题就可发现，他们的偏执认识并非体现在一件事情上，而是带有一贯性。恰恰是这种偏执认识才决定他们生活中经历的挫折量。换言之，凡是认识片面而且固执的人更容易遭遇挫折和体验失败。因为他们不能顺势而动，尤其在社会生活中与他人发生冲突或矛盾时更容易出现“只看到对方的问题，看不到自己的问题”的单向认知，结果只能是错误的归因导致错误的反应，他们往往只责怪对方而不能调整自己，这种情境下任何矛盾都难以得到化解或消除。所以，凡是具有认识偏结的人更容易在人际冲突中体验痛苦并构成他们挫折愤怒的心理基础，这种愤怒积累到一定程度时就会因一点小事而爆发。

10.2 邱某犯罪心理解析

——2006年陕西省汉阴县某道观杀害10人案的主犯

10.2.1 审判风波：邱某是否是精神病人

邱某是2006年7月陕西汉阴县某道观一次杀10人的重大杀人放火案的主犯，10名遇害人的致命伤口大都在头部，系斧头类利器所伤。其中道观住持人熊某的心脏还被挖出切成丝炒熟后放在橱柜的一个盘子里，盘子里面还有他的一个眼珠。从现场勘查看，作案人是在这些人熟睡时动手的。现场没有发现行凶武器，说明作案人带走了作案工具，墙上则留有血写的“该杀”等极度仇恨字眼。此案经侦查后很快确定作案嫌疑人系邱某。在上千名警察围山抓捕他期间，他居然从汉河潜逃出包围圈，逃到邻近的湖北省随州市又实施了一起抢劫杀人案。最后被抓捕归案。此案在审判期间曾引起社会的广泛关注，原因在于有人提出“他不知道自己做了什么”，并断言“邱某是精神病人。”①

这是一种很常见的现象，当我们对于身边某人的所作所为不能理解时，我们常会说：“他一定疯了！”但是，这种“疯”的含义与司法活动中“不具有责任能力的精神病”不可同日而语。在刑事侦查和司法活动中，我们不能因为作案人的行为异常疯狂就得出结论“他一定是精神病人”。在司法活动（包括侦查活动）中对犯罪人的心理状态的判断首先需要根据他的行为来研究他的心理状态。有时，一个人犯罪的心理是否正常可以不在乎他本人怎么说，只要观察“他事实上怎样做”就可以发现许多关键的证据。一个人的犯罪行为方式是不可能“作假”的事实，也是我们分析其犯罪心理正常与否的重要根据。

从邱某的作案方式观察：第一，他作案当天是下午5点左右上山，自带作案工具，选择在夜间零点之后人们熟睡之机开始作案，这一事实通过现场勘查已经得到证明。这说明他有“等待适当时间作案”的意识活动。第二，他作案后将涉案的血衣和动用过的物品放在一起然后放火，这说明他有烧毁

① 《南方周末》，2006年11月30日 第1190期。

相关物证的故意，还说明他有破坏犯罪现场以达到反侦查的目的。第三，他作案后逃离现场，并在被追捕期间几次故意换鞋，这些行为说明他在案后仍然存在清晰的自我保护与反侦查的意识。第四，他在逃亡期间，在山上遇见一妇女，他要求人家给他弄些吃的，在别人临走前还威胁对方不许报警。第五，他在逃亡期间，为搞到钱曾在湖北随州市骗取一家人的信任，留宿在人家却在夜间将人砍至不能反抗（致1人死亡2人重伤），然后翻出人家的1302元钱逃走。从其全部作案的行为方式到犯罪的前后过程看，他完全知道自己在做什么，也知道自己的行为性质，有明显的自我保护的行为事实。甚至他在后来供述中谈到在道观杀害一名12岁男孩时的后悔心情，他说，自己也有儿子，事后想到这点感到很不安。这些情况都证明，邱某是在正常意识下作的全部案件。

问题在于，他为什么要如此作案？案发时他已经48岁，在此之前他从未有过严重的犯罪行为，他已经有妻子，有自己深爱的儿女，有正常的生活轨迹，为何突然在某一天发狂而杀人？这一问题若不解释清楚，人们就难以理解他的犯罪心理问题，甚至直接影响到法庭对他的公正审判。

10.2.2 认识偏结：源于现实刺激与难题

在解析每一个犯罪者的犯罪心理问题时应把握一个基本的原则，既不能以“观察者的心理”去理解“犯罪人的心理”，也不能根据“多数人的心理”去理解“某一位犯罪人的心理”。尤其对于某些突发性的犯罪事件，犯罪人一定有他自己犯罪的理由，这一理由不管旁人能否理解，也不管旁人是否认为可以接受，犯罪人有他自己独特的心路历程，并在这种独特的心路历程中形成他特有的思维方式（即认识方式），从而出现他特有的行为选择。有时，这种个人选择与现实刺激既有关又无关。因为即使面临同一刺激，不同的人也会有不同的反应，并非所有的人遇到不良刺激都会选择犯罪的方式。如前章分析的马某，他面临的刺激如果换作一位见多识广、风流成性的人就不会如此痛苦甚至去杀人。同样，我们没有某种经历的人也很难理解有过某些特殊经历者的心理感受。所以，研究犯罪心理、解析犯罪人的心理症结一定要研究他们的心路历程，研究他（她）曾有什么样的生活背景并以此形成了什么样的生活观念，才能了解他为什么如此反应。

现在我们就观察一下邱某在案发前的一些事实（刺激），进而理解他为何出现这种认识上的偏执状态而不可自我调整。

邱某的认识方式与他的心路历程有关。据报道，他 9 岁丧父，母亲虽有间歇性精神病，但一直陪伴他的成长，从邱某后来的许多行为表现可观察出他的心理发展基本正常，即他能够完成基本的学校学习要求，他心目中有着一直尊敬的小学老师（邓老师）——这说明他心理发展具有稳定性；他能够与人很好地言语沟通，能够正常地表达和交流，并获取自己喜爱女人的芳心（通过自由恋爱娶上长相端庄的妻子）——这说明他有社会交往能力；他很爱自己的孩子，也在乎孩子的学习成绩等——这说明他知道社会价值取向；他曾尝试各种改变命运的方式等——这说明他有社会适应力等。这些都可证实，邱某早年成长过程其认识和情感都在正常范围内发展。

但是，邱某从小生活的家庭经济条件较差，可是考虑到在当地这种家庭经济情况并非他们一家，当地几乎多数的家庭都不富裕，所以，在普遍贫穷的背景下他家的贫穷并不对他构成特殊的刺激性。邱某虽然家庭条件较差，但他本人却是一个不甘现状，要闯荡，有想法也颇渴望有所作为的人，事实上他也表现出与其志向有关的心理特征。他比较聪明，这从他的生活表现观察就可看出：其一，他善于表现或表达自己，他妻子回忆："当初为何就看上了邱某……因为邱某头脑灵活，能说会道，曾吸引不少同村女子主动去其家里。"其二，邱某能够自学成才，修理一些家用机器。据村民们介绍，邱某初中毕业后就赋闲，但他"根本就不想种地"，在家的时候很少，常年在外靠修理柴油机生活。只是他为人不太实在，每次修理总给人家埋伏一些毛病，好让人家用后不久再来找他修。其三，邱某尝试过至少 10 个行业。其中唯一曾有较稳定收入的是捕鱼。据其妻介绍，她丈夫曾经一天能捕 40 斤鱼，两天即可赚到 100 元钱。只是捕鱼好景不长，2002 年，汉江发了一场大水，没法下网了，只能另找出路。之后，他陆续从事过建筑、养蚕、修补等行业，但均没有很好的收益。尽管这一过程中他有挫折，但他仍在努力地改变自己的生活状况。

导致邱某出现后来犯罪行为的原因也是生活中一连串的现实刺激：邱某立志要生一个儿子。结果是在生了两个女儿之后才终于有了一个儿子，为此一个贫穷的家庭却要养活 3 个孩子。这对生活原本较困难的他来说是雪上添霜。因为超生，他被罚款5000元，但他根本掏不出这笔钱，只能打欠条。直到1998年他带全家搬离此地时这笔罚款也没有交。儿子是邱某一生的希望，也是他被捕后最大的牵挂："我希望他能好好读书，将来能够成器。"计划生育的罚款最终促使邱某决定搬家。1998年腊月，邱某离开了生活了39年的老家，从此过上了背井离乡的生活。从离开何家梁至案发时的2006年，邱某先后搬了6次家。原因各种各样，但结果却都一致，即越搬越穷。他妻子说："离开何家梁之后，孩子上学的学费几乎从未按时交齐过。"在案发的前一年（2005下半年），邱某又承包了一处土方工程，本想借此能够挣些钱，但不幸的是，施工中一位工人出了事故，因为治疗和赔偿受伤的工人他又赔了4000块钱，结果是他这一年几乎没有任何收入。邱某的情绪由此跌入谷底。

从这些客观情况看，邱某的心结来源于客观生活的挫折。如何改变生活的窘迫状况（几近绝境状态）已经成为他每天面临的难题。问题在于，他已经感到有些无能为力，这是他认识出现狭窄的最初阶段——不知如何解决这一难题。而他又是一个自尊心很强的人，他仍在努力，最初通过借钱的方式解决难题。"据邱的妻妹说，邱某案发前后，曾两次回到石泉县××镇老家。第一次回来是7月9日深夜，说自己3个娃没钱上学，回来找钱；第二次是7月16日深夜，说自己借了钱后就回×坪的家去，次日天不亮就走了。"[①] 他妻子事后回忆道："他的脾气也开始变坏，他们从老家搬出后，日子就过得紧巴巴的，家里人吃不饱，孩子上学的课本费也交不起。最近一年多来，他的脾气变得很暴躁，回到家里经常打骂她。"随后，生活的挫折和每况愈下使得邱某越来越不自信。在他的人生中唯一让他觉得骄傲和自尊的事就是通过自己的努力娶到他现在的妻子。这在笔者的调查问卷中也得到证实。但是，生活到这一阶段，妻子也开始出现了怨言："别人都能大包小包的带回去，我那么长时间回不了娘家。"[②] 妻子的抱怨无疑会使他的男人自尊受到了进一步的伤害。从案发前即2005年下半年开始，妻子就开始感觉到邱某有些古怪。他心

① 安亢：《陕西杀人嫌犯邱兴华生活不顺 疑犯脾气暴躁》，海南新闻网－海南日报2006年8月8日 http://news. sina. com. cn/c/2006－08－08/07459688977s. shtml。

② 沈颖：《邱兴华陷入人格障碍和人生挫折的恶性循环》，南方新闻网－南方周末2006年8月24日 http://news. sina. com. cn/c/l/2006－08－24/102510815359. shtml。

神不定，坐立不安。经常无缘无故地发火，抱怨妻子瞧不起他。一些微不足道的小事也会成为夫妻吵架的理由。通常是邱某先动手，可当妻子还手的时候，他往往又会逃。孩子们通常帮妈妈的忙，每次吵架，他们很少感觉父亲有理。吵完或打完后，邱某有时会反省，向家人道歉。然而他似乎无法控制自己，之后不久，同样的事情又会发生。[①]

10.2.3 犯罪爆发：压力下的认识狭窄和偏执

如前所述，认识是心理活动的调节扭。当我们今天认识到“自己做错某件事”时，我们从明天开始就不会再如此做事；当我们知道，找到某种工具就能提高效率，我们一定会尽力去寻找这种新的工具。但是，对于案发前的邱某来说，认识的调节功能似乎已经失效。在他认识能力范围内，他能想到的改变命运的途径他都想过，他能使用的改变命运的方法也都尝试过。他甚至选择过逃避，搬家是他逃避的明显表现，逃避别人的讨债，逃避不能还债的窘状……然而，身边的现实、自身的现实却不可逃避：深爱的儿子马上面临开学，交学费没有钱；他本人再做生意是否还会一无所获，再面临失败？他内心极为在意的妻子已经对他不满，这个家如果他弄不来钱，妻子不满怎么办？妻子不满一旦离开，他和孩子怎么办？这种焦虑使得他开始出现明显的异常表现。邱的妻子回忆道：今年4月24日（指2006年），外出打工两个月的邱某突然回到家，说找到一个高速路“挖坑”的好活，一个人干不了，让妻子跟他去干。……活没干完，邱某便提出，要去铁瓦殿求签[②]，而他的犯罪行为就发生在求签的过程中。

从他的心路历程我们已经看出：邱某面临的生活难题是他自己无法解决的，其中的原因既有现实问题，也有他自身的心理问题。他平时做事好高骛远，为人“华而不实”（村民们对他的评价），这些与他逐渐走入生活的绝境有直接关系。问题在于，他不能认识到自己的问题从而也就无法调整自己的行为。当他实在找不着出路时，他开始转向迷信和算卦。

---

① 沈颖：《邱兴华陷入人格障碍和人生挫折的恶性循环》，南方新闻网－南方周末 2006年8月24日 http://news.sina.com.cn/c/l/2006－08－24/102510815359.shtml。

② 柴会群：《南方周末：陕西杀人疑犯邱兴华的心理档案》，南方周末 2006年8月24日 http://news.qq.com/a/20060824/001275.htm。

6 月 18 日上山之前（案发前一个月），夫妇俩买了大约 30 元的香火。但上山后发现，别人求签都是给现金的，他们没钱，就没给。道士给他们看签时并没说什么，可能明显感到他们的不悦。铁瓦殿的香火是近几年才旺起来的。在出事前，有关部门曾打算对铁瓦殿进行旅游开发，准备给道士们做几件正式的道袍——据邱妻讲，她后来见到道观住持熊某时，发现对方穿的是西装。……在山上待了三天后，邱氏夫妇下山了。在下山途中又发生了一件让邱某耿耿于怀的事：他在下车时，被车门碰伤了胸口。他告诉妻子，觉得心口疼，要到石泉县城去看病。几天后，邱妻接到邱某的电话，说碰到一个算卦的白胡子老头，老头说，铁瓦殿的两块石碑上刻着两个姓邱的人，那是他的先人，他得上去，将两块石碑挪到屋檐底下，这样运气才会好起来。……6 月 25 日，邱氏夫妇二上铁瓦殿，果然在两块石碑上发现了两个邱姓——这并不奇怪，因为两块石碑上各写有数十个姓名。但他们却将其归为算卦老头的灵验，并将石碑从院中挪到了屋檐下。这个举动很是让道士们反感，邱某与他们发生了争吵。

据邱妻称，当时的冲突并不严重，她和邱某妥协了，将石碑又挪回了院中。但她承认，就像以前碰到的一些事情一样，邱某虽然屈服但心里并不情愿，而是把这些都记在了心里。……他们决定让住持熊某再给儿子看一次签。因为听殿上人说，“熊师”看签准得很。为得到这个机会，邱妻义务地给殿里人做饭，而邱某也为殿里做些劈柴之类的杂活。六天后熊某才上了铁瓦殿，这也是其被杀之前邱某与他唯一的一次会面。熊某上山后，邱妻曾跟几位香客一起去看了慕名已久的“熊师”一眼。她因此而被邱某训斥。晚上，做饭的邱妻被熊某喊去吃饭，一起吃饭的还有殿上其他几位工作人员。邱妻说，邱某由于不见踪影，所以没被喊去吃。……

按道观规矩，夫妻不能同住。因此在铁瓦殿的七天里，邱某一直跟殿上几位工作人员睡一起。而邱妻由于性别的原因，住邱某隔壁一间。晚上，邱氏夫妇跟另一个做饭的老婆婆在厨房烤火，邱某突然提出，让妻子去喊一下“熊师”，提醒他明天给儿子看签。邱妻拒绝了，因为熊住持已经休息，而且，自己去喊也不方便。邱妻称，邱某一共说了三次，最后一次，老婆婆有点不耐烦，说明天一早亲自去帮他喊。邱某安静了没一会儿又提出，房间里住的木匠打呼噜，吵得睡不着。他要睡妻子的房间，并且让老婆婆跟妻子去住隔壁一间。尽管不情愿，但邱妻不想再吵，也就答应。

半夜，邱某突然敲妻子的房门，问“外面是不是有什么东西在叫?”妻子事后说，她清楚地听到邱某的这句话，但她不想理他，所以没吭声。老婆婆替她应道：没啥东西。事后回忆时，邱妻不禁颇为后悔：如果自己当时应一声，或许就没有日后那起惊天血案。因为她猜测，邱某其实并没听到什么动静，而是想探查一下她是否在里面。她没有应声，他便可能据此认为，她当时没在里面，而是跑到了熊某的房间。第二天一早，邱某情绪大变，甚至一度不想再去看签。在妻子坚持下勉强看完签，在下山路上邱某就痛骂妻子“不要脸”。①

从这段报道中可知，邱某上山去求签实属无奈。问题在于，求签对解决现实生活中的难题不会产生任何的帮助，所以，求签并不能减少邱某的焦虑和生活难题。挪邱姓石碑之事没有成功，还因此与道观的住持熊某发生了冲突。而熊某与邱某同时站在他妻子面前时，邱某也明显地感到自己的“相形见绌”：前者一身西服浓眉大眼，还如此能干，“看签准得很”，并让他们为此等了六天；后者则表现得如此窝囊无能，以至祈求别人……最关键的是，住持还规定，在道观里男女不得同睡一间房，即使夫妇也不能。邱某在发生了争吵后对这一规定不能不多心，分房睡觉的夜间他曾认真地去核实情况，结果出现了“猜疑被证实”的结果，“敲老婆的睡房老婆没有应答”，之后出现的“嫉妒妄想”可谓顺理成章。

所谓妄想也是人的一种认识上的心理障碍，是指“不合逻辑和现实的观念”。精神分析始祖弗洛伊德在《精神分析引论》中专门论述过这种心理疾病的发生及治疗方法。他指出：“一种妄想既不因实在的事实而消灭，则必定不起源于实在。妄想本可有各色各样的内容，何以妒忌为内容呢?又哪一种人才会产生妄想，尤其是妒忌妄想呢?我们请教精神病学者，然而请教的结果仍然不能使我们了解。……他将研究……家族史，以为一个人的家族史中如果发生类似的或不同的精神错乱，则其本人也将患有妄想。”② 这与在审判邱

---

① 柴会群：《南方周末：陕西杀人疑犯邱兴华的心理档案》，南方周末 2006 年 8 月 24 日 http://news. qq. com/a/20060824/001275. htm。

② 弗洛伊德著，高觉敷译：《精神分析引论》，商务印书馆 1984 年版，第 197 页。

案期间某位自称精神病医生的人坚持邱某有精神病说的判断根据极为相似。当时还有其他的精神病专家提出，邱某的母亲有间歇性精神病，所以，邱某作案极有可能是遗传的妄想性精神病所致。但是“妄想”这种心理现象不是仅用“精神病”标签和“遗传”原理就能解释其发生所有机理和责任能力的问题。例如，妄想为何发生在此时此地？为何只针对某人而不针对其他的人？这一切不是用遗传能够解释清楚的。

那么，如何理解这种心理上的妄想表现呢？我们再来看精神分析始祖弗洛伊德的论述：“妄想先发于心而成为一种惧怕——或竟成为一种愿望吧”“一种妄想乃是另一精神历程所引起的必然反应，至于这一精神历程则可由他种表示推测而知；而且妄想之为妄想，它那抗拒真实和逻辑客观性的特性，都由于它和这另一种精神历程有着这种特殊关系。妄想源于欲望，是用以自慰的。”① 我们只有在遇到这种具体真实的案例时才能读懂弗洛伊德的精彩论述。任何妄想都不是真实的认识，但为什么具有正常认识能力的人却不能接受真实的事实，非要坚持自己的一种虚假推测呢？弗洛伊德告诉我们：那是妄想者本人用以自慰的，源于他自己的某种惧怕或某种欲望，源于他的“另一种精神历程”。

从对邱某案发前的生活事实的了解，我们可以看出他的惧怕和他的欲望。他在一无所有的背景下，仍在坚持着自己仅有的一点“力量”，那就是“他的自尊”，他以老婆背叛为理由去杀人，他在以这种犯罪的方式来遮掩他在生活中走投无路的无能和无奈，他在以这种极端的方式告诉所有的人，他仍是一个有能力而自尊的人。这一点在后来笔者对其进行的问卷中也得到印证，当问他“你最不喜欢的事情是什么”时，他回答：“没有人格尊严的事。”这是他内心坚持的最后一点点资本。

在此，为何将邱某案归为认识偏结的典型案例呢，因为邱某不是不能够认识，不是不存在认识的能力，而是他不能认识到自己的问题所在，不能找到解决眼前难题的出路。他在找不到解决问题的过程中出现了急躁、猜忌和疯狂。这是很典型的认知扭结现象。因为其人生的路越走越窄，这使他的认

① 弗洛伊德著，高觉敷译：《精神分析引论》，商务印书馆 1984 年版，第 197 ~ 198 页。

识也进入了狭窄的范围，在同时具有“狭窄”和“偏差”的情况下，一个人出现偏执心态也就属于自然而然的结果。

在变态心理学中对偏执人格的概括大致有以下特点：偏执的人大多表现为感觉极度过敏，思维行动固执，坚持毫无根据的猜疑，好嫉妒。对自己估计过高，对别人要求过多，不信任别人，表情冷漠，缺乏幽默。总认为自己是怀才不遇，失败时又怨天尤人，推诿客观，并容易与他人发生冲突和矛盾。发生冲突时往往强调自己有理，好狡辩或争辩，有时会因为一些小事而纠缠不休，不达目的绝不罢休。有的在无理取闹时还伴有攻击行为。现在，再来对照一下邱某案发时的表现就可以发现有许多相似之处。显然，邱某的犯罪与他出现偏执的心态直接相关。同时，我们也要看到，偏执的心态（即认识）又与人的生活经历和挫折直接相关。所以，认识上的偏执现象绝大多数都与现实刺激有关。

在研究犯罪心理现象中，一些个案不仅可以让我们认识某个犯罪人的心理问题，还可以折射出社会的缺陷问题，如果看不到后者，犯罪心理的研究就会过于狭窄。从本案中我们看到：在我国许多经济落后的地区，人们只能靠天吃饭，缺乏社会保障系统，他们的生态运转非常脆弱，一旦某一环节出现断裂，仅靠他们自己的能力或努力无法恢复其原有的正常生活运行方式。这时，亟须社会救助系统的参与和帮助，亦即社会支持和保障系统。这是社会机制的设计问题。在本案中，我们很容易看出，邱某一家在遇到生活极度困难时从未出现过任何社会方面的救助，没有任何外来之手的扶助。他的孩子上学的学费竟成为邱某最后在湖北杀人抢劫的主要原因，他在实施的后一起案件中，抢得1300多元钱，在明知回家有危险的情况下他仍将钱送回家。从这一行为看，邱某是一个情感正常且颇有责任感的父亲。只是他的舐犊之情是在严重伤害他人生命与权利的前提下发生，由此严重地触犯了社会的行为规则，违犯了法律，从而要受到法律的处罚。

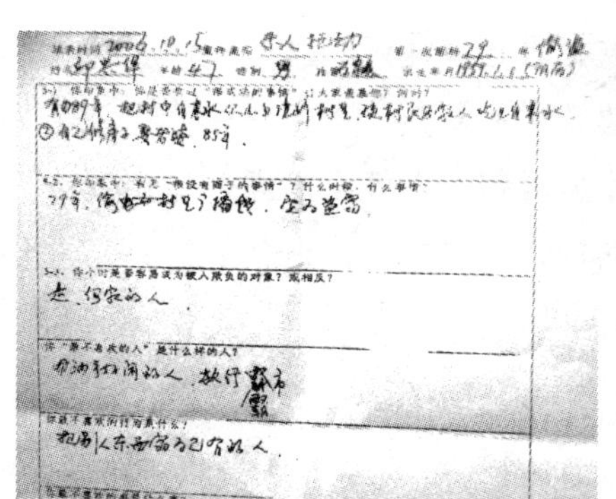

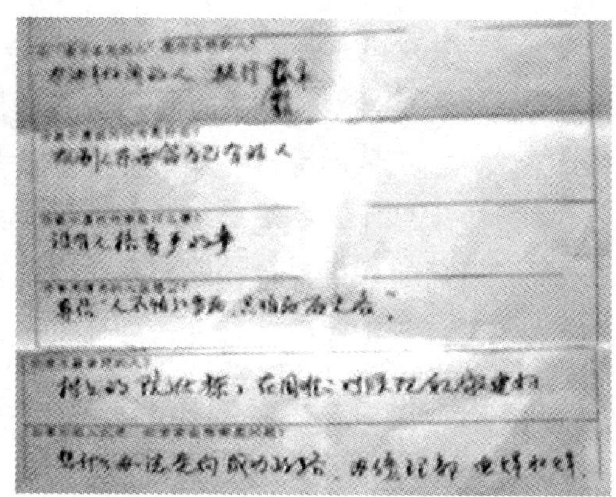

从大量的事实也可看出，邱某的心理是正常的，他并非是“不知自己在做什么”的人。从笔者的问卷调查也可证明此点判断，见附件。法庭对其审判和判决是公正的。只是这种“谁犯罪就处罚谁”的法律能否避免第二个邱某的出现？这才是值得社会关注与思考的问题。

附：在一审前对邱某进行的问卷调查的部分答案

问：在你印象中你是否有过很成功的事情，让大家很羡慕你？何时？

邱：1989 年，把村里的自来水井，从山下挪到山上，让山上的每家人都能吃上自来水，然后修了房子，1985 年娶上老婆。

问：你印象中有没有很没面子的事？什么时候？什么事情？

邱：79 年，偷村里的广播线，定为盗窃。

问：你小时候很容易成为欺负的对象吗？或相反？

邱：是，何家（注：妻子娘家）的人。

问：你“最不喜欢的人”是什么样的人？

邱：游手好闲的人。欺行霸市。

问：你最不喜欢的事情是什么？

邱：没有人格尊严的事。

问：你有没有信奉的人生格言？

邱：韩信“人不怕 32 岁死，只怕死后无名。”（注：韩信原话应为 36 岁）

问：你有没有崇拜的人？

邱：村里的阮仕栋，在困难的时候把自己家建好。

问：如果你陷入沉思，你常常会想哪类问题？

邱：想什么办法走向成功的路，办修理铺，电焊、水焊。

问：如果遇到与你有同样作案想法的人，你想对他说什么？

邱：不要这样，对自己没什么好处。

10.3　高某犯罪心理解析

——2005～2007年辽宁省沈阳市系列捶砸抢劫杀人案的主犯

10.3.1　案情：自学成为律师的人抢劫

2005年3月至2007年2月，辽宁省沈阳、鞍山两地先后发生多起在楼道或楼门口捶砸抢劫女性案件，犯罪嫌疑人身带钝器，通过尾随、守候等方式对单身女性实施捶砸抢劫犯罪，造成数人死亡和重伤，社会影响极坏。为此，警方成立专案组开展侦查工作，最终确定住在沈阳市某区的41岁的高某有重大作案嫌疑。2007年2月21日，高某在家中被警方抓获。经初步审讯，犯罪嫌疑人高某交代了27起抢劫案的全部过程，并对自己的犯罪事实供认不讳①。

现年41岁的高某在31岁之前的生活一帆风顺。他双亲皆在，上有一个姐姐，下有一个弟弟，高中毕业后虽未考上大学，先后短暂经商，还当过保安并干到了保安分队长的位置。在做保安期间开始参加法律班学习，从此，对法学产生了浓厚的兴趣。在1996年他第一次参加律师资格考试竟然一举成功，拿到了许多人梦寐以求的律师资格证书。在法院当了两年书记员后，到一家律师事务所任职（即1998年），时年23岁，在24岁他结婚，26岁时他的儿子出生。纵观他34岁（即2000年）以前的生活可用一帆风顺来概括。然而，有如此背景的人为何在40岁上下成为系列案件的犯罪人呢？

---

①　姜敏：《发生在辽宁省沈阳、鞍山两地的系列抢劫杀人案告破》，新华网沈阳电2007年2月25日 http://news.xinhuanet.com/legal/2007-02/25。

研究高某的犯罪心理也可发现：他是一个原本可以正常生活的人，他之所以出现犯罪也是因为在他人生中遇到的一些事件刺激，而对于这些事件的错误认识致使其心结发生，从而出现偏执的犯罪行为。

10.3.2 人生转折：聪明反被聪明误

高某的智力发展略有些不平衡。他具有极强的记忆力却不善解数学题，所以，他曾两次参加高考而以落选告终。于是，他开始参加工作。在工作初期，他认真履行职责，表现突出，所以，很快从一名普通的保安当上了保安队长。在保安工作中又开始接触法律并意外地发现自己非常适合学习法律。律师资格考试的成功更激发了高某的雄心，使他更为自信。后来，在法院的两年实习员的工作使他熟知了法律界内的基本操作规律。1998 年他加入了一家律师事务所，他当时的决心是“要当成一名著名的大律师!”（他自己的话）。

他确实以极大的热情和精力投入新起步的事业。拉客户，请人吃饭，大量喝酒，早出晚归。他曾在饭桌上以拼命的方式喝 10 多瓶啤酒而打赢一场 10 万元标的的官司，当场就挣得 1 万元。但是，只看结果不看过程的律师资格考试如同只教知识不教做人的教育容易造成潜在的问题，对于高某来说，他从事律师职业颇有些“先天不足”。为了赢得每场官司他不是真正研究法律、运用法律，而是开始不择手段。2000 年 6 月，在一起幼女被人猥亵强奸案中，他在收受了被告人亲属的 1 万元钱好处费后，为了帮助自己的委托人（即被告人）摆脱罪名，他允诺给被害幼女的监护人（幼女的母亲和小姨）经济赔偿，然后让幼女监护人作伪证。这两名女性收下了封口钱后又在法庭上翻供，揭露了事情真相，此事致使他的律师执业资格被依法吊销，还因作伪证受到刑罚处罚，被判刑两年缓刑三年。在接受处罚过程中，他不但不认识自己的错误，反而对被害幼女的母亲与小姨的出尔反尔表现极为愤恨，他强调说“她们已经答应的事却又反悔”。他认为是女人的善变给他带来了灾难。同时，由于他在两年的律师生涯中，受理最多的案件是离婚案。这也让他形成了一种认识：“在打离婚官司时，最大的感受就是男性是弱者，因为一到离婚时，女方一般都要想尽一切办法逼男人拿出钱来。”由于离婚案大多是中年人，所以，从幼女案的母亲到离婚的中年妇女就成为他从内心仇恨的对象。

还有一件事也让他感到火上浇油。由于他当上律师后曾经雄心勃勃地要大干一场，因此，结婚后他几乎不顾家，从孩子出生到妻子出现外遇，用他自己的话讲，为了拉客户，天天请人吃饭，早出晚归，直到他作伪证的事情发生，在他被处理期间他才发现妻子的情感已经发生变化，而且在他最倒霉的时候妻子居然无情地提出了“离婚”要求，——“女人善变”再次强化了他的某种偏执认识。

当高某被刑拘5个月释放回家后，才深切地感受到什么是人生的一无所有。律师资格没有了，他成了无业人员；成家的妻子没有了，他成了孤家寡人。这一重大的人生挫折让他深感寂寞与痛苦，于是，无聊的他开始拨打“情感热线电话”，想寻求女性的关爱，他在电话中遇一自称“林红”的女性。高某说，这期间因为特别渴望情感，自己的智商几乎为零。其实也知道这种女人不可靠，可能是骗子，但是每天仍想与她电话交谈，结果不长的时间就赔进了自己的5万元积蓄。

从他1996年考过律师资格到他2000年因伪证而落魄，短短的4年是他人生中大起大落的4年，这4年中也让他饱尝了所谓的女性善变带来的灾难。于是，这成为他心理从正常走向异常的转变时期，也是他认识上日益出现心结的起点。

10.3.3 偏执：不能调整心态而日趋扭曲

在作者对高某进行心理问题调查时，他反复强调他的许多心理变化都发生在2003年以后。那么，在作伪证被罚的2000年到2003年之间又发生了什么？高某说，他曾经发奋学习外语，想借学习法律成功的经验自学一门外语，他希望由此当上一名翻译。但是，他不知道，学习外语其年龄要求和环境要求完全不同于法律的学习，一方面是陌生的语音与字母相当枯燥；另一方面，外语学习还需要相应的交流环境等，在两者均不具备的情况下，两年多的外语学习使高某再次经历彻底失败的感觉。这种封闭式的学习也使他更加远离生活中的社会交流和多元的感觉。用他自己的话说“备尝孤独、寂寞、绝望的感受，天天生气，记忆力下降，出现精神恍惚，更加思念前妻，出现莫名的烦躁。”他的心理也随他的这种封闭孤独的生活变得狭窄。在一次外出闲逛时，偶遇铁路工人干活休息，与他们聊天时一位工人手拿8磅重的锤子说了一句玩笑话："这要是给人脑袋一下子那人不就完了?"一句话似乎激活了高某脑中的"魔鬼"（他自己的说法），他当时就去商店买了个8磅重的锤子，开始了他的犯罪行径。

高某实施的系列捶砸抢劫女性案始于39岁（2003年），让人们不能理解的是，这是一个接近不惑的年龄，应该是人的心理相对成熟的年龄。高某为何在心理相对成熟的年龄开始犯罪？一般而言，中年，是个人事业走上轨道、作出成就的年龄，问题是高某在这一年龄段丝毫无成就感，无自身的价值感。关键是他曾经顺利的经历形成的自尊仍然存在——因为这种自尊他不愿意乞求他过去的同事帮忙；也不愿意参加朋友们的聚会和其他邀请；因为最好的朋友一起吃饭时从不让他付账，他觉得没有面子；已经13岁的儿子上学和生活的所有费用也让后来变得有钱的前妻负担了。——这一切都让他觉得无颜见朋友，愧对前妻，更有失落感。年迈的父母虽然关心他，但他在这一年龄段也不想再给父母添累。于是，他越来越远离朋友，远离亲人，远离情感生活。甚至不愿再看电视里的生活剧和爱情剧，只看体育频道。这种状态下使他的心理问题越积越重。用他自己的话讲，在作案期间多次想停下来，想控制自己，但只要到夜晚就睡不着觉，就像心中着魔似的，第二天一早就会拿着锤子出去作案。当警察在侦查阶段几次找他谈话后，他觉察到自己可能会被警察注意，于是，改换地方继续作案直到最后被抓。

综上所述，高某的犯罪心理也是较典型的生活刺激导致认识偏结而引发。问题的重点在于，他从一开始就没有准确地认识他自己人生中的失败原因，由于没有一个完整和准确的认识归因，如前所析，认识具有调节人的心理与行为的功能，既然他将自己所有的挫折归因于"女人"（一种认识），他必然将失败情绪发泄到女性身上（相关行为）。当笔者问他："如果你憎恨中年女性，捶砸她们是为了发泄，那么为何还同时抢别人的钱包或随身物品呢?"他回答："那只是作案顺手之得。"他说，他并不是选择"有钱的"女性下手，而只选择30~45岁的女性下手。

尽管他作案20多起，但他并没有因为这种犯罪而减轻自己的内心痛苦，笔者在对其访谈时，与他探讨人生可能遇到的各种挫折和苦难以及如何面对这些痛苦与挫折的话题时，高某几度痛哭，并对自己的行为表现出相当的悔恨。

笔者认为，他这种认识偏结如果能够遇到一个良师益友并能够向这位良师益友说出自己的内心痛苦得到指点；如果他能有一点点信仰，坚持一种忍耐，他就不会走到眼前这一步，成为一个因捶砸抢劫而致多名受害人死亡的杀人犯。当然，这一切都只能作为一种假设，因为，当他出现第一次人生挫折后，他在亲属面前就表现得若无其事，就与朋友们开始保持距离，就在自己儿子面前表现得尽心尽责，弥补之前的亏欠；在前妻面前尽可能地表现得自尊、无所谓……这一切都使他遮掩了心理问题，在某种程度上也影响到他身边的人对他心结的干预。

人们都知道：当我们发现我们身边有人生病时，我们都会关心问候甚至陪他去医院看病，照顾他；但很多人还没有这种意识，即一个人在心理上也会生病，这种心理疾病也需要人们的关心和陪伴，需要专业的治疗。心结不同于人格问题，也不同于重性精神病，他们不需要药物介入，但需要心理干预或介入。最好的心理干预首先是家人，是他们身边的亲人和朋友，其次还有专业的心理医生。心理干预就是帮助当事人走出个人视角，完整地认识事件全貌和全过程，从而发现自己的问题而让个人能够调整自己的心理。相反，当一个已经陷入认识狭窄状态，又缺乏外来的帮助，个人的认识偏执现象就会越来越严重。由于归因错误，就不会出现正确的心理反应与行为表现。由此也会出现偏执和疯狂。犯罪就是这种偏执与疯狂的一种表现类型。所以，普及心理学，包括犯罪心理学的知识也是一种犯罪预防的途径。

11 情结类犯罪心理

情绪情感是一种较为复杂的衍生性的心理现象（见3.2.3的论述）。这种心理现象的发生既与人的需要有关，又与人的认识有关；既涉及人的生理问题，还涉及人的外部行为。

首先，基本的情绪（包括快乐、愤怒、悲哀和恐惧）和情感源于人的各种基本需要（生理的、安全的、合群的、自尊的和体现自我价值的需要）能否得到满足后形成的个人感受之中。其次，还与人的认识有关。由于认识具有感觉性，所以，感知眼前的刺激就可以形成人的情绪反应和情感感受；同时认识还具有记忆性，因此，久远的刺激也可成为一种记忆性的情绪情感感受；更为复杂的问题是，久远的记忆感受因其“久远”还可以成为一种意识之下的东西，时间愈久也就层次愈深，虽然深不自知，但是，遇到相关或类似刺激时因记忆的能力仍然可以让个人出现一种似乎不明缘由的情绪反应，这是被唤醒的深层的或久远的情绪感受。再次，情绪还可以与人的生理变化有关，尤其是青少年容易出现莫名其妙的兴奋和躁动，这往往与他们无意识的生理变化活动有关，如内分泌系统，尤其是性激素的变化有关，类似于动物发春时的烦躁、多动和暴力倾向一样。许多受情绪或情感困扰的当事人对于自身的生理变化往往不知。所以，情绪问题是一种非常复杂的心理现象。

由情绪或情感引起的危险心结其表现就更为复杂。本章将重点讨论这类危险心结引发的犯罪特点，并选取两起个案来探讨因为情感创伤引发的犯罪问题。

11.1 情结类的犯罪特征

11.1.1 犯罪动机具有发泄与泛化性

个人因心理创伤和情感困扰而出现的心理纠缠与淤结现象引发的犯罪既不同于意结类犯罪心理具有的隐讳或回避性表现，也不同于知结类犯罪心理

具有的明确指向性的报复特点，情结类的犯罪案件常常具有“侵害对象泛化性”的特点，简单形容即他们犯罪时“遇到谁就是谁”。而且，他们的犯罪也多为攻击性行为，如公共场合的滥杀、对陌生人无功利目的的系列杀害等。这类犯罪由于在案发前作案人多无任何犯罪记录，案件又发生得突然或让人意外，且他们杀害的人多与他们没有发生过丝毫冲突，找不出被袭击或被伤害的缘由，所以，这类案件的作案人也容易让人质疑其精神状态是否正常。例如，美国弗吉尼亚里工学院的枪击案主犯赵某（2007 年 4 月）曾对着教室里的同学与教师开枪扫射，这些被害人中没有一人与他有过矛盾或冲突；日本东京秋叶原发生的袭击案主犯加藤智大（2008 年 6 月）[①] 也是在日本最著名的电器街区滥杀无辜；还有发生在河南驻马店系列杀害青少年的案件主犯黄某（2001 ~2004 年），所杀害的青少年没有一人与他有“过节”，都是无辜者。所以，这类犯罪的指向性并不具体，找不出我们能够理解的前因后果。因此，他们的犯罪心理也让人比较困惑。

图 1　加藤智大

图 2　加藤智大被逮捕

图 3　赵承熙在录像中的头像

11.1.2　具有正常心智的情感孤独性

这类案件的犯罪人大多属于具有正常心智的情感孤独者，他们智力正常，操作的犯罪行为步骤清晰，事先警告或犯罪宣言内容表达得意思清晰、明确；同时，他们又有着在视线相遇的情况下不善用言语表达情感的困难性，平时

① 王国培：《日本秋叶原杀手数度落泪　但拒绝作出道歉》，东方早报 2008 年 6 月 11 日。其中报道：在此案中加藤智大杀死 7 人伤 10 人。其中 7 名死者中，3 人是被他驾驶的卡车撞死，4 人是被他用刀刺死。

在人面前言少语寡，甚至与亲人的情感言语交流都有障碍等特点。

制造日本东京秋叶原街上凶杀案的加藤智大曾在手机网络留言板上写道："被人诽谤中伤至少说明你的存在还有人认可；然而丑陋的我却总被人忽视，连我的存在都没有人认可。""有人认为摆脱了对网络的依赖就能获得幸福，但若抛弃了我唯一的容身之处，我会幸福吗?"从其留言中可看出他具有相当的孤独与被人忽略感。

而制造校园枪击案的赵某因其在案件中已经自杀，对其案件调查时更多的是对其亲属进行。其在韩国的亲属介绍道：赵某自小有些口齿不清，而且很少与家人说话，到美国不久便被诊断有孤独症症状。"他从来没跟我说过话。一般母子之间话会很多，但他们（指赵某和他母亲）之间却很少"，赵的姨祖母说，"不过，赵承熙虽然不爱说话，倒没有什么出格行为。"显然，他的这种孤独表现早被他的亲人发现。

河南驻马店的黄某案也同样，他在看守所里对采访他的记者说，他最想见的人是父母。以下是他与问话者的一段谈话记录：

> 问：想对你父母说些什么？
> 答：我要说的太多，但说不出来。
> 又问：最想说的是什么？
> 答：说不出来，用几个字代替不了我想说的话。①

"要说的太多却说不出来"——这话本身就已经告诉我们：他在家庭中与父母交流有障碍。在亲人间的交流都有障碍的人一旦进入社会，需要与陌生人交流时其难度就会更大。人与人的交流不仅是一种"社会性工具"，更是人性中情感活动发生和满足的基础。如果缺乏与他人交流必然会感受到孤独，感觉被人忽略或别人完全无视自己的存在，这些感受恰恰是黄某想当杀手的缘由（详细分析见11.2）。

---

① 刘晓燕、李飞、孙亚轩：《平舆特大杀人案案犯黄勇自述一个杀手的心路历程》，新华网2003年12月29日。

11.1.3 犯罪多有表达性与满足感

情结类的犯罪人往往以犯罪的方式而非正常交流的方式表达他们的某种情绪或情感。例如，2007 年美国枪击案的赵某在枪击前自己给自己录了一盘录像带并在两次枪击之间跑到邮局寄给警察，录像中明确地表示自己的憎恶对象和作案原因；2008 年日本东京秋叶原案的主犯则在网上多次公开留言："有些人有种莫名其妙的自信，说实话令我起杀意"、"无论是谁都行，我就是想杀人"。他甚至还写下了这样的话："如果可以坦率地说出自己的欲望，我想开卡车冲进闹市的步行街。""我要在秋叶原杀人。用汽车撞人，车不能用后就用刀杀。再见了，大家。"2003 年河南杀害青少年的黄某也在自己的家中向最后一名被害人炫耀："你知道吗，我是一名杀手……"，他让被害人看他埋在屋内地下的尸体肢体，他还在自家的房门上写下自己的名字："黄 ×，Good"。这种犯罪的表达性不同于前两类危险心结的犯罪人作案特点，他们的犯罪行为是他们无人可诉却久矣的渴望，犯罪行为本身就是要昭示和表达他们自己的某种意图。

他们通过某种犯罪方式来达到一种长期积压在内心的某种感受的释放，所以，犯罪对他们来说是一种情绪体验，一种宣泄痛畅，一种可以引人注目的表达，如日本秋叶原案的案犯在杀人前的心路记录中写道："想做的事——杀人，梦想——独占新闻头条。"有的人还将其视为一种生命极致体验，他们会以自杀的方式结束他的自我表现。这些都是情结类犯罪心理的特征。

11.1.4 犯罪呈现"并非错乱的疯狂"

这类犯罪常给人以疯狂之感，但是，这类犯罪人不是精神病学意义上的"疯子"。他们的犯罪属于"并非错乱的疯狂"。因为如果我们简单地将这类犯罪人视为"疯狂作案必是疯子"的话，我们将失去发现这类危险心结形成的原因并无法找出预防这类心理疾病的线索。

如果是疯子，他们就不会在犯罪前如此表白或表达自己的痛苦感受（尤其表达的感受并非虚幻的感受，大多有事实背景）；如果是疯子，他们就没有必要为制造如此惨烈的案件而精心设计和预谋策划。如果仅将他们视为精神病人，我们就没有读懂他们在犯罪之前经历过的心理创伤和体验过的情感痛苦，而这种创伤与痛苦恰恰源于他们身边的亲人、源于他身边的人对于危险心结发生的无知。

从他们的作案方式看，他们的疯狂绝非生理意义上的“不由自主”，并非真正病理性的精神错乱，如美国枪击案的赵某在作案前先是私下购置枪支，然后进行自我录像宣告行动的原因，在宿舍就近杀害2人之后，先将录像带送到邮局寄出，再返回学校进入人多的教室进行点射，最后自尽。河南系列杀害青少年的黄某也是如此，在家中用压面机改成木马床，以做游戏的方式诱骗青少年上钩，在实施杀害行为中寻找自我满足感，恰恰最后一名少年用情感打动了他，竟让他一反常态地将其放生。还有日本的秋叶原案件主犯，在犯罪前通过网上的留言清晰地记录了他每一步的心理变化历程。这些事实都说明他们的犯罪并非属于没有任何逻辑性的疯狂。

11.1.5 心结多与情感创伤有关

尽管这类人的犯罪心理问题也带有情感障碍的特点，但他们的情感障碍不同于犯罪人格的情感问题。犯罪人格多在早年就失去了完整的家庭生活，在一种自生自灭的背景下长大，由此导致他们后天获得的生存能力（通过学校获得知识和通过职业培训获得技能等）的持久缺陷，所以，犯罪人格的人一生只能与犯罪为伍或以犯罪为生并由此继发社会情感与异性爱情发展的障碍。而情结类的犯罪人则不同，他们大多生活在一个结构正常的家庭内，并且经历过正常的学校教育，有获得后天各种能力的机会。他们的心理问题往往是父母抚育中的情感缺陷造成，还有人是由于早年生活中曾经历过特殊刺激从而使他们在情感发育中遭受过严重的创伤。问题在于这种心理上的创伤在发生时没有被亲人发现和意识到，或者亲人发现了其异常外部表现却由于对心理知识的无知没有予以及时的补救，致使他们的心理发展出现严重的停滞状态和淤结现象。

根据作者对一些个案的研究发现，情结（情绪创伤）的发生甚至可以追溯到人在依恋期（12岁以内）的心理经历，发生在青年期甚至成年期的异常犯罪其情结可以源自其父母在孩子依恋期的各种无心之错。例如，在孩子最需要情感抚养的时候将孩子托付给别人代养，甚至多次改换抚养人，让孩子因依恋对象的改变产生痛苦感受；在孩子牙牙学语时却将孩子长时间地独处，致使其言语表达形成障碍；在孩子受到惊吓时父母没有及时发现并给予耐心地抚慰和陪护，致使其出现对新环境的抗拒；在孩子出现言语障碍时没有给他创造表达机会使他体验成功的感受，使其形成自卑而孤独；在孩子还弱小无助时却让他自己面对陌生的环境，使其因恐惧而愤怒；在孩子出现被同龄伙伴孤立时没有抚慰他沮丧的心灵使他出现对他人的仇恨；等等。这一切都会让那些天生具有敏感特质的孩子出现心理上的情感创伤，这种情感创伤最初是体验孤独、恐惧、无助和失败，当他们一天天长大并强大后，便由感受孤独变成敌视周围，由恐惧某种对象变成对这种对象的愤怒，由曾经无能和失败变成强悍和强暴得让人不敢不屑一顾。所以，情结类的犯罪所表达的行为往往是与其表现相反的情绪感受。

有人可能会问，过去的心理创伤为何能够持续如此长久的时间？这一问题的答案在心理学对情绪记忆的研究中就可找到。学习心理学就会知道，尽管某种不良刺激造成的情感创伤已经成为过去时，但由于人的心理活动中情绪记忆时间最久，最难遗忘，所以，痛苦的感受会以一种意识流的“心象”方式不断地重现在脑海中，类似一幅画面，让人总处于一种情境，以经常闪现的方式提醒着当事人，这些方式都可以使心象成为类似于现实感受到的刺激源，当事人一直无法摆脱这种痛苦心象的记忆，于是，他在成年后利用现有成熟的心理力量继续完成幼年时未能完成的反应或改变当时完全失败的反应，从而出现令人困惑的、疯狂的、似乎突然的或让人意外的攻击方式侵害身边无辜的人们。以下两起犯罪都属于情结类的犯罪心理问题。

11.2 黄某的犯罪心理解析

——2001 ~2003 年河南省平舆县杀害 17 名青少年案的主犯

11.2.1 案情：不具备常态犯罪动机的犯罪

先看一段报道[①]：日前，河南平舆县破获了一起骇人听闻的惨案。自 2001 年以来，这个县就不断有十五六岁的少年失踪，他们大多是当地高中的学生，还有几名是 20 岁上下的青年。11 月 10 日，这些悬案终于水落石出，

① 曾鹏宇：《河南一歹徒残杀 20 余名中学生 杀人动机至今是谜》。北京青年报 2003 年 11 月 17 日。

据警方调查，这些青少年已经全部被当地一个农民杀害。……犯罪嫌疑人黄某，男，平舆县某村人，初中毕业在家务农。经讯问，犯罪嫌疑人黄某供述了本人酷爱看恐怖片，自感杀人刺激，自2001年9月以来，采取欺骗手段将被害人从录像厅、网吧、游戏厅等场所骗至家中，先后杀死青少年17人并将死者尸体掩埋在自己室内和院内的犯罪事实。

当黄某的案件被披露后，他的一些表现让人非常困惑：面对侦查人员、审判人员及媒体记者的各种提问，黄某的回答显得冷静而准确。这说明他的心理具有正常认识和反应的能力。可是，具有正常心理的黄某为何选择这样的对象作案：第一，被害人大都是在网吧玩到身上没有钱财才被他骗走；第二，这些孩子他以往都不认识；第三，没有一位被害人与他有过冲突；第四，这些被害青少年都是男性，在尸体检验中也没有发现性虐待现象。那么，一不为钱财，二无冤仇，三无冲动，四不为性欲，杀这些青少年究竟是为了什么？黄某从犯罪中要得到什么满足？既然成功地杀害那么多人，为何又主动放生了一名被害人？——这一连串的问题让办案人员和关注此案的所有人都感到疑惑不解。

的确，在现实生活中，绝大多数的犯罪人要么为钱财，要么为性欲，要么为报仇，要么为灭口，总之，犯罪总要为自己解决点实际问题。而黄某的犯罪动机中似乎找不出这类实用的动机指向，所以，他的犯罪让人感到是不具有常态犯罪动机的犯罪。于是，调查者向黄某本人提出了一系列的疑问①：

问：为什么？当时为什么要杀他？

答：因为我小时候看了一些录像。

问：多小的时候？

答：十来岁的时候。

问：是什么样的录像？

答：这种录像就是让我想当杀手的这种录像，就是因为这种东西把我推向了一个不归路。也正是因为这些东西让我想到一个实现的愿望，不该实现的愿望正在我心中逐渐形成。

---

①《［时空连线］透视平舆特大系列杀人案》2003年11月28日 央视国际 http//：news. CCTV. com。

问：什么愿望？

答：要成为一个杀手。

问：为什么呢？

答：因为那时候录像杀手比较酷，给我比较好奇。逐渐在我心目中成为形象，这种形象逐渐在我心中成为一个愿望，在某一天这个愿望终于实现了。

人们一般认为，任何故意犯罪都必有发生的缘由。所以，每起犯罪案件被披露后，人们都急于寻找出这种可直观的、令人信服的客观原因或主观原因，如网吧的存在、孩子们的贪玩、犯罪人的冷酷等。同样，当问及犯罪嫌疑人本人时他也会给你一个他自认为的理由。

现在，黄某说出的理由就是“看过杀手的录像”，这很容易让人们将黄某犯罪的动机归结到杀手录像的不良影响上。但是，黄某上述的解答不能回答这样一些疑问：黄某在十多岁看的录像为何竟等到27岁才开始犯罪？这录像绝不止黄某一人看过，为什么别人不因此而杀人，黄某却将此作为他产生杀人的心理动因呢？直到案发前，黄某一直是作为正常人生活着，除了本系列杀人犯罪外，他没有过任何其他违法或犯罪前科，甚至从外貌看，他其貌不扬，老实而嗫嚅。这么一个人怎么会想到去杀人？

11.2.2 线索：黄某渴望的是“酷”

了解黄某的心理问题只能从事实来分析：第一个事实是他在回答别人提出的问题时的答案，即“要成为一个杀手……因为那时录像中的杀手比较酷”。这句话是一个言语事实。我们从这句话可以分析出几个关键词：小时—录像—杀手—比较酷。从这段话分析：他从小的向往与最终的渴望是“酷”。第二个事实是他在家中的一道门上写下的字迹：“黄某 Good”（见图）。作者认为，他要表达的意思是：“黄某很棒”。写在门上的英文字“Good”与回答提问时说到的一个关键字

黄某在门上写的字

“酷”字二者之间有着非常相似或相近的含义。

作者在解析各种较复杂的犯罪心理现象中常常发现这样的现象：一个人刻意表现的内容往往是他内心很在意的内容，一个人特别渴望或在意的内容一定是他在现实生活中感受匮乏的内容。从黄某回答提问的话语到他自己在家中门上写的字都展示出他内心特别在意、特别渴望的东西——酷或很棒。这说明什么？说明他在日常的生活中一定是一个不酷也不棒的人。

无论是“Good”还是“酷”，都可理解为能够吸引别人的眼光，让别人羡慕，尤其是异性的爱慕之含义。作为男人，如何能够在别人面前，尤其在自己喜欢的异性面前表现得酷、表现得帅和表现很棒呢？事实上，男人的酷、帅和棒都需要相应的“资本”。什么是男性令人羡慕的资本呢？在此不妨总结一下，作者认为大致有5点：第一是相貌或长相，这是最初级的吸引他人或异性的资本，一个男人如果长得高大、威武、硬朗、表现勇敢等，哪怕他出身贫穷也会吸引异性的目光与爱慕；第二是男人的智慧与能力，一个丑陋的男人可因其智慧或能干的表现而吸引异性并博得美人爱。历史上曾有许多“丑男娶美女”之佳谈，原因在于丑男必有吸引女性的能力和展示自己能力的表现；第三是财富，有财富的男人往往容易让女性有物欲的满足感，可获得某类女性的芳心，因钱而嫁人的女性不乏实例；第四是权势，有权力的男人和家庭有势力的男性一般也有满足某些女性欲望的能力，这种权势也可让一个男人变得更有吸引力。如果说长相、能力、钱财和权势这四种资本都带有特殊性，不属于“普遍资本”的话，还有一种“资本”是很多男性应该具有的——那就是来自亲人或朋友的一份情义。“尽管我相貌平平，能力一般，无钱也无势，但我是家中的独生子，父母只有我一个儿子，爷爷奶奶只有我一个孙子，那么，我的家人很爱我，很在意我，很期待我，到成年时全家人都会关心我的婚恋大事……”——由亲人和亲情建构的家庭是每个人的避风港、归属地，也是每个人生命中的资本之一；如果成长

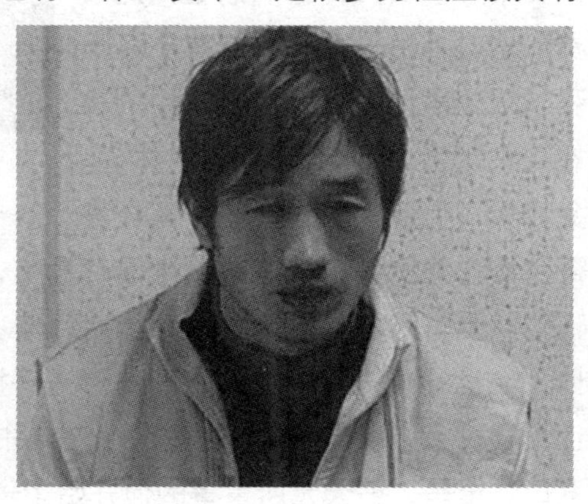

黄某

中再有友好亲切的师生情，同学情，朋友间的情义，人们彼此牵挂，相互帮助，这种社会性资本也会让一个男性活得很 Good（棒）或很酷。

现在再来观察一下黄某：首先，从他的相貌看，他属于其貌不扬的人。最重要的是观察他的眼神：有些回避、还有些落寞，这种不愿直视、也可能不敢直视他人的眼神意味着他曾经是一个长期被人忽略的人，尤其是家人或周围的人，他在成长时更多的时间是独处。只有这种被人忽略、被人看淡的人才会使他少言寡语。其次，由于平时不出声、不爱言语、表现得安静，这使得他更加不容易引起他人的注意，于是，没有机会展现自己（包括智慧与能力）也就使他没有机会获得他人赞赏的目光，不能引起别人的注意，他也就没有那种通过与人交流和被人赞赏而形成的对人目光直视的习惯。当他进入婚恋年龄，由于他早年的寂寞与不善言谈，他在陌生人面前尤其在异性面前他就更不善表现或表达自己，因此也就没有吸引异性目光的机会。这也是一些男性恋爱困难导致无婚姻的原因之一。再次，我们观察他家庭的照片，可谓一贫如洗（见附图），由此判断他也是一个无任何权势可依的人。现在，前四项特殊资本他都不具有，最关键的是，他还缺乏“最普通的资本”——来自亲人的亲情：由于他在家中排行老三，上面已经有两个哥哥，所以，作为男孩让父母骄傲的资本几乎丧失；他的家庭如此一贫如洗，多生一个儿子就等于多一张吃饭的嘴，所以，他在家中的存在几乎可用“多余”两个字体现。父母为了生活外出去打工，两个哥哥也接连外出打工。在这种生活背景下，有谁在乎他的存在？又有谁会在乎他的感受与渴望？当他进入青年期后情况仍无改变，没有一个女孩主动追求他，他也没有任何“恋爱的资本”——相貌平平，不善表达，无钱无势，他也没有机会展现自己。本应进入婚恋期的他却经常是一瓶啤酒，两包方便面度日。于是，整天无所事事的他开始了一种表达——要“实现自己的理想”。

黄某的家

2001年夏天，黄某的父母兄弟到平舆县城帮人养猪，就黄某一人在家住。“现在作案场所条件具备了，如果在市面上杀人，容易暴露。就想寻找一种工具，因为我体力有限，恐怕不能每次都取胜。为了有百分之百的把握，就想制造一种杀人工具，使人失去反抗能力。”

秋季的一天，黄某独自在家，忽然看见家中的轧面条机支架，就躺在上面试一试，感觉很合适。黄某把支架进一步改装，把短板换成长板，又用绿广告色刷新，重新一试，更加合适。条件具备后，黄某想找个人试试。想到如果杀女人，显示不了英雄气概，决定选择男青年。

“第一次杀人时比较匆忙，没能真正感受到杀手的感觉，决定第二次杀人找回感觉。”此后他杀了17个人。……①

11.2.3 动机：亲情匮乏导致的扭曲心态

从黄某10多岁时看的一个录像片出现当杀手的渴望，到他27岁开始真正杀人，其中有15年左右的间隔。一个孩童时期出现的愿望竟然保持到他27岁时而没有改变，这一点就足以证明他在10多年的生活时间内几乎没有增加新的生活元素，没有发生过任何改变，没有增加新的希望与诱惑，没有充实生活的内容。同时，也意味着他内心久矣的渴望——希望被人重视，被人关心，有人为他而骄傲的愿望——从未得到过满足和实现。所以，他对杀手的渴望实质上表达了黄某内心一种因相关情感得不到满足而出现的愤怒之感：“有一天让你们都知道我的存在，有一天让你们都知道我的厉害。”这就是黄某内心深处的一句潜台词，也是让他成为“无常态犯罪动机杀手”的真正心理动因。

黄某喜欢绘画，而且是工笔画，这是一种线条细腻、笔画繁碎的绘画，需要静心与耗时的绘画。黄某家里的墙上贴了许多他自己画的工笔画，我们

① 刘晓燕、李飞：《黄勇狱中接受采访：作为杀手我不相信任何人》，中国新闻网2003年12月25日 http://news.sina.com.cn/c/2003-12-25/10001428027s.shtml。

试想，假如黄某出生在另一种家庭中，父母看到孩子喜爱绘画送他进绘画学习班，让他的图画参加社会上的比赛，假如参赛获奖，黄某会如何发展？当然，“假如”永远不会成为“事实”。黄某的画还说明他的一种处境和性格特点，即孤独且内向。内向的人大多属于心理稳定的人，这种心理稳定性表现在他们做某事时较为专注，执著甚至固执。事实上，绘画本身非常需要人的耐心。当然，具有内向性格或稳定心理特征的人并不等于就有犯罪倾向。但是，当人具有这种心理特质再因其他原因导致他出现犯罪指向时，有这种心理特质的犯罪人一定谋划精细且不易被人发现。黄某的犯罪正是如此。不显异常而一直未被周围人发现。

那么，孤独与内向心理现象又是如何发生的呢？研究人的心理发展过程就可知道，这种内向与孤独很大程度上属于后天抚养方式造就的性格问题。譬如，冷漠的、不负责任的抚养方式就很容易造就孩子的言语发育障碍，由于言语表达的困难，孩子在之后会出现与人交流的困难，即木讷、语迟而嗫嚅，进而不愿与人交流，变得心理活动向内发展（即内向性出现）。这种内向性若在上学初期（即6～12岁）没有得到及时地调整或矫正，如鼓励、关爱等，进入青春期初期，在结交同龄伙伴、同性别合群发展时他们就会出现某种自卑，伴随其他“资本的匮乏”，如没有可炫耀的家庭，没有可炫耀的物品，没有出色的学习成绩等，这种人会更加的自我封闭，不轻易地与人交谈和交流，甚至不敢与人交谈。这种情况下步入青春后期（即16岁后），人一般要发展对异性的关系。然而，与异性的交流显然难于之前的同性交往。所以，青春期之前或青春期初期就存在与人交流障碍的人，到青春期后期其心理问题就会加重，交流障碍就会成为阻碍他社会性发展与求偶行为障碍的原因。

青春期结束后，人开始进入恋爱、追求异性并结婚的阶段，这是人生中最重要的阶段，人经历过恋爱才会懂得如何去爱别人、如何表达自己；人经历了结婚并为人父母后才会体会父母的养育之恩，这时，人的心理才会愈来愈成熟。相反，人在这一时期如果因为言语表达与交流的障碍未能顺利地完成全部过程，同时再缺乏事业上的充实感，人就会出现心理发展的阻滞，同时出现其他的心理问题：一方面是生理发育出现了性的生理需要与冲动，甚至可能因这种生理需要得不到满足而产生无名的烦躁与冲动感；另一方面则是心理上拒绝与之相关的活动从而产生紧张和焦虑感。结果是，人在早年因缺乏情感抚养，缺乏言语鼓励与交流而形成的“心理内向性”问题就发展为成年初期的心理发展停滞问题，持续下去就会导致出现更为严重的心理淤结和行为障碍。这也是解释一些变态性的系列杀手为何都在25岁以后才开始系列杀人的重要心理背景。

从黄某的案件分析我们可以看出，家庭亲情对人的心理健康发展有多么重要。在现实生活中，很多家庭看似父母双全，但是，有的父母由于生活压力而忽略对自己孩子的关心与心理抚养；有的父母因自私或无知而根本不顾子女的心理感受，这种家庭虽然结构正常但却家庭功能异常。没有情感的家庭比物质贫乏的家庭对孩子的伤害更大。二者兼有之的家庭就会造就黄某式的人物。黄某虽然杀人，但他还有正常人的情感反应。他在最后能将第18名被害人放生，也是因为这名少年在哀求时因话语充满了真情而触动了他最脆弱的情感。

孤独与内向的心理发展除出现上述问题之外，还会导致个人认识上的扭曲发展。这类人因现实刺激的贫乏，家庭的冷清，周围人的冷漠，他们很容易也很愿意将自己置身于某种想象的世界中。一部文学作品，一部影视作品都会引发其无穷的遐想，他们很容易将自己与作品中的某一人物等同，想象着自己与书中虚拟的人物如何相似，如何同样获得成功后的景象等。这种想象会成为“性格孤独者”的重要伙伴，甚至是心理伴侣，从而使这种孤独者更愿意独处，以便在独处时进行想象，在想象中得到心理上的莫大满足。

所以，黄某这种类型的犯罪也被称作“幻想类的变态杀人”。其犯罪实质是将“想象已久的景象”或曾有的幻象变为现实的过程，并在这一演绎过程中感受自己的成功和满足。如同一名导演将自己早年阅读的一部神往的故事演绎成一部真实的电影或电视画面一样陶醉。

分析至此，我们就能够对黄某在12岁看的一部电影，到他被捕后29岁时还念念不忘当时的杀手故事予以理解。黄某长期沉浸在一种孤独生活之中，现实的贫困与乏味、周围的冷漠与轻视、自由的时间与空间，……这一切正与冷漠、独行、有酷感的杀手相吻合。影视中的杀手形象正是黄某自身心理感受的写照。正是这种现实造就的危险心结使黄某对影视人物的观念、行为方式和人生追求进行了认同、接受与模仿。

11.3 赵某的犯罪心理解析

——2007年美国弗吉尼亚理工大学校园枪击案的主犯

11.3.1 案情：忽略危险心迹的枪击案

2007年4月16日早上7时15分（北京时间19时15分），美国弗吉尼亚理工大学发生了一起恶性校园枪击案。枪击造成32人死亡，15人受伤，枪手本人也开枪自尽。这是美国历史上伤亡最为惨重的校园枪击事件。此案令世界震惊，因为案件发生在一个和平的校园里。

案件发生后，人们大多将话题集中于美国的枪支泛滥现象。在枪击案中，作案人居然使用了两把手枪。人们不禁要问：在美国就那么容易得到枪支吗？是因为美国允许个人拥有枪支吗？但是，事实上若按此推理，如果美国枪支泛滥到人们都随身携带枪支，那么，此案可能就不是这种结果了。因为教室里但凡有一个人带枪，都不会让作案人杀害如此多的人。所以，本案的悲剧不仅仅是枪支泛滥的问题，而且是作案人的心理问题。

事后查明，作案人系韩国移民赵某。他在8岁时随父母移居到美国。在案发之前，赵某曾在一篇作文中写出了充满暴力的情节，当时的作文老师已经明显地觉察出这名学生的心理有不正常的表现，于是报告给校方有关部门。见下则新闻报道①：

> 据美国媒体报道，弗吉尼亚理工大学副教授露兹达·罗伊17日在接受记者采访时称，2005年夏天，她曾为赵某所在班级的学生们教授过英语写作课程，并要求学生们自由编写英语剧本。在阅读和批改这些剧本时，她发现赵某的剧本中充满了暴力和仇恨，多次出现杀戮和威胁的字眼。露兹达·罗伊称，在此后的教学和接触中，她发现赵某是一个非常封闭和孤僻的学生，“他是我一生中见过的最孤僻的学生”。露兹达·罗伊建议赵某去心理诊所接受咨询，但却没有得到

① 《美国枪击案作案人曾写暴力倾向剧本》，中国新闻网2007年4月18日 http://www.sina.com.cn。

任何回应。露兹达·罗伊又将自己了解到的情况和顾虑用电子邮件发给弗吉尼亚理工大学校管会，但同样没有引起任何的重视。

学校心理咨询服务部门主管费伊恩称："我们不会歧视那些有精神疾病的人。我们也不想这样做，因为我们要教育所有的人。"（据英国《每日电讯报》20日的报道）。他们在已经知道赵某有心理上异常表现的情况下，只关注如何防止这类人的自杀问题和遵守保护他们心理上的隐私的法律问题，却忽略了危险性的防范。

事实证明，此案发生前作案人早有危险的心理迹象呈现——赵某在英文课中的作文中多次描述暴力场面，流露出明显的敌视、仇恨与暴力的倾向。我们在分析2001年发生在石家庄市的爆炸案主犯靳某案件时也看到，靳某在与邻居发生冲突时就曾扬言"要炸楼"。他也在案发前出现过"口头言语"发出的危险迹象。这是非常值得研究的问题，即在何种情况下，个人发出的心理危险信号要引起周围人的注意。很多人会说：这种扬言太多见了，人们在气愤之时，经常会发生这种威胁性的话语。但绝大多数的人都不会将其威胁真正地付诸实施。那么，如何识别并防范呢？犯罪心理学的回答是：可将其危险心理信号与其平时的一贯的心理表现结合起来进行观察，还要结合当事人在发出危险信号前后的生活刺激的内容考察。例如，靳某在案发前其个人表现及生活刺激因素已经呈现出多种异常的情况，即他有多次犯罪前科，没有稳定的家庭，没有工作和稳定的经济收入，没有一个朋友，心胸狭窄，嫉妒心强，报复心也极强。这种人的生活环境是不稳定的，生活来源也不稳定，因而他的行为充满着变数。所以，这种人的扬言是不可轻视的。现在，赵某的案件也同样。他在学校学习期间已经呈现出大量的异常心理表现。

很多人都非常欣赏美国大学里对学生个性发展的尊重与保护。但是，有一点不可忽视，那就是极端的个性发展往往对社会具有极大的危险性。所以，在教育中要重视对危险个性的识别与教育干预工作。另一方面，美国也是一个很重视个人隐私保护的国家。同样，当今的中国也越来越重视这一问题。然而，自"9·11"恐怖事件以来，人们都知道这样一种事实，即高度隐私与高度危险呈正相关。

根据著名的人本主义心理学家马斯洛的观点，人的基本需要发展的顺序

是：生理需要，安全性需要，归属与爱的需要，尊重需要，自我实现的需要。他认为，需要发展是在前一需要得到满足后才会出现后一需要。从这一理论推断，隐私显然是个人要求被尊重的需要，但与安全需要相比较，后者更为基础，更为重要，即个人的面子或自尊问题不能超越众人的生命安全问题。因此，为了保护更多人的生命安全，某些个人危险迹象是不能作为隐私被列入保护的范围的。赵某案件已经证明了这一点。

心理问题比枪支问题更可怕。即使在对枪支管理非常严格的中国，许多严重危害的犯罪案件同样发生了。如本书6.3中分析的杨某案件，他只用了一把锤子就杀害了67人，比赵某持枪杀害的人数还多一倍。所以，现代社会的犯罪预防应该具有更高的意识水平和更具有“含金量”的研究，不要仅满足于门窗加固，枪支入库式的防范，更要从人的心理问题入手，开展对人的心理问题的预测与防范，包括从危险人格的评估和从危险心结的发现和干预进行犯罪的预防。

11.3.2　疑惑：看似精神错乱的谋杀

案发后，美国媒体和社会一直在寻找着答案：是什么原因扭曲了赵某的心灵，导致赵某的疯狂之举？有人曾提出，赵某似乎与女友争吵才使他有了杀机，不过赵某的室友却马上推翻了这种说法，指出赵某根本就没有女朋友，一切都是他幻想出来的①。警方则从他留下的文稿里发现他可能因为仇富而杀人。最后，美国的有关专家则归纳了这样几点：中学被嘲笑，孤独被忽视，感到遭受不公对待等。他们认为，“感到遭受不公”是赵某心理扭曲的重要成因，也是绝大部分类似案件犯罪者的普遍特点。美国前特工部门首席心理学家马里萨·兰达佐说：据全美2002年一项调查，71%的校园枪击案犯“在犯案前感到自己受到欺辱、压迫或伤害……”“他几乎就是这类孩子的标志性代表。”②

然而，尽管美国校园枪击案多数都是因为同学间的相互欺负，但不等于

① 《赵承熙一家移民前穷困潦倒曾住地下室》，温尼泊华人网2007年4月18日http://www.winnipegchinese.com/bbs/thread-17343-1-1.html。

② 耿学鹏：《美国专家分析赵承熙心理扭曲成因》，新华网2007年4月21日http://www.sina.com.cn。

此案就是同一原因。何况赵某的攻击发生在几乎没有任何欺负现象、同学间非常友好的大学校园内。而且有报道说：枪击案中曾有一名被害者试图与赵某交朋友。这名受害人名叫罗斯·阿拉曼蒂。罗斯的朋友卢克说，“罗斯是试图和赵某交朋友的人。他不会拒绝任何人，他愿意接受任何人。罗斯是世界上最好的人。”据他透露，罗斯曾发现并同情性格孤僻、郁郁寡欢的赵某，主动接近他并且在教室里试图和赵某聊天，但是赵某对他反应比较冷淡。更不幸的是，罗斯·阿拉曼蒂在上法语课时也被赵某开枪打死。[①] 从这一情况分析：赵某在大学期间已经不再面临被欺负的压力，而且同学还很友好。所以，仅用欺负现象无法解释赵某在大学校园的犯罪心理。另外，从他的各种表现中我们还可发现，他不仅恨同龄的同学们，还恨成年人，包括想象的“继父”和“猥亵的老师”（从其作文可观察），更重要的是他还恨这个“富有”的社会（从录像中的言语中可证实）。所以，他的心理问题不是仅被欺负而扭曲那么简单。见报道材料：

> 露兹达·罗伊（注：系发现赵有心理问题的作文老师）说，“赵某写的那部分剧本有一幕提到继子与继父的冲突，包括双方使用铁锤和链锯打斗。他写的另外一个剧本则提到了学生幻想杀死猥亵他们的一名教师的情形。很多时候，在创造性写作中，作者经常会透露一些你不知道它是虚构出来的，还是作者正想那么干的信息，我们对此也不是不加以防范的。赵某在剧本里直接写到了暴力和死亡，他笔下的一个人物总是会愤怒地威胁要杀死别人，而另外一个人物也威胁说要像别人杀死他的孩子一样去杀掉别人。……”
>
> 露兹达·罗伊称，赵某的其中一个剧本讲述了一名13岁男孩约翰因父亲去世、母亲再嫁而满心愤慨，污蔑继父杀死生父。当继父打算与他深入交流时他的恶意借机爆发。约翰受小报消息影响，称生父的去世和“玛丽莲·梦露、约翰·列农的死亡一样被掩盖了事实真相”。他甚至挑拨母亲与继父间的关系，让母亲对继父产生误解，引

① 关新：《美国枪案中一名受害者曾试图与赵承熙交朋友》，中国新闻网2007年4月21日 http://news.xhby.net/system/2007/04/21/010033924.shtml。

起了暴力相向。最后继父不堪忍受，对他采取了致命的一击。在另外一部剧本中，赵某的心理得到更多的展现，尽管主角也是高中学生，但两个未成年人对老师满腹仇恨，“我想杀死他”重复出现多次。而剧中的为人师者布朗斯通先生也是自私龌龊，玷污了老师这一神圣职责。①

在他16日作案间隙，他曾向美国全国广播公司寄过一个包裹，里面包括录像带和照片，录像中有不少攻击和谩骂“富人”的内容。还摆出持枪射击的姿势。同时他还说了这样一些话：

你们有房子，汽车，你们要什么都有了，你们为什么？……你们有无数次机会和方式避免今天（的情况），但是你们决定让我流血。你们把我逼到角落，让我只有这个选择。你们作出了这个决定。现在你们手上沾染了血液，永远无法洗干净。

在凶案发生后警方在赵某宿舍发现了他留下的笔记，这是一叠长达8页的打印文稿。赵某在文稿中攻击那些家庭背景富裕的孩子。文稿中的一句话是：“你们逼我这么做的”。警方还发现了赵某写的一封信，信中说“结束的日子临近，该采取行动了”②。看到这些我们不禁疑惑，这是不是一个精神错乱的人？但再看相关报道，似乎问题并不这么简单：

赵某的一位室友对《星期日电讯报》称：赵某在过去的七个月里有意保持低调，“我认为他尽可能地保持低调以防引起别人的注意，他非常安静，好像他根本不存在似的。他好像是无影人。我肯定

---

① 毕远：《美国枪击案作案人曾写暴力倾向剧本》，中国新闻网2007年4月18日http://news.sina.com.cn/w/2007-04-18/133712809190.shtml。

② 毕远：《美国枪击案作案人曾写暴力倾向剧本》，中国新闻网2007年4月18日http://news.sina.com.cn/w/2007-04-18/133712809190.shtml。

他是有意这样做的，他肯定担心人们发现他所策划的阴谋。”①

另一则报道是：2005年12月13日，一名地方法官责令赵某去医院作评估，法官之所以签署这项命令，是因有证据显示“因精神健康原因，赵某对他自己或他人是个危险”。法官签署命令的次日，司法人员让赵某去医院作门诊检查。医检结果说赵某“感情平缓……否认自己有自杀倾向，不承认有思绪紊乱征兆。洞察力和判断力正常。”②

11.3.3 解析：犯罪源于早年的情感创伤

那么，赵某究竟源于何种心理原因而行凶呢？笔者认为，赵某的犯罪心理不属于即刻的刺激反应行为，不是眼前的某种刺激引起，而是在他过去的心理历程中受到过的创伤，这种创伤不完全是中学时间的欺负问题，而是更早时间的情感创伤。现在解析一下赵某的危险心结：

首先，通过媒体对赵某室友的采访我们得知：他从不与同学交往，同学们也从来没看见他笑过，他几乎没有朋友。需要分析的是，一个人在日常生活中从不与人说话、永远面无表情——意味着什么？根据我们的生活经验可知，当我们不想让别人了解我们的心理，尤其是我们真实的想法时，我们会不流露任何表情变化。所以，赵某的“面无表情”已经表明他的一种心理，即不希望别人了解他，让别人吃不准他是什么态度。那么，他又为什么不愿意别人了解他？为什么拒绝和人交流沟通，哪怕这种交流具有明显的善意也拒绝呢？我们换一种方式理解：一个人的眼睛和嘴就相当于我们住房的窗户和门一样，假如我们家里的房门永远关封、窗户永远不打开，这意味着什么？意味着一种恐惧。说明我们居住的环境可能有危险或很恐怖。“心理之门窗”也如此。赵某的这一表现意味着他内心具有一种恐惧感。

其次，他自己有亲生父母，父亲也健在，母亲没有再婚。但是，他为何

① 毕远：《室友称赵承熙有意保持低调　用七个月策划枪击案》，中国新闻网2007年4月22日。10:26http://www.chinanews.com.cn/gj/bm/news/2007/04-22/921235.shtml。

② 严洁：《美校园枪击案嫌犯曾被送入精神健康机构》，新闻晚报2007年4月19日12:57http://news.sina.com.cn/w/2007-04-19/125711673692s.shtml。

专门写了一篇“继父杀死亲生父亲，然后占娶了母亲，而母亲不知，这位继父对家中的小男孩有猥亵之意，对小男孩来说，威胁就在身边……”的作文。这篇作文我们还可看出作者的一种内心想象：家里一旦父亲没有了，母亲很难自保，母亲被人欺骗或控制后往往也就不能很好地保护孩子——这故事仍然在某种程度上可以投射出作者内心的某种“恐惧感”。

再次，我们还知道赵某一家人是在 1992 年从韩国来到美国，后来他就在华盛顿郊区长大，他父母一直是一家洗衣店的工作人员。移居那年他才 8 岁。刚到美国不久，他父母因为韩国家里的手续等事又双双回到韩国，期间将他和姐姐留在了美国。笔者认为，正是这一期间造就了他的心理创伤。他所有的恐惧主要起源在这一时期。8 岁，在人的心理发展过程中仍属于依恋期（即出生到 12 岁之间），人在这一时期因为弱小而容易产生不安全感，同时，人在这一时期仍然非常依恋大人。而他的父母为了改变自家的贫困命运，不惜一切代价举家移居。对于一名幼小的孩子，移居意味着他将离开熟悉和亲切的环境，而熟悉恰恰是人产生安全感的重要背景。

对于赵某来说，这种环境的变化似乎太大了，其一，他原先生活的环境（韩国）绝大多数是亚洲人，而美国则是一个移民国家，这意味着他居住的新国家和新环境里有着他以往生活中极少见到的白人与黑人等。这些相貌特异的人对于一个弱小的孩子来说并不亲切可爱，相反是他恐惧甚至讨厌的人。其二，原有的语言环境消失了，他来到这一环境中，必须学习新的语言，而他恰恰在语言适应上较为困难。案发后，他的家人和亲属，还有他在美国的中学同学都反映过他发音困难，不爱说话等。由于表达不当自然会被人嘲笑，这又进一步加剧了他在这种环境下生活的厌烦和拒绝感。其三，他在初到美国时，父母曾双双回国办手续。这一期间只有他和姐姐二人留在美国。这一信息可以让我们判断，对于一个只有 8 岁的小孩来说，刚刚进入完全陌生的环境，人种的差异，言语的差异，居住的陌生，同时，为了生活姐弟俩必须出门（如买些东西或办事等），这种出门的要求对一个新来的孩子来说可能是当时最恐惧的事情，所以，他到美国的感受完全不同于他的父母感受，他不懂得移民的未来意义，他只知道自己的感受，那就是陌生、可怕、厌恶这个新地方甚至这个国家。

陌生、可怕和恐惧，作为一种强烈的情绪体验，又发生在人的童年——

记忆力最好的时期，这一切都可让人留下深刻、久远甚至是一生的记忆。人在出现恐惧感时大多表现为对恐惧对象的回避或退缩，由此再观察成年后仍表现为“内向且自闭”的赵某就很容易理解其“退缩性心结”的缘由。年幼因恐惧而愤怒的他一定会带情绪地质问父母：“我们为什么要到这来?”——我们甚至可以猜测出他父母是如何回答的，因为其父母的回答内容已经在他杀人前的录像中表达出来：“这里有房子，有汽车，这里非常富有……”而这一切恰恰是赵某最憎恨的，以致他在实施犯罪前恶狠狠地对着录像机讲出这番话。因恐惧造成的心理创伤还不止于幼年的回避表现，因为人不会永远弱小，人在恐惧的记忆中更希望自己早日长大，更希望自己迅速变得强悍起来，更倾向于暴力——赵某的心理问题形成的脉络已经非常清晰。

何为情感性的心理创伤？前一案件的主角黄某是因为从小在家中就感到“自己多余”而产生让人震惊的愿望——想当杀手；赵某则是因为从小经历了“恐惧”而渴望自己强大并有力量（即倾向暴力）。在他们身上，我们看不到破碎的家庭，看不到引起犯罪的直接刺激。导致他们出现异常犯罪的原因就在于他们在人生成长中曾经历了他个人特有的感受与心理创伤。他们自己无法摆脱这种创伤带来的心理问题，关键是他们身边的亲人也不懂得：孩子在心理上会生病，会因此而出现危险的心理淤结。

分析至此，人们最关心的是如何避免类似赵某这种危险心结的发生？答案很简单，未成年的孩子其生活在熟悉的环境中比生活在富有的环境中更有价值。如果赵某的父母具有这种知识，当他们发现孩子在移居之后出现心理异常，最好的治疗就是让他回国，在熟悉的环境中恢复其心理的正常发展，在他心理成长接近成熟的年龄能够出现自信并能够独立面对外界后，一般在16岁之后再回到美国，这种心理灾难就可以避免发生。其次，心理创伤的最好疗法是人与人的情感发展与言语交流。有情感牵挂的人，有情感相融的人，有与之能说心里话的人——身边有这类人的人才不易发生心理疾病；相反，一个孤独，无情，封闭自我，没有亲人或朋友的人是容易发生心理疾病的。这也是人的社会性决定的一种心理疾病。

本案的分析让我们明白：（1）许多心理问题都有迹可循。从其各种心理表现完全可以发现人的心理或行为问题的由来。（2）人格出现问题的关键在人的早年。人在早年成长中不仅需要物质保障，不仅需要智力发展，更重要的是情感需要的满足。（3）人的情感正常其社会性发展才会正常。让孩子从小形成对身边人的依恋和友好是人在成年后亲社会性的重要基础。（4）家庭在给孩子以亲情的同时也给孩子一种安全和后盾感。这种安全与后盾感是避免人出现暴力倾向的重要基础。所以，有安全感的成长环境对未成年人的心理健康极为重要。（5）心理问题绝非个人问题。当我们发现身边的人具有日益严重的孤独、焦虑、暴力倾向或个性问题时，要及时告知其家人或管理者，必要的情况下建议其去相关医疗机构予以治疗、药物减缓或控制。

12 异常犯罪与刑事责任能力

在复杂与多样的犯罪行为中，人们对于某些犯罪行为及背后的心理问题能够理解甚至产生同感，如因家庭暴力而引发的伤杀案，因饥寒而起的偷盗粮食行为等。但是，有些犯罪行为则让绝大多数的人们难以理解。例如，2004 年轰动一时的大学生马某连杀 4 名同学的案件，2003 年破获的河南平舆县的黄某先后杀害 17 名青少年的案件，2006 年破获的山西阳泉的杨某在 14 年间系列扎刀和碎尸案以及 2006 年末破获的安徽宿州朱某杀妻灭女案。当人们不能用正常的心理和行为逻辑解释此类行为或心理时，人们便质疑：这是否是异常行为或心理？是否为精神病人作案？2006 年末，围绕着陕西汉阴县一起特大杀人案主犯邱某的审判，就发生了一场“邱某作案时的精神状况是否正常”的争论。争论的中心原本围绕“邱某有无精神病作案的问题”，之后又转成“法庭该不该为邱某作精神病鉴定”。此次争议凸显人们对某些怪异犯罪行为现象的疑惑和不解。

事实上，即使进行司法精神病鉴定，其结论仍可能遭到质疑或非议①。因为司法鉴定只能提供结论，不能具体解析犯罪者异常犯罪的理由。既然找不出犯罪的理由或动机，那么，犯罪如何构成？相关的质疑与非议也就同时存在。

---

① 姜英爽：《对话马加爵代理律师：他给社会留下太多疑问》，南方都市报 2004 年 6 月 19 日。其中报道：2004 年云南高法在审理马加爵案时，法庭上虽然起诉方提供了司法精神病鉴定材料，但辩护律师仍质疑马加爵作案时有精神病问题，资料出处 http://news.sina.com.cn/c/2004-06-19/09243460046.shtml。2006 年上海在审理陈丹蕾案时，法庭也出示了司法精神病鉴定意见，但仍有专家对媒体讲：陈丹蕾就是有精神病，资料出处 2006 年 07 月 11 日上海《青年报》；另见《陈丹蕾未提进行第二次精神鉴定》，2006 年 7 月 11 日，资料出处 http://ld.eastday.com/eastday/node37/node189/node12290/userobject1ai145127.html。

笔者认为，这一问题将成为刑事司法过程中最常遇到的难题，即异常犯罪中哪些人属于精神病人作案而无刑事责任能力；哪些人属于心理异常但有刑事责任能力。2006 年邱案的争议已经表明：司法活动已不单单需要法律依据，同时也需要其他学科研究的依据，尤其是犯罪心理学的依据。鉴于此，本章从犯罪心理学的角度对异常犯罪与刑事责任能力的关系进行分析和探讨。

12.1 相关的基本概念

12.1.1 异常及变态的根据

变态属于一种异常现象（abnormal）。所谓异常，是指异于常态。所谓常态（normal）不是一个法学的概念，也并非出自心理学或精神病学科。确切地说，常态概念源于数学或统计学，是指一种范数，即标准数值，如平均数就是一种范数。当这种范数成量数时，在次数分配上，所有的集中数，如平均数、中数、众数均可视为常态。该数字常被用来作为与个别数量进行比较的根据。

这一术语被引入心理学是为了对人的个性心理进行测量和比较。在心理学中，常态也被称作常模（norm），它是进行心理标准化测验的必备条件之一。所谓常模，是指标准化样本的平均数以及平均数上下的标准差。当心理学家对某群体样本进行心理测量后，经过统计处理便可得到一个常模。若要了解某一人或某种特定心理现象时也对他进行同样标准测试，得出一个分数再与常模进行比较，如果其个人数值在常模数值的平均数周围或说在标准差范围内，他的心理水准就为常态；而远离平均值或超出标准差范围就为超常或变态。所以，变态或异常的概念永远相对于常态而言。由此推论，常态行为（normal behavior）就是人群中多数人的行为；对个人而言，常态行为就是他个人的日常行为。

但是，非常态的行为（abnormal behavior）又分两种，一种为正态中的非常态，即在数量分布中超出常态范围、接近正数（+）极端的位置。这种正态中的非常态简称为“超常”。如智商超出 120 者就为智商超常，且越高就越超常。具有超常智商的人能够学习高难度的知识，从事复杂的科学发明活动，这种智力活动并非人人所及，因此被视为正态超常。另一种情况则是负态中的非常态，即某个人的智力商数位于负数（－）分布中接近极端的位置。如重度智残，一般指智商在30以下，可导致人的生活自理困难，这种智商也超出了常态，但不被称为超常，因其为负态故被称作变态。

就此而言，人的某种心理表现或行为若属于人群中的极少数，或个人的某种行为在其行为总量中居于少数，那么，这就是超常或者变态。一般而言，超常，是指接近正极的少数；而变态则指接近负极的少数。所以，变态即负向的异常。由于犯罪是社会中的负面行为，所以，在此所论的“异常犯罪”就是“变态犯罪”的含义。

12.1.2 精神与心理的关系

在2006年围绕邱某案的争议中有人曾提出：犯罪心理学与精神病学属于“隔行如隔山”。[①] 作者认为，持这种观点的人大概没有学过心理学，其精神病学的知识也不完整，因为精神病学专业一定有心理学作为基础学科。为此，有必要在此解析一下心理学中“心理”与精神病学中“精神”的关系。

如何理解精神病中的“精神”？在此可从最基本的词义观察。《现代汉语词典》中对精神病的解释是“人的大脑功能紊乱而突出表现为精神失常的病。症状为感觉、知觉、记忆、思维、感情、行为等发生异常状态。”[②] 再观心理学对心理现象的定义：“心理现象指认识、情感、意志等心理过程和能力、性格等心理特征。”[③] 从基本词义观察，两个词虽表达略有差异，但内容基本相同。在英文词典中，英文的“精神病”一词是psychopathy；而心理学一词则为psychology，显然，两个词中皆有一个前缀词psycho－，这一前缀词的基本含义是指精神、灵魂、心理之意[④]。从中文到英文，都可发现“精神”和“心理”实质上都指人的基本心理现象。

最早提出“精神”概念并将其作为研究对象的起源学科可上溯至人类早期的宗教和哲学。但真正将其作为独立、科学的研究对象则为心理学（psy-

① 《刘锡伟：她干扰了司法判决》，《青年周末》2006年12月14日09:06http://news.sina.com.cn/c/l/2006－12－14/090611787492.shtml。

② 《现代汉语词典》商务印书馆1988年版，第596页。

③ 《现代汉语词典》商务印书馆1988年版，第1280页。

④ 《现代英汉词典》金山词霸2006版。

chology）。心理学中有一个著名的学派即精神分析，这一学派重点研究的心理问题就是异常的精神现象——神经症①。这一研究也被称作精神病理学（psychopathology）。当这种精神病理学与医学结合时出现了精神病学（psychiatry）。同样，当精神病学被用于诉讼法学时又出现了司法精神病学。

由此可见，无论是称“精神异常”还是称“心理异常”，都是指一类现象的异常。只是研究角度不同，研究目的和使用要求不同进而形成不同的学科名称。尽管随着各学科的发展与成熟，它们之间已经出现较大的区别，出现不同的研究术语。但是，它们之间的起点和发展中的血缘关系不可否认。最重要的是，它们并非属于简单的并列关系，而是有着密切的递进关系。这种递进关系至今仍在。尽管精神病学作为医学分支是研究病态心理并对病态心理进行治疗的学科。但其基础理论或研究中仍有心理学和变态心理学。尤其是精神疾病的检测和判断常常需要心理学的基本方法和研究结果（如心理量表或人格量表），不仅如此，作为医学的精神病学其对心理疾病的治疗思路和方法仍有相当一部分内容来源于心理学的研究成果。弗洛伊德精神分析理论至今都是精神医学的基础理论之一。就此而言，精神病学的研究与心理学的研究并非隔行如隔山。

12.1.3 行为、人、心理的关系

无论是研究人的心理还是判断人的精神问题，只要有较深入的探讨都会发现，行为、人、心理三者之间虽为一个整体但在细节上仍有所区分。例如，人的异常可表现在一贯的人格特征上；心理的异常可表现在某一种心理内容上；行为的异常可以表现在某一件具体的事情上。

在刑事司法涉及精神病鉴定中，准确的刑事责任能力“有—无”判断也需要将人的行为（是否构成犯罪）、心理（动机）和人（责任人）进行细分。这三者之间的关系较为复杂。笔者曾撰文对这一问题做过专门的分析。② 在此再做一个简要说明：

刑法意义上的犯罪属于行为（behavior）的范畴。犯罪事实首先表现为一

① ［英］W. C. 丹皮尔著，李珩译：《科学史及其与哲学和宗教的关系》，商务印书馆1975年版，第471页。

② 李玫瑾：《犯罪心理辨析》，中国人民公安大学学报社会科学版，2006年第4期。

种外部行为，包括作为和有意不作为（后者为控制性行为）。外部行为一般可指人的各种显露于外的动作和言语，如杀人、抢劫和伤害等；而诬陷、诽谤和恶意煽动等则为言语层面。至于表情和内在的意识活动均不能独立地构成犯罪事实。

司法意义上的犯罪则属于人（person）的范畴。因为尽管刑法禁止的是行为，但惩罚的必是行为的主体——实施犯罪行为的人。问题在于刑法对人的刑事责任能力还有规定。于是，刑法对犯罪的界定出现了一种悖论现象：一方面某人的某种行为已经符合刑法规定的标准，构成犯罪行为；另一方面，此人的年龄或心理状态也符合刑法规定的不具有刑事责任能力的标准，即不构成犯罪。由此造成这样一种事实：实施犯罪行为的人不一定被认定为犯罪人。鉴于此，在刑事诉讼领域，犯罪行为与犯罪人是有所区别的两个概念。同样，在犯罪心理学中，行为变态与人的变态也要有所区别。

无论是刑法意义的犯罪行为，还是司法意义的犯罪人，都离不开心理（psycho－）的范畴。因为，确定犯罪行为构成时要考虑犯罪动机，在认定犯罪人时要考虑刑事责任能力。显然，动机与能力的概念皆源自于心理学。所以，不管是法学还是精神病学，不管是法官还是精神鉴定专家，要真正准确地判断犯罪，真正准确地判断作案人是否具有刑事责任能力，都不可忽视犯罪心理学的研究。

综上，在刑事领域研究异常犯罪也要区分行为变态・人的变态・心理变态三种情况。

12.2 行为变态

既然变态是指数量分布中接近负极的少数，而犯罪行为和犯罪人在社会中都是少数行为和少数人，那么，是否所有的犯罪都属于社会中的变态行为或变态人呢？这一问题的答案并非简单的是与否。

12.2.1 犯罪与行为变态

由于犯罪行为是社会中少数人所为，同时，还由于许多犯罪行为对社会利益或他人权利进行了破坏与伤害，属于社会否定的负态行为，就此而言，多数犯罪行为都不属于常态行为。

但是，为什么不将所有的犯罪行为都称为行为变态呢？在此要考虑犯罪的立法背景。由于犯罪属于法律概念，而法律与政治有着千丝万缕的联系。某些犯罪并不一定是绝大多数人所不想的行为。甚至某些法律规定本身即具有维护立法者（他们在社会中并不居多数）既得利益的特点，如果法律规定中存在着不符合绝大多数人利益的情况，在这种情况下出现相应的犯罪行为则并不代表少数人的心理或行为。因此，不能将所有的犯罪行为都视为行为变态。在此问题上，笔者更赞同实证派犯罪学的代表人物加罗法洛（Garofalo，1852～1934）的观点，他认为，犯罪有两种基本的形式，一种犯罪为法定犯罪，另一种犯罪称自然犯罪。所谓法定犯罪，是指“在某个相同时期而且常常在同一国家的范围内，我们发现某种行为在这里以犯罪对待而在那里却根本不予以处罚。”① 显然，这种犯罪标准的制定具有局限性，其立法出于统治需要，代表统治者的主观意志，并不代表社会中的绝大多数人意志。所以，当出现违反这种法律规定并构成犯罪时，其行为并不能简单地归结为行为变态。但是，加罗法洛还提出另一种犯罪现象：“借用‘自然犯罪’一词是因为我相信，对于指明那些被所有文明国家都毫不困难地确定为犯罪并用刑罚加以镇压的行为。”② 在此，自然犯罪，是指在任何时代、任何文明社会都不能接受的行为。为人类基本情感所不能接受的犯罪行为就是异常犯罪，也可等同于在此的变态行为之含义。

需要辨明的是，犯罪行为变态并不等于作案人的人的变态，因为人的心理分别有动机、气质、智力等内容，人即使出现犯罪行为变态不等于他的这些心理内容全都异常。同样，出现犯罪行为变态还不等同于此人就是变态人。后面12.3中将具体解释。

12.2.2 变态并非都犯罪

由于现实社会生活呈现五光十色及五花八门的色彩，所以，其中发生的事件或案件也是各式各样纷繁复杂。有一类现象存在也是事实，即并非所有

---

① ［意］加罗法洛著，耿伟、王新译，储槐植校：《犯罪学》，中国大百科全书出版社1996年版，第20页。

② ［意］加罗法洛著，耿伟、王新译，储槐植校：《犯罪学》，中国大百科全书出版社1996年版，第20页。

的变态行为都是犯罪行为。

作为人的复杂或社会的复杂其表象之一是，人的行为也有着1%、1‰、甚至1‱的概率情况，人类许多负面的心理现象或称变态的行为也有着不同的情况。问题在于，人群中许多“个色的表现”虽属变态，但并不具有社会危害性，从而也不具有禁止性和当罚性。如同性恋现象，因为其性取向违背了自然的生命繁衍需求，属于人类性行为中的非常态行为（也可称行为变态）。但是，同性恋的结果除不能繁衍之外并不具有对他人的危害性；同时，由于其发生的比例较低也不会对人类繁衍形成社会性危害。因此，许多国家都对此类行为予以法律认可，没有将其列入禁止并科以刑罚惩罚的行为之列。再如，某些人有着特殊甚至可怕的嗜好和行为，宠养毒蛇等常人惧怕的动物。这种饲养行为只要不对别人造成危险或威胁也不属于法律管辖的行为。类似的行为变态还有很多类型。

12.2.3 行为变态不等于人变态

一般而言，人的变态肯定具有变态行为，但不能反之推论，即有行为变态者就一定是变态人。辨明这种问题对于我们了解犯罪行为、犯罪心理和犯罪人的复杂关系具有重要的意义①。

毋庸置疑，心理现象可谓世上最复杂多变的现象；而犯罪心理现象则是人在对法律的知晓、隐匿（以达到回避处罚并实现特定目的）的活动过程中演绎而成，表现得更为复杂。尤其是某人在实施犯罪时的心态和行为极为异常或变态，但他在日常生活中、在非犯罪的时间内表现得极为正常。于是就出现了于人一身的行为之间的极不一致现象，如2006年破获的山西阳泉案主犯杨某在12年间（1992~2004）先后做了11起扎杀女性案件、还有2起碎尸案，曾在当地引起很大恐慌。许多家庭的丈夫不得不接送妻子上下班。而始作俑者杨某也每天像其他家庭的丈夫一样，早晚接送妻子上下班，并在家细心照料女儿。当案件破获后，其身边的家人、邻居都非常意外，在大家的眼里，他在家是好儿子、好丈夫、好父亲，甚至是好邻居，然而，就是这么一个从没有犯罪记录、表现老实、从不张扬的人持续14年地实施残忍的犯罪

① 李玫瑾：《犯罪心理辨析》，《中国人民公安大学学报》2006年第4期。

行为。类似的情况还有河南系列杀害青少年的黄某案件。

对大多数犯罪人而言，他实施的每次犯罪也只是他一生中的某天某时的某次行为，而不是他的全部的生活行为。这种行为不等于他的日常行为，甚至完全不同于他日常的行为（即常态行为）。所以，即使某人做了几次犯罪行为，包括极为变态的犯罪，这并不意味着他所有的生活行为都如同其犯罪行为（或如同变态行为）。许多变态犯罪的行为者其日常生活的行为完全正常。

在法律上，一次犯罪行为若构成犯罪，其主体就可以被称为犯罪人。但是，在心理学中，人的某次行为或数次行为异常并不等同于此人就是变态人。人与行为的概念具有相当的区别。这是因为人的正常与否要看其一生中行为总量的分布。如果他只是一次或几次行为异常，而且这种异常伴有特定目的，那么，就人而言，他仍是一个正常人。这种人只能称其有行为变态，而不能简单地以变态人冠之。在案件侦查过程中，恰恰是这种情况最令侦查人员为难，即犯罪人的犯罪行为极为变态，但是，侦查人员却要从正常人中找出这名犯罪人。

12.3　人的变态

何谓人的变态呢？作者认为，根据精神医学判断精神异常的五个标准之一，即经验标准，也称众人标准就可作为对人的变态的基本判断。例如，酒后异常的人是绝大多数人能够直接发现并判断的现象，从醉酒者说话的声音和语调，从其走路的姿态和动作都可判断此人是酒后状态，不是常态。类似的判断还有：村民们对一个顽劣少年的断言“这孩子长大了不是个好东西！”——这多为对变态人格者的判断；还有我们走在大街上看到一个面部表情傻笑、着装不合季节、行为古怪的人，不需要精神病大夫的指教，我们也会知道这是一个较严重的精神病人。概言之，凡是从经验就可直观地看出此人的异常，此人就为“人的变态”。

人的变态也有类型之分：有的人变态仍有常态生活，如变态人格；有的人变态只在其特殊异常状态时不能有常态行为，如醉酒的人不能正常驾驶，但当他醉酒状态消失后他仍能恢复正常的行为并进行正常的生活；还有的人变态则完全不能正常生活。具体而言：

12.3.1 人格变态者仍有常态生活

要理解变态人格，先要解释人格概念。所谓人格，是指人的各种心理现象中“一旦出现终身具有的特点和倾向性”，如出生后即表现出来的气质，成长中显现的智力，还有训练形成的技能以及抚养方式与环境形成的性格等；此外，先天的兴趣指向及后天培养形成的兴趣、需要类型及观念等，这之中，智力、气质及某些兴趣和需要都具有先天性与终身性；而技能、性格、观念等则在后天形成后也同样具有终身性。这些内容随着人的年龄增长趋于整合并稳定下来，从而形成一个人独特的心理风格。

由于人格具有整体性和稳定性，所以，当人格出现变态时会让人在许多心理活动中表现出来，尤其是具有一贯的特点。具有变态人格的人会令周围的人感到困扰，且无法改变他，如反社会人格从幼年就有所表现，到青春期更为严重，各种相关表现会伴其人生。所以，变态人格在一定意义上讲就是终身变态人。

但是，变态人格也具有多种类型，如偏执型、爆发型、分裂症样型、精神分裂症型、自恋型、回避型、强迫型、被动攻击型、依赖型、戏剧化型等。这些类型中有易发生攻击兼破坏性的变态人格，也有消极和回避为主的变态人格。前类的变态人格极易出现违法犯罪情况，成为犯罪人，然而后一类的变态人格则极少出现攻击行为，所以，也极少成为犯罪人。容易成为犯罪人的变态人格中以反社会人格最突出，还有偏执人格和爆发性人格。

变态人格在犯罪人群中的比例要高于正常人群，除上述的三种主要类型外，犯罪心理研究领域还提出了犯罪人格与缺陷人格的类型，这两种类型都不是精神医学提出的异常人格，但这两类人格与其他人格障碍一样，一旦形成也会伴其一生，且不可用药物治疗。

相反，即使有人格变态的人（包括犯罪人）也能够正常地生活。他们能够上学学习，能够外出行动，能够结婚生子，能够从事技能性工作。所以，即使有人格变态的人（如反社会人格、偏执人格等）出现违法犯罪行为后仍有具有刑事责任能力。

12.3.2 精神病患者也有程度差别

关于精神病的定义目前仍有不同的表述，有广义与狭义之分，广义的精

神病，又称精神疾病（psychopathy），泛指一切心理疾病，也称精神异常（mental disorder）。这常用来作为学科名称，许多教材多使用这种广义的内容。但在专业领域中，精神病更多地是指狭义的概念，一般指持续的精神紊乱或错乱（lunacy；insanity；psychosis）。我国学者田寿彰等人将其定义为“精神紊乱到了严重丧失了一般社会适应能力的病人”（1992 年）①。

在司法领域涉及的精神病概念因为与刑事责任能力联系在一起也同样取其狭义界定。陈保忠编写的《司法精神病学》中就将其定义为：“精神病人的病情到了某种反常程度，由于认识、思维、情感、意志等精神活动方面出现明显的反常，以致不能正确对待客观现实，不能构成具有法律效果的意思表示。其结果是既不能根据自己正常的意志进行一定的活动来实现其权利，也无法自觉地或在强制下进行或不进行一定的活动来履行应尽的义务。”（1982 年）② 有鉴于此，凡已经患有或曾患有精神病者也可以被认为是变态的人，他的许多日常行为都不同于正常人。

具有这种精神疾病的人，有的因遗传或生理因素致其出生后即具有终身病态的特点；有的则在某一年龄发病进而具有终身带病特点；还有的由于外部不良的物化刺激引发，如外部病毒或硬伤对大脑造成伤害所致，同样具有终身性特点。还有因不良心理刺激引发的精神病，如失恋、被人惊吓等造成严重创伤所致。这类疾病多数具有病程，并随年龄、生活环境、刺激、事件变化等出现或轻或重甚至间歇，即时好时坏，也有痊愈等情况。由于这种不确定性或病程性，以至于许多人事稳定的部门在录取工作人员时一旦发现某人有这类疾病一般不予录用。所以，人一旦出现这类精神病，类似于变态人格，多数会影响其一生。

精神病也有诸多类型，同样具有攻击类与非攻击类的区别。具有攻击性的精神病一旦发作常常会出现所谓的“犯罪行为”，如精神分裂症患者容易出现攻击行为，从而导致重伤他人或滥杀数人。但是，他们在这种行为时是在神志不清、心理混乱的情况下发生的，并非有意所为。因此，世界各国都立

---

① 田寿彰主编：《司法精神病学》，法律出版社 1996 年第 4 版，第 2 页。

② 陈忠保著：《司法精神病学》，司法鉴定科学研究技术研究所发行 1982 年版，第 2 页。

法，对这类犯罪人予以刑事责任的免除。准确地说，因精神状态而免除刑事责任的情况仅这一类人。至于变态人格与特殊情况的变态人均不属于这种范围。本书将在12.5中进一步分析免除刑事责任的心理判断根据。

12.3.3 瘾状变态人具有事前能力

还有一类人的变态既不属于人格变态类型，也不属于精神病类型，其变态不具有终身性，但具有时间性或阶段性。其变态的发生也不局限于行为，还呈现出整体的心理风格，接近于变态人格或精神病人的某些特点。这种人的变态少则几小时，多则几周，甚至几年，如醉酒状态的变态人，陷入瘾状的变态人，瘾状包括酒瘾、赌瘾、毒瘾和网瘾等。这些人只在瘾状发作时才表现出明显的异于他人、异于自己平时表现的变态。

这种瘾状变态人，有一部分人可以在一段时间后自动由异常恢复正常。例如，普通醉酒者可以在一段时间后自动从醉酒状态中醒来；有的在经历某种生活事件或强烈的心理刺激后由异常变为正常，如范进中举变得发疯后被老丈人打醒，陷入网瘾的孩子看到父亲因自己上网着急中风而不再去网吧等；还有的在接受心理治疗后由异常变为正常，如戒除酒瘾者。但是，当他们出现上述特殊状态并处于发作时他们属于变态人。

这部分人中绝大多数具有在正常心态下主动使自己陷入瘾状的能力，如有意酗酒、主动进入赌场等。他们在进入瘾状之前完全具有正常人的心理能力，只是在瘾状发作时才出现心理异常表现。正是他们对自己行为或心理的有意放纵才使他们陷入这种异常成为变态人。当他们自己有意摆脱这种状态时，有些人会自我控制，有人会主动寻找戒瘾的外部力量帮助自己。事实上，即使有外力帮助戒瘾，真正能否成功仍然取决于当事人自己的主观控制力。可见，这类变态的人仍有自我调控能力。

这种特殊情况的变态人其行为往往游离于危险行为的边缘，极易发生违法犯罪行为，如酒后驾车者在醉酒状态极易发生疯狂驾驶而危害他人。人在毒瘾发作时也往往不顾一切盗窃、抢劫或杀人等。所以，这类变态人也是犯罪的边缘人群。他们具有刑事责任能力，因为他们具有有意使自己陷入这种异常疯狂的能力。

12.4 心理变态

如前所述，行为、人、心理的关系在犯罪心理学研究中属于既是一个整体又有区别的现象。在分析行为变态、人的变态之后有必要再解析一下心理变态的含义。

12.4.1 多样的心理异常表现

理解心理变态的概念需要了解心理的概念。本书第3章中已经对心理现象进行了概述，从中我们可知，心理现象其表现的形式多种多样，同样，心理变态也可以有很多的表现形式。在此列举的心理异常都可以单独出现：

- 意识变态，如夜游症；
- 注意变态，如儿童多动症；
- 感觉变态，如五官过敏反应；
- 知觉变态，如严重错觉；
- 想象变态，如幻觉；
- 思维变态，如白日梦；
- 情绪变态，如歇斯底里；
- 兴趣变态，如恋物癖；
- 需要变态，如饮食过度；
- 信仰变态，如痴迷邪教而自杀；
- 智力变态，如弱智或呆傻；
- 性格变态，如自闭症；
- 人格变态，如偏执等。

上述的单项异常都属于精神疾病的范畴，也属于心理异常的范畴。这之中，有的变态可让人丧失基本的生活能力，如严重智力变态——呆傻；有些变态则会影响人的日常生活，让其不能正常生活，如时常幻听。有的变态只是“小病一桩”，如过敏反应，经过治疗几乎不影响个人日常生活；还有的变态会影响他身边的人，给别人造成困扰，如偏执人格。

从刑事司法领域来观察人的刑事责任能力，上述变态中有些变态可导致人完全无刑事责任能力，如意识变态；相反，也有的变态根本不影响其刑事责任能力。事实上，在此列举的变态多数都不影响其刑事责任能力。随后在12.5章节中将具体分析这一问题。

12.4.2 混合的心理异常表现

心理异常不仅表现多样，而且表现复杂。其中，许多心理疾病或精神疾病都有复杂的表现形式。目前，国际较新版本的《精神病诊断和统计手册》（第四版，修订版）（DSM－IV－ST[①]），其中列举了十多类精神异常（disorder）：

应激与调适类（stress and adjustment disorders）；

恐惧、焦虑和其他类（Panic，Anxiety and their Disorders）；

情绪障碍和自杀类（Mood Disorder and suicide）；

身体形式障碍和分离障碍（Somatoform and dissociative disorders）；

饮食和肥胖类（Eating Disorders and obesity）；

健康问题和行为（Health problems and behavior）；

人格障碍类（Personality Disorders）；

药物依赖类（Substance－Related Disorders）；

性变态、性虐待与机能失调（Sexual variants，Abuse，and dysfunctions）；

精神分裂及错乱类（Schizophrenia and other psychotic disorders）；

认知障碍（cognitive disorders）；

童年期和青春期障碍类（Disorders of Childhood and Adolescence）；

其他障碍（Other Disorders）[②]。

这些精神异常有的表现在认知范围，有的表现为情绪情感与认知的混合，有的则表现为认知、情绪和意识的混合变态，如精神分裂症，其患者通常表现为知、情、意的混乱与分裂。同样，这之中有的病情不影响责任能力，有的病情则完全无责任能力。

---

① DSM－IV是Diagnostic and Statistical Manual of Mental Disorders－Fourth Edition的简写

② 《变态心理学》（英文版，第12版），北京大学出版社2004年版，第2页。

鉴于上述的心理异常或心理变态形式和类型如此复杂，所以，从精神病角度判定人的刑事责任能力过程就显得极为复杂。

12.5 刑事责任能力

12.5.1 精神病与刑事责任能力

由于心理现象和变态心理现象表现得极为复杂，所以，在刑事司法过程中对于一些犯罪人的心理问题及刑事责任能力的鉴定也经常充满着争议。本书作者曾在2008年撰文提出，我国《刑法》第18条的“司法精神病鉴定”应该修改为“刑事责任能力鉴定”。[①] 因为，刑事责任能力的概念与精神病的概念相比更具有立法所要求的准确性和可操作性。司法鉴定的关键不在于证明某人是否有“病”，而在于证明某人是否具有“刑事责任能力”。这是有区别的两个问题，使用的方法也有如下不同：

司法精神病的鉴定，包括如下方面：其一，对于犯罪嫌疑人鉴定的时间大多是在犯罪行为之后；其二，鉴定方式主要是精神病专家对嫌疑人进行面晤，也称临床诊断；其三，判断的根据是接触鉴定对象的观察，还有对相关症状群的了解，其症状群包括嫌疑人的家族有无相关病人。这些鉴定中的判断基本是以精神病的症状标准来判断。但是，由于心理现象的复杂性，有时仅从症状分析很难鉴别出“具有同样的异常心理表现”但“起源于不同原因的心理异常问题”。起源于不同原因的心理异常意味着有不同的责任能力。

例如，妄想现象，出于妄想犯罪的案例并不少见。问题在于，有的嫌疑人出现犯罪妄想是源于病理原因，即身不由己的生理病态；也有嫌疑人出现犯罪妄想是出于心理原因，他们往往由于某种特殊的经历和相关的心理历程导致其妄想，由于某种危险心结未能解开。心结妄想者的心理表现（如言语表达）与病理性妄想者的心理表现有着相似性，但两种人的心理责任能力完全不同。

早在百年前，著名的心理学家弗洛伊德就在其《精神分析引论》对这一问题做过详细解读，前面分析虽有部分引用，在此再完整引述一下。他指出，

---

① 《刑事法律不宜使用“精神病”一词》，《检察日报》2008年12月8日。

对于妄想症状“精神病学者将以此症候为若干主要的属性。……妄想本可以有各色各样的内容；何以此病的妄想唯独以妒忌为内容呢？又哪一种人才会产生妄想，尤其是妒忌的妄想呢？我们原希望请教精神病学者，然而请教的结果，仍不能使我们了解。我们有许多问题，他只讨论一个。他将研究这个老太太（指病人）的家族史，或将给我们一个答案，以为一个人的家族史中如果常发生类似的或不同的精神错乱，则其本人也将患有妄想。换句话说，这老太太发生妄想，就因为她有引起这一妄想的遗传倾向。……这难道是她得病的唯一原因吗？我们难道可以假定病人发生妄想而不发生他种妄想这一事实是无关紧要的，任意的，而不可解释吗？所谓遗传确实可以解释这一切吗？无论她一生曾有何种经验和情绪，总不免在此时或延时发生一种妄想吗？”所以，弗洛伊德明确地指出：“精神病学如果没有关于精神生活的潜意识历程的知识，就不算是有科学的基础。”①

在研究犯罪人的犯罪心理现象中可发现，绝大多数都具有为回避惩罚和责任问题而刻意隐匿自己的相关心理表现，甚至有回避他人实施犯罪行为的特点。即使在光天化日之下作案的故意犯罪人也多有事先隐匿的预谋过程。这种隐匿、遮掩、回避的犯罪心理与潜意识现象极为接近（当然并不简单相同）。所以从心理学角度，尤其从犯罪心理学的角度研究作案嫌疑人的心理状态和心理能力具有精神病学所不及的优势。

犯罪心理学家对于嫌疑人的心理能力评估如下：其一，从时间上讲是从侦查分析开始，甚至这一阶段的研究比见嫌疑人并对其讯问还重要。其二，从方法上讲，重点观察和分析作案嫌疑人在犯罪现场上的犯罪行为方式和过程。因为人的能力主要体现在活动中，体现在行为中，所以，直接研究犯罪现场行为就可观察嫌疑人的作案能力。其三，重视完整过程，了解嫌疑人在犯罪前后至侦查阶段的表现也非常重要。事实上，许多嫌疑人在被抓捕之前、抓捕后的初期，眼见确凿罪证后的表现会有明显不同。其四，通过接触嫌疑人谈话了解其成长经历。所以，犯罪心理学的评估重点不是听嫌疑人怎么说，而是研究嫌疑人怎么做；不是找出他的相关症状，而是解析他如何行为和表

① 弗洛伊德著，高觉敷译：《精神分析引论》，商务印书馆1984年版，第196～197页，第200页。

现。由此对嫌疑人的心理能力进行基本的判断。

犯罪心理学还有一项研究即犯罪心理画像，这种研究就是在没有目击证人的情况下通过犯罪行为分析描述一个嫌疑人的心理风格，从而为侦查人员提供排查嫌疑人的范围，这一研究在侦查实践中已经开始运用并有成功案例，这说明，犯罪心理学是通过对犯罪行为的分析，来判断犯罪人的心理活动的专业研究学科，它具有精神病学家所不及的研究深度。

司法精神病鉴定中已经有大量的事实证明这一点，司法精神病学家已经鉴定某犯罪嫌疑人精神正常，具有刑事责任能力，但在法庭上仍不足以说服人们，即犯罪嫌疑人为何动机不明地作案。相反，犯罪心理学的研究才能回答这一问题。犯罪心理学既然能够在侦查中协助侦查人员破解作案人的心理问题，也就可以清楚地知道犯罪嫌疑人实施犯罪的前因后果，知道其为何作案，同时，也就可以知道他是正常作案还是异常作案。所以，判断一个人犯罪时的心理异常还是正常，判断一个犯罪嫌疑人是否具有责任能力，犯罪心理学有着更深刻的认识。

12.5.2　刑事责任能力的关键

12.5.2.1　智力因素是责任能力的核心

司法精神病鉴定的结论往往先是确定此人是什么精神状态、是否符合哪类精神病症，轻重程度等，然后作出“刑事责任能力的有、无或限制”的结论。这一过程很完整但也很复杂，问题在于，法庭只需要最后的“刑事责任能力”意见。所以，司法鉴定的关键是对于嫌疑人的心理能力的判断。而能力（ability，capacity）是心理学术语。在生活中，解析纷繁复杂现象时最好的方法是回到问题的起点，即研究刑事责任能力的“有—无”首先应该弄清“能力”的基本内涵与外延。

我国《心理学大辞典》中对能力的解释是“人们成功地完成某种活动所必需的个人心理特征。”①《张氏心理学辞典》对能力的解释更为具体：“个人在其遗传与成熟的基础上，经由环境的训练和教育而获得的知识与技能。此类能力可由行为上表现出来。作为与别人比较高低的依据。”还解释为“因为

---

① 朱智贤主编：《心理学大辞典》，北京师范大学出版社1989年版，第456页。

个体的能力是决定其能否达到所追求的目标的重要因素，此能力的含义视同智力。[1]

从心理学对能力的解释可以让我们知道：首先，能力是决定人活动的一种心理现象，所以，能力只能在行为活动中显现；其次，能力可分智能和技能，区分的基本依据是先天禀赋的能力为智能，后天训练形成的能力为技能；再次，能力最核心的要素是智力，其水平决定个人能否达到自己追求的目标。美国阿瑟.S. 雷伯著的《心理学辞典》中有更具体的说明："基本心理能力（primary mental abilityies）假定构成智力组成成分的基本心理能力。包括言语，词的流畅，数，空间，记忆，知觉和推理[2]。"

确切地说，智力，是人在各种活动中都存在的认识能力，具体包括感觉能力、知觉能力、记忆力、想象力、概括能力、判断能力、推理能力，还有与思维相关的形象思维能力、抽象思维能力等。智力所包含的能力是人从出生起就开始显露的能力。同时，后天的抚养与教育也在开发并拓展着这种认识能力。但对于不具有潜在智能的人后天教育也显得无能为力。例如，一名弱智者不能完成高中以上的学习要求，一名不善于数学思维的人无法被培养成数学家。当绝大多数的人们年龄接近成年时，其智力和其他能力（主要指后天形成的技能）的发展也趋于成熟。一个人的智力若属于常态，他到成年后就具有独立面对现实和生存反应的能力。相反，如果一个人的智力存在先天缺陷，就会影响他一系列的能力开发与拓展。弱智者（智商在 70 以下）通常会因为学习障碍使得他不能获得更多的生存与谋生的知识和技能，从而影响到他的各项活动效率或水平。

技能则是在智能基础上形成的后天能力。这种技能主要形成于后天的重复训练。所以，就能力本身而言，最基础的能力并决定人们最基本活动水平的仍是智力（intellect）。这也是判断人的刑事责任能力的关键。

早在两百多年以前，一位法国的内科医生名叫菲利普·派诺（Philippe Pinel）开始使用法语中的短语 manie sans delire（意为"并非错乱的疯狂"）

---

① 张春兴：《张氏心理学辞典》，上海辞书出版社 1992 年第 1 版，第 2 页。

② ［美］阿瑟.S. 雷伯著：《心理学辞典》，上海译文出版社 1996 年版，第 651 页。

描述那种并不符合通常智力障碍特点却又不正常的人①。另一学者海尔（Hare）认为，这类病人具有冷酷、缺乏克制力的特征。他们属于“没有精神错乱的心理异常”（Hare，1993，25页）。这是最早对具有刑事责任能力却又属于变态犯罪人的描述。这些描述中提出一个重要的说法即“没有智力障碍却又不正常的人”。

人的智力水平不仅决定人的能力，还可通过其生活表现、学习表现和工作表现进行观察，随着心理学的发展，智力等能力还可以通过专业的心理测量予以检测。所以，对犯罪嫌疑人的责任能力判断应该重点考察其作案的智力水平，即有无犯罪目标的选择，有无犯罪的预谋和策划特征，无论犯罪人怎样狡辩或伪装，其犯罪的客观过程，犯罪呈现的具体实施方式，还有带有隐匿性的事先准备，恰当的犯罪时间和犯罪地点的选择等都可昭示出其犯罪预谋的智力水平，同样也就可以显示其犯罪有无能力的问题。

12.5.2.2　有能力还意味着有意识

判断一个人有无刑事责任能力还有一个重要的概念，即“他是否为故意或有意”。所谓故意，字典的解释是“存心，有意识地，明知不应或不必这样做而这样做”。词典的解释已经将“故意”包含了“有意识”。况且“故”字有缘故、原因、役使的含义，当与“意”放在一起时，显然有“意的缘由”“役使意”的含义。

刑法学的故意解释是有行为目的和主观动机的含义，但是，刑法规定中有“过失犯罪”的类型，这一犯罪类型的存在已经说明“有意识比故意更基础”。因为过失犯罪者大多没有犯罪动机的指向或犯罪事先的目的，所以，刑法学虽然在犯罪构成上使用了主观故意的概念作为要件之一，但事实上，这一要件仍是以“有意识”为基本范畴。

从心理学解释，故意，则一定是有意识。因为明知就是一种有意识；若再拓展解释，凡是有认识能力和其他能力（如学习能力？组织能力等）参与的行为都是故意的行为。可以说，有意识的人不一定有能力，但有能力的人一定有意识。从这句话来说，智力仍是责任能力的关键，有意识只是智力活

---

① ［美］特维等著，李玫瑾等译：《犯罪心理画像》，中国人民公安大学出版社2005年版，第419页。

动的基本前提。

为何说有能力的人一定有意识的存在呢，这需要对意识的准确理解和把握，意识（conscious）也是心理学的术语之一，在字典中对意识的解释是“神志清醒的，精神上有知觉的，能理解的，能够思想的心理现象”①。心理学中则将意识解释为“人的一种觉知状态”②。所谓觉，意味着人有感觉、知觉、情绪体验等；所谓知，意味着人有记忆、思维等活动，当我们记得的时候我们才知道，如果忘记了东西、没有进入过思维的内容也就属于不知道的范围（即不意识）。由此可见，当人能对外界作出应答，对自己的感受能够觉知并表达，当人能够记住自己做过的事情，当人能够说出自己行为的前因后果——这些认识表现的综合就意味着此人有意识存在。

人的一生其心理活动都在意识的有—无中穿行：有感知觉的人可以眼观六路，耳听八方，可以去做自己需要的事情，可以通过认识（即感知、记忆和思考）而行动。相反，没有意识的人大多表现为没有感知觉——通常是睡着的人，昏迷的人，还可能是被麻醉的人。问题在于，没有意识的人还可以在睡着后仍在活动却不自知（如夜游症患者），还有一种人虽然醒着却没有意识，尤其没有自我意识却在活动（如意识朦胧患者）。后两种情况就为病态的无意识。人在病态无意识下不具有认识活动，他的行为只是以往行为的重复，其行为没有目的性，没有工具准备，没有时间与地点的选择等。所以，这类人在这种状态下作出的危害行为，即使是杀人也不具有刑事责任能力，因为他们的行为不具有认识性，也就不具有意识性，当然属于无能力的范畴。2007年，我国新疆喀什地区莎车县发生一起患有梦游症的人的杀人案件③。梦游症即是一种意识障碍。具有这种心理障碍者在发病时完全不能觉知自己的所作所为，更不存在行为的理由，所以，这种行为既不是他认识活动的目标，也不是其认识活动的结果。因此，法庭最终判定此人不负刑事责任。显然，有智力或有能力的行为必先有意识。故意，一定是在意识的范围内发生

① 《美国传统词典》（双解）《金山词霸》2005版。

② ［美］阿瑟.S. 雷伯著：《心理学词典》，上海译文出版社1998年版，第169页。

③ 潘从武、吴亚东：《罕见“梦游杀人”作案人无罪获释》，法制网2007年1月26日 http://www.legaldaily.com.cn/misc/2007-01/26/content_526280.htm。

的有认识、有能力的表现。

鉴此，考察一个人的刑事责任能力要从他的犯罪行为表现开始，从其犯罪行为可观察其智力水平，包括情绪智力，如果智力活动的线索清晰就可说明其意识活动的存在。意识活动存在就可证明其犯罪属于故意犯罪。由于人的智力属于人的活动征象，属于表现于外的个性特征；同时，又由于它具有时间上的稳定性和一贯性，所以，鉴别其智力水平并没有难度。

12.5.3 刑事责任能力的判断

事实上，绝大多数的精神病人其早期发现者都是他身边的亲属。凡直接与其接触并交谈过的人（包括亲属、警察、检察官、律师、法官，记者等）均可通过接触观察并结合案情作出判断。只要被考察人能够听懂他人提问（感知正常），作出正常回答（反应正常），能够回忆案情发生的全部过程（记忆正常），并说出自己作案的理由（推理正常）等，同时，结合行为人在此之前的智力常态，再结合案件的行为事实和证据，就完全可以作出此人是否智力正常的判断，进而作出他是否具有刑事责任能力的判断。笔者曾在邱某一案中对其犯罪行为进行分析①，方法是分析案件有无犯罪心理的起因（有无认知）；犯罪行为本身有无预谋的迹象和特点（目的与思维等）；有无隐秘实施犯罪的过程（有意识表现），有无反侦查的表现（意识与思维），有无自我保护的行为（意识与思维），事后有无逃避追捕行为（感知准确性表现）等。

在现实的司法过程中，真正让人感到判断困难、需要专业判断的是一些犯罪嫌疑人伪装成精神病人，装疯卖傻，胡言乱语，自称记忆不清等，造成其感觉、知觉、记忆、思维等智力活动有障碍的假象，这种情况下需要专家予以鉴定。还有一些情况，如作案人作案时可能处于边缘状态。所谓边缘状态，是指心理活动状态处于正常与异常的交界或临界区域。还有的人可能是“曾经有病”但现在有恃无恐，在间歇期间，即无病情况下故意作案等。面临这几类复杂的局面，出于审判的公正与严谨才需要专业人员通过专业手段

① 《就邱兴华特大杀人案专访中国人民公安大学犯罪心理学教授李玫瑾》：检察日报2006年12月8日。

（包括工具与仪器检测）进行特别的鉴定。

当然，随着我国司法制度的完善及经济条件的允许，在对重特大案件嫌疑人进行审判之前，为保证执法的慎重与文明，由起诉机关对被告人进行标准的心理鉴定或刑事责任能力鉴定，均由专业人员事先确定，即他（她）是否具有应诉资格，是否具有刑事责任能力，进而再进行刑事审判。这一建议应该考虑列入以后的法律修改程序中。

13　犯罪防控的策略

根据本课题的研究，犯罪防控有两种基本的策略，其一是如何控制并减少刑事犯罪的发案数量；其二是如何减少或控制犯罪人员的数量。

由于绝大多数的刑事案件是由少数犯罪人重复犯罪所为，所以，他们是决定刑事案件发案数量的重点防控对象，这类人大多具有容易发现和观察的危险人格特征，容易识别也容易纳入防控视线。相反，在犯罪人群中约有60%的人员不具有与犯罪必然有关的危险人格问题，他们只是一时的心理问题，类似于生理上的偶发病症或外伤急症。他们也能制造出一些重大的危害案件。对后类犯罪人的防控方式则需要不同于前类防控的模式。

13.1　不同对象的防控思路

关于少数人对多数案件负有刑事责任的研究在国外也有很多研究。罗斯姆·金（Rossmo Kim）在研究系列犯罪时指出："系列犯罪是一种高频率的犯罪。如果我们做一个保守的估计，有10%的犯罪人其犯罪率的高峰值是其他90%的犯罪人的10倍，那意味着，所有犯罪中有50%以上的案件是由10%的犯罪人所为。另一项对性变态者（Paraphiliacs）的研究也发现（n＝411，性欲变态的平均持续时间为12年），就平均水平而言，有581人有过性攻击未遂行为，533人则完成了性犯罪，每名犯罪人有336个被害人。但这些平均值可能有误导性，因为事实如此的话，那么，70%的犯罪实际上是由只占5%的犯罪人实施的。"①

13.1.1　控制案件数量的关键

罗斯姆研究的是系列犯罪和性变态案件，如果有条件开展专项的系列案

---

①［美］罗斯姆著：《地理学的犯罪心理画像》，中国人民公安大学出版社2007年版，第36页。

件的调查研究，我们还可以进行统计分析：一名惯偷一天会偷几次？一周会偷几次？一年以至一生会偷多少次？因为这类犯罪没有重刑和极刑，所以，他们只要不被监禁就可以反复进行这类犯罪。我国在刑事立案中，盗窃案有立案起步的数额标准；起诉时也有起诉的财产数额标准，且法庭上对证据要求非常严格，因此，这类案件若是没有被抓住现行，这类犯罪人被判重刑的几率是很低的，同时被判极刑的几率更是为零。这意味着他们与社会隔离的机会很少。结果是，他们一生会偷多少次？又会有多少人被他们的犯罪所侵害？

有人可能认为，盗窃行为一般不如侵犯人身犯罪严重，他们对人的生命威胁较低，对社会的危害程度较轻，所以，不必如此统计以说明其危害性。笔者认为，这是一种浅显的或外行人的认识。事实上，轻微违法与严重犯罪之间具有很高的相关性。

仅从实案观察，笔者曾调查过一起性变态犯罪的案件（罗树标案，1996年，广州警方破获），此人交代，他曾经接触妓女并嫖娼上百人，但最后他只杀了其中的12人。这之间的比例可为10:1。同样，以盗窃为生的人一旦在入室盗窃或正在实施其他犯罪时被人发现，他也会出现自我保护性的杀人灭口、杀人劫财的严重犯罪行为。这种杀人与他们的普通盗窃案的“比例差”可能更大。仅笔者参与侦查分析的一起系列抢劫案（2004年，湖南株洲警方侦破），嫌疑人在实施1～17起抢劫案时虽出现过多起挥刀伤人的情况，但17起案件没有一人死亡，当他实施第18起案件时却遇年轻事主的拼命反抗，他仍是挥刀相向，结果导致被害人死亡。此案比例是18:1。类似的实例在实案中不胜枚举。

可见，侵财案件并非与杀人、重伤、强奸等严重犯罪无关。根据已知个案进行一种估计的话，某些以侵财犯罪为生的人，其中出现杀人或严重侵犯人身权利的犯罪可能只占他们所有违法犯罪行为的十分之一，甚至几十分之一。所以，少数以犯罪为生甚至以犯罪为乐的人才是控制与减少犯罪案件数量的重点对象，他们应该被作为“通过刑罚将其与社会隔离”的重点人群。

13.1.2 控制犯罪人数的关键

虽然少数重复犯罪人决定刑事案件数量的多数，是我们犯罪防控的重点

对象，但是，我们也不可忽略“居多数的犯罪人员”，犯罪防控的另一任务就是控制和减少犯罪人数。这类人大多属于特殊刺激引发或某种危险心结导致的突发、偶发或变态类犯罪，问题在于，这类犯罪也有危害极其严重的情况，如自杀式的杀戮往往会一次犯罪导致数（十）人死亡，某些情绪冲动的犯罪人，甚至一念之差的经济犯罪人都可给社会带来严重的危害，控制并减少这类犯罪人也需要专门研究并了解这类犯罪人的犯罪发生缘由和心理类型。

本课题针对这部分犯罪人进行了专门的研究，同时提出这类犯罪人大多属于危险心结导致的犯罪。他们大多具有正常生活的能力并有正常生活的背景，他们犯罪只是由某种或某些具体事件引发，对于这类犯罪的预防难度要大于对少数重复犯罪人的预防难度，这需要了解更多的心理学知识，同时还要研究与心理学有关的外部环境问题，尤其是各种人际冲突与社会矛盾，减少这些刺激源，协调各种复杂的社会关系使之和谐才可能减少这类犯罪心理现象。

从法律防控的角度观察，这类突发、偶发或变态犯罪人，或者因明显原因初次犯罪的人，即有危险心结的犯罪人，当其出现犯罪行为后，在司法处置中虽然需要根据“罪刑相当原则”予以处罚。但对于这类犯罪人的多数而言，在他们不具有被判极刑的情况下，在量刑中应该考虑对其进行心理评估或人格评估。前一种评估（即心理评估）是为了了解他犯罪的心理原因；后一种评估（即人格评估）是根据对他人格的观察，了解他“有无危险的人格特征”，如果评估其人格倾向于不具有重复犯罪性就可以依法量刑并判决，同时在执行中予以假释或社区矫治。例如，对于类似家庭暴力中弱者的反抗性杀人等类案件，尽管我们可以依法处罚有期刑，但在执行刑罚时，若没有后续危险性便可以让其带刑回到社会中进行社区矫正。类似的做法还可用于少年犯罪的判决与司法处置中。通过社区矫治以减轻监狱内的看管压力和负面社会化的现象，同时还可让这些人不减弱或丧失社会生活能力。相反，如果评估其人格具有重犯的危险性或已经具有严重的危险心态等则可在判决后使用刑罚的“监禁功能与隔离功能”，让他们在监狱内服刑，与社会隔离，从而真正地达到利用刑罚监禁的方式防控那些重复犯罪反复危害社会人员的目的。

总之，对犯罪人及心理问题的具体分析与评估可让我们明确：哪些人是具有人生危险性的人；哪些人对社会的危害是持续的，又有哪些人中不具有持续性危害但会制造重大案件，只有研究并了解犯罪人，才能明确犯罪预防的重点或关键所在。

13.2 对危险人格的防控策略

本研究将犯罪人区分出“有人格问题”与“无人格问题”两大类的意义在于，我们的犯罪防控对象变得更加确切和具体，变得有的放矢。那些即具有危险人格的人都属于可发现、可观察、可及早采取防控措施的对象。这种有针对性的防控还可以从总体上减少刑事案件的数量。如前所述，危险人格是指对他人或社会具有重复威胁和重复危害倾向的一种人格现象。具有危险人格的人一旦出现犯罪行为将会趋于重复，其后的犯罪可不需要外部刺激的诱发，犯罪活动已经成为他们一种心理需要、行为习惯或生存方式。他们会主动并自觉地寻找犯罪目标或犯罪机会，反复实施类似的犯罪行为。他们可为实现犯罪目的进行预谋式的犯罪；也可以在没有预谋的情况下出于习惯行为去危害他人或社会。

为了更好地回顾危险人格的基本特征，在此，将前章已经分析过的反社会人格，犯罪人格和缺陷人格的特征再作一个总体的归纳。

表 13－1　危险人格分类及简要特征一览表

反社会人格 ——良知障碍者 ——后天原因不明显	1. 童年期 6～12 岁就有顽劣表现； 2. 家庭结构与功能基本正常； 3. 18 岁前有重复违法的表现； 4. 不在乎亲情和家人感受； 5. 从不内疚或自责； 6. 成年初期即不断预谋犯罪； 7. 犯罪具有嚣张和狂妄的表现。
犯罪人格 ——情感障碍者 ——后天早年抚养残缺	1. 童年期曾有正常心理表现； 2. 依恋期内有被匮乏抚养的背景 3. 有早年离家出走的经历； 4. 初期违法多有生存性特点； 5. 在乎亲情但表现冷漠和无情； 6. 成年后犯罪恶性逐渐升级； 7. 犯罪动机简单但手段残忍。

（续表1）

缺陷人格 ——性格障碍者 ——后天早年抚养宠溺	1. 青春期前心理表现基本正常； 2. 依恋期有被宠溺抚养的背景； 3. 初期违法多有任性的特点； 4. 在乎亲情但以自我为中心； 5. 虚荣，好算计取巧； 6. 成年后遇机会犯罪并重复； 7. 犯罪具有功利目的与投机表现。

上述七个特点需要综合考虑（详细了解各类人的心理问题可阅读第4～7章）。当我们了解这些危险人格的特点及发生背景或原因后，如何开展相关的犯罪防控的思路也就可以逐渐清晰。

尽管危险人格都具有犯罪重复性，都有对社会的严重危害性，都具有可观察性，但是，三种人格的预防角度和操作模式仍有差别。

首先，对反社会人格的预防重点在于如何监控；其次，对犯罪人格的预防重点在对非正常社会化的未成年人如何社会保护；最后，对缺陷人格的犯罪防控重在对家长们的教育。具体分析如下：

13.2.1 反社会人格的防控策略

13.2.1.1 反社会人格的识别

反社会人格的防控首先在于如何发现和识别。因为反社会人格属于一种发生原因至今不明的人格障碍。既然发生原因不明，又不可以通过医学手段治疗，所以，对于这类人类障碍的危害预防重点要找出其基本征象或规律，如出现顽劣表现的时间，顽劣表现主要体现在哪类心理现象中？有哪些具体的表现特征？通过哪些角度可以观察并发现？通过哪些操作可判断其属于这类人格问题等。通过这种研究可让人们早期识别和发现这类人格障碍，然后予以监控。类似于对某些危险传染病患者在不可治愈的情况下先要控制其危险扩展一样，甚至要有专业的跟踪监控。

反社会人格的特征可从社会治安的基础工作中做起，从一个人的动态成长表现中发现。反社会人格大多在早年、在他稳定居住的地区就有不良表现。所以，基层辖区民警（尤其管片民警）往往最先接触这类人。作者在此只是提出初步的研究观点，在此列出的记录与观察指标可初步把握他们的心理特

征，以下表格仅供参考：

表 13－2 反社会人格早期识别参考指标

	问 题	填 写
1	在 6～12 岁就出现破坏或骚扰他人（包括亲人）的行为*	是□；否□
2	顽劣，屡教不改并重复不良行为	是□；否□
3	从小一直生活在自己父母身旁*	是□；否□
4	父母均无劣迹，老实本分	是□；否□
5	父母齐全，家庭生活基本正常	是□；否□
6	父母对其从小就有管教，但无效	是□；否□
7	小学时期老师也曾管教，但无效	是□；否□
8	警察曾接触教育过，但无效	是□；否□
9	18 岁前有超过 3 次被送到派出所或警察教育过的记录*	是□；否□
10	在居住社区或所在的学校具有品行不良的名声*	是□；否□
11	在 18 岁前有过违法行为	是□；否□
12	在 16～25 岁期间有过刑事记录*	是□；否□
注：对当事人成年后的表现还可结合前面列举的 7 个特征考虑。在上述指标中，某人符合的指标越多就越有接近性。		

13.2.1.2 反社会人格的防控
——及早发现并建立观察档案

确切地说，预防反社会人格不发生的可能性几乎微乎其微。但是，预防反社会人格者的犯罪仍是一种可以操作的防控。因为我们只要知道是谁，就可以知道怎么办。这需要公安机关建立对辖区内“反社会人员的监控机制”。

当辖区警察在自己工作范围内遇到具有上述特征的青少年时就要考虑为其建立“社区重点关注并追踪人员”的心理档案。即使这类人在警察初期接触他时大多因为太多琐碎小案或对社区的或对学校周边的微小骚扰，但每一次由公安机关接触或由社区居民、学校老师的报警都可以予以连续记载，由基层派出所从事人口信息管理的专门人员负责档案建立与记录工作。这类记录可成为辖区警察的工作考核指标之一。

表 13-3　反社会人格档案跟踪记录的内容

早期不良表现记录	初次不良行为时间 初次不良行为类型 警方接触时其不良行为是否已经不止 1 次 违法频率（1~2 次间隔为月内；年内）
犯罪记录	第一次犯罪时间 第一次犯罪类型 判刑的刑期 犯罪的具体手段和方式（尽量详细）
成年后生活的基本状况	父母是否健在 父母对其是否关心 现时是否有婚姻 夫妻关系一贯情况 有无工作 工作是否稳定 有无朋友 与邻里关系有无冲突 有无经常外出 打工去向与生活区域

最重要的是，这类人员如果已经犯罪并第一次被侦查讯问时，要同时登记这类人员犯罪的具体行为方式和行为习惯。例如，盗窃类型，通常他实施盗窃的对象是谁或部位，地点、时间、手法等。若是入室犯罪则需要详细记录其入室的方式，盗窃使用的工具，以及作案顺序等；若强奸犯罪则需要具体记录强奸的对象一般年龄，发生地点，接近被害人的方式，控制被害人的方式等信息。这将为此人以后的犯罪侦查中对其排查具有极重要的行为信息。

同时，辖区警察还应该根据情况选择月份、季度、半年或一年，进行规律的访查，可通过家人，也可通过邻里，还可观察其经济活动动向，以了解其生活来源、交往人员、婚姻状况。与其家人包括邻里建立联系，督促家人了解他，关心他，通过居委会或村委会了解他的情况。通过这些调查走访有时会对我们的防控工作有所帮助。

13.2.2　犯罪人格的防控策略

13.2.2.1　犯罪人格的识别

犯罪人格与反社会人格有明显不同。最初接触他们的可能更多的是异地

警察、巡警甚至是刑警。虽然他们在6~12岁期间没有异常顽劣的行为表现，但他们的成长家庭具有明显的异常或缺陷，所以，他们大多有一个早年离家出走的背景，在流浪或游走几年后，即14~18岁前后会在异地（非户口所在地）出现不良行为问题。他们最初被警察接触往往因一些轻微的违法行为，如在街头或菜市场的小偷小摸，或为争地盘而与他人斗殴等。这类行为警察进行最初的处置也较轻，往往教育释放，通知家长领回去，稍重的处罚多为少年管教。警察一般并不重视这类违法少年。但是，当我们遇到符合上述条件越多的少年就越要引起重视：第一，他的年龄还未成年；第二，他眼前没有家庭归宿，他一人在外流浪；第三，开始出现偷窃等违法行为。这三点已经是一种危险人格发展的迹象，作为警察，尤其人事信息收集的警察要有意识地了解他们的情况并进行记录，具体记录情况如下（仅供参考）：

表13-4　识别犯罪人格的参考指标：

	问　　题	填　　写
1	在17岁前就独自离家外出	是□；否□
2	有流浪乞讨、流落街头的经历	是□；否□
3	父母不全，或从不照顾	是□；否□
4	营养不良，发育明显瘦小	是□；否□
5	有的在14~18岁有过违法记录	是□；否□
6	28岁前有犯罪处罚记录	是□；否□
7	现在仍然居无定所	是□；否□
8	不能从事稳定的工作	是□；否□
9	习惯独自行动并流动性生活	是□；否□
10	25岁之后仍无婚姻	是□；否□
11	具有不止1次的处罚经历	是□；否□
12	已经服刑的时间累计在10年左右的经历	是□；否□
注：与职业流浪乞讨人员的区别主要在于他们在28岁前有过刑事处罚记录。犯罪类型属于生存类（非激情类）。此外，具有11~12条者其犯罪人格危险性加重。		

上述提到的3点还只是犯罪人格的初期表现，如果警察接触的犯罪嫌疑人具有无家可归、到处游走、违法行为不止1次，甚至受过刑事处罚等特征，就意味着此人具有较高的危险性，当刑警或辖区警察在侦查走访或社区访问时遇到或发现符合这类条件的人员也一定要引起警觉。因为他们生活无稳定收入，居无定所，无牵无挂，加上已经有过1~3次违法或犯罪处罚记录，所以，他们的生活方式往往是非常态模式。他们处于随时可犯罪的边缘，甚至是有案在身的流窜犯。所以，即使眼前没有发现问题，也要尽可能地了解他们的经历，甚至要查询一下其前科记录、犯罪手法及侵害对象等，近期还到过哪些地区。这些努力都属于犯罪预防的操作范围。

13.2.2.2 犯罪人格的防控

——在于对残缺家庭未成年人的法律保护

犯罪人格与反社会人格明显不同的另一点在于，犯罪人格完全由后天原因导致，所以，这类犯罪人员属于社会努力后可预防并减少的类型。如果减少了这类犯罪人员，也就可以减少许多重复犯罪案件和危害严重的犯罪案件。

那么如何预防犯罪人格呢，这必须解决社会中的一畸形现象，即生而不养的问题。引发这类问题的相关因素很多：某些家庭极度贫困却不计划生育，男女双方并不打算走进婚姻殿堂却未婚先孕，父亲或母亲吸毒、赌博、患传染性疾病、服刑等，母亲精神不正常，还有婚姻破裂后打算再婚而不愿带孩子的情况，等等。这时，弱小的孩子往往就成为多余的人。据云南省有关专家研究估算，相关背景下形成的孤儿、无家可归的少年和流浪的少年人数超过15万，其中，在大城市流浪的儿童又占有较大比例。他们无家可归，有家难归，进而以乞讨和流浪为生，并在这种社会化中学会撒谎、偷窃、抢东西、打架，直至成为惯犯。①

生而不养的问题是许多国家都面临过的社会问题，纵观世界各国的法律体系就可发现，他们在面临与我们相同的问题时主要通过立法和司法干预来减少这类问题。例如，专门针对父母（或抚养人）进行立法，针对社会救助进行立法，英国有《1980年未成年人看护法》、《1983年健康和社会福利事业

---

① 范仁本：《浅谈城市流浪儿童保护问题》，系《云南省青少年犯罪研究会获奖论文集》，云南民族出版社2004年版，第173页。

和社会保障裁判法》；澳大利亚有《父母责任法》、《收养法》；美国有《父母照顾权法》、《未成年人生活费权利统一法》等。目前，中国也有学者提出[①]应该制定《出生登记法》和《儿童福利法》，以此来确定父母的责任和社会救助的方法。这类法律可统称为《少年保护法》。

作者认为，针对父母至少应该出台其中一部法律，或《父母责任法》、或《养育法》、或《监护法》，同时，为弥补家庭教育的失败，除普通的《教育法》之外，还应该有《特殊教育法》，对于早年出现行为问题的少年予以及时的社会保护和干预教育。这类立法的宗旨就是要体现对未成年人的社会保护原则。对于生而不养的父母在社会谴责的同时，更需要立法来约束其父母，建立相关的社会政策来制约其父母。例如，对于生而不养的父母可由社区专门管理人员向民事法庭提起"更改监护人"的请求，同时，法庭在裁决"更改监护人"时还应对其父母作出适当罚金的处罚予以惩戒。

对于贫穷地区或贫穷家庭而滥生的情况（即不计划生育的现象）可通过完善《社会福利法》的方式予以控制。具体建议是把"养老金"作为社会福利政策之一。其发放标准需要前提，即必须遵守计划生育的规定。可作出相关的规定，即凡计划生育者在年老之后（通常为55岁）由国家发放"养老补贴"或"养老金"。以社会保障养老的方式来控制养儿防老的实际问题，尤其是贫困地区和贫困家庭的生育问题。

在此基础上真正完善《义务教育法》，16岁以下的儿童必须进学校，既为他们受到教育，也为了达到社会对他们的保护目的。如果能真正落实这些措施，那么，就可以在很大程度上减少犯罪人格的发生，从而减少这类犯罪人员的犯罪危害性。

13.2.3 缺陷人格的防控策略

13.2.3.1 缺陷人格的识别

缺陷人格与犯罪人格相近，也属于后天形成的人格问题。不同在于，缺陷人格者大都生活在一个家庭结构较为健全的背景下。他们没有经历过孤独

---

① 鞠青：《构建未成年人法律体系的思考》，《青少年犯罪问题》2004年第6期，第36页。

无助，也没有经历过流浪乞讨，从没有体会过生活的艰辛。这类人员之所以犯罪是因为他们没有形成自制力和忍耐力，没有形成必要的观念，从而导致他们在表面讨好、背地里却不择手段满足自己的私欲的现象。观察这类人可以参考以下指标。

表 13－5　缺陷人格识别的参考指标

	问　　题	填　　写
1	不良行为出现时间较晚，多在 12 岁之后；	是□；否□
2	大多有与祖辈共同生活的背景；	是□；否□
3	母亲多无职业；	是□；否□
4	多为家中的晚生子；	是□；否□
5	与人亲近，讨好，但不真诚；	是□；否□
6	有学习能力但不愿学习，有厌（逃）学的表现；	是□；否□
7	喜欢游手好闲；	是□；否□
8	会欺负对他好的人（如奶奶、爷爷、妈妈或妻子）；	是□；否□
9	不愿吃苦，许多工作干不了，眼高手低；	是□；否□
10	不能被批评，尤其在家里脾气大；	是□；否□
11	无工作时有过违法行为；	是□；否□
12	即使依赖他人找到工作也不能胜任；	是□；否□
13	即使结婚也容易出现婚姻危机，夫妻不和。	是□；否□
注：犯罪类型多为习惯型或机会型，如惯偷、惯骗、机会型强奸（如奸幼）等。有轻案类型，如小偷小摸、家庭暴力等；也有重案类型，多为盗杀、奸杀等。		

识别这类人员的难度略大于前两类人，一般只有在他们发案后通过对他们的心理调查才可发现。他们不像反社会人格那样处处飞扬跋扈，也不像犯罪人格那样生活异常。他们大多有着正常生活的轨迹，甚至结婚生子；在家人或外人眼里他们还表现不错，甚至表面很友好。但遇到犯罪机遇时他们就会选择犯罪，且一而再、再而三地重复容易的犯罪行为。

13.2.3.2 缺陷人格的防控

——通过社会干预矫正家庭教育的缺陷

缺陷人格也具有明显的后天形成的原因，即家庭教育不当。如果说犯罪人格的形成是因为“生而不养”的问题，那么缺陷人格的形成就是“养而不教或教而不当”的问题。

引发这类问题的背景主要有：父母忙于生计或忙于挣钱，将孩子完全交给老人照看，老人过分宠溺孙辈；也有三代或四代人同堂，或母亲没有工作在家照看孩子的情况，这类家庭会给孩子过多的情感满足和过分的欲望满足，而极少有意地让孩子体会生活的艰辛，很少让孩子学会对自己欲望的克制，极少给孩子形成规矩意识和相关行为习惯，极少向孩子灌输为人处世的原则，很少让其参与家庭大事，没有让孩子学会承担和与人分享，形成责任意识。

这类人在依恋期时（出生到12岁）与抚养者大多关系亲密，依赖并善于讨好，但也可以表现出任性、冲动等性格问题。到青春期时他们大多就开始出现各种“非一日之功能改过”的心理问题，如不听话，有能力学习但不愿上学，任性，骄横，不能吃苦，没有意志力等。这时父母管教已经完全失效和失控。

当他们进入独立生活年龄时大多表现生活能力较弱，一部分人因好吃懒做而出现婚姻困难，即使结婚也往往过分依赖女性（妻子），不能承担家庭生活重任，不能吃苦或不能忍耐，常有无耻、无赖、欺负女性等表现；但是，他们在陌生人面前表现老实，在私下或背人时会不择手段。

由于造就这类人格缺陷的原因主要是家庭教育的失败，所以，相应的防范也应该从社会对家庭教育的干预入手。具体建议有两点：

第一，通过学校背景，从小学到中学阶段进行识别。尤其是中学时期正值人的青春期，随着人的成长独立性增加，其早年家庭教育缺陷也开始显露，观察他们在学校中的学习表现和在学校的其他活动就可发现此类少年的问题：自私、懒散、游手好闲、两面三刀等。发现这类人格问题后最好的办法是强制性的训练与教育。例如，早年当兵可以让人的性格发生改变；中国曾有的工读学校在这种特殊教育领域也曾有过出色的表现，由于人在18周岁之前还有性格改变的可能，这段时间内通过有经验、有特殊方法的专业教师对有性格问题的少年进行有步骤的改变训练，工读教育在这方面已经有大量成功的

实例。这种努力是可操作的，社会应该大力扶持，最重要的是要有《特殊教育法》的配套，应该通过立法对特殊教育的教育者资格、使用强制权力的范围以及对学校相关管理作出明确的规定等。

第二，及时处罚，严而不厉，通过法律处置和及时惩罚进行教育与干预。由于少年的行为发展具有连续与滞后的影响，因此，社会不仅需要以法律的方式对少年的行为进行规范，更重要的是，当少年已经出现行为问题时，如何使用法律的方式予以教育和处罚，从而阻止和减少他们危害倾向的发展。心理学家在对人的心理和行为发展研究后指出："强化在建立新的行为模式方面最为有效，而惩罚的效果主要是抑制性的；如果惩罚起作用，那它是在减少某种有害的或者有潜在的反应的可能性。……在阻止儿童的不合意行为方面，惩罚无例外的可作为一个有效工具。①"

鉴于刑罚处罚对被处罚人来说具有一定的恐惧感和痛苦感，因此，人类社会对于身心尚不成熟的少年往往在刑事法律处罚中给予从轻，甚至减免的对待。但是，这些看似社会对未成年人的宽容和爱护，在某种程度上可能也是对未成年人初次违法和早期不良行为的纵容。北京曾有一实案：4 名少年预谋犯罪，他们商量说"法律在 18 岁前没有死刑，我们都不到 18 岁，判不了死刑我们可以作大案。"结果，他们在绑架杀人后还打电话向被害人家庭要 150 万。笔者认为，社会对未成年人的宽容只能在司法操作层面，而不是社会宣传的层面。

通过大量犯罪心理个案研究，我们可发现：对于很多幼儿的任性若不及时制止很容易形成其性格问题。而对于幼儿的任性，复杂的说教不如简单的惩罚更有效。对于青春期少年（指 10～18 岁），尤其是在学校学习中不爱学习、不好好学习的少年，对他们的危害性行为作出及时的惩罚也许比对他们进行温和的说服教育更为有效。

同时，早期的处罚与成年的重判，二者之间相比也有"两弊相遇取其轻"的道理，即如果对一名 10～14 岁的少年进行强制教育与早期只教育后放人，等他 17 岁杀人后再判监禁甚至无期刑相比，我们更应该倾向于哪一种选择？况且，人的行为发展具有关键期，一旦错过惩罚教育的关键期，待他们形成

① ［美］R. M. 利伯特等著：《发展心理学》，人民教育出版社 1983 年版，第 138 页。

犯罪行为的动力定型时，即使他能够认识自己行为的错误，如同毒瘾，也很难自我调整或者已经来不及调整，因为他的行为定式即习惯已经出现，这已不是认识上能调整的问题。综上所述，通过司法程序（即过程）和恰当的法律惩罚方式处置未成年人的早期危险性行为也是对他们的一种教育和社会保护。

作者主张，在《少年行为规范法》的基础上建立独立的《少年司法》，这一体系从未成年人案件立案，到对少年违法背景调查到危险人格鉴别，再到明确规定与成年人不同的多种处罚方式，如法庭初次警告令、逃学惩治令、宵禁令、父母强制学习家庭教育令、社会服务法令、向受害家庭道歉令、赔偿法令（可由监护人赔偿，也可判当事人一定年限的赔偿）等。这些法律规定自成体系，前后呼应，有别于成年人的刑事司法。这些法律措施可作为对家庭教育缺陷和学校教育不及的补充。

13.3 对危险心结的防控策略

因危险心结而犯罪的人员在犯罪前大多有着较为正常的社会生活轨迹，如正在上大学，按部就班地工作、结婚、生子等，他们不是以犯罪为生的人员。他们之所以犯罪大多是在他们人生的经历中有过某种特殊刺激引起的心结。尽管他们并不决定案件的数量，但是，我们也不可忽视这类在人数上居多数的犯罪人员。许多突发的重大案件的制造者往往出自这类人群，其社会危害性同样巨大。

同时，预防因危险心结而犯罪的难度也明显大于危险人格的犯罪人。甚至在犯罪侦查中对相关嫌疑人的排查难度也较大。这需要人们更多地学习心理学知识，包括犯罪心理学对各类犯罪人的研究知识。

13.3.1 普及心理学知识

普及心理学知识的提法似乎容易给人以泛泛之谈的感觉。但是，根据作者多年对犯罪心理现象的研究发现，许多许多犯罪人出现的犯罪心理问题往往是在他们父母“不知”的情况下造成的。

现代社会里人们越来越重视养生之道，甚至对生命的呵护已经提前到了怀孕期，当母亲怀孕时妇幼医院提供全套的孕期检查，婴儿出生后，各种防

疫针的注射也从时间到药物名称都有明文的程序规定。这是全社会对生命健康的保护，甚至在很多地区还作出相应的法规规定。同理，人的心理也有养心之道，心理的发育也有关键期，一生的心理也会染病，心理疾病也需要发现和治疗（调整），甚至需要专业人员按程序来做。所以，健康的人生在需要养生时更需要养心。否则，健康的身体就会成为可怕的杀人工具。

养心的关键在于人们要了解心理发生与发展的规律，需要了解心理疾病的各种表现形式，发病源及如何预防和干预（或治疗）。这一努力在人的未成年时期其关键在父母与老师的工作；当人成年后就在于个人的努力以及各种管理者的工作。

13.3.1.1　家长须知：人在幼年需要心理抚养

作者曾遇到许多自觉无助，甚至绝望的父母，他们面临自己养大的孩子却突然的发现孩子变得“陌生与可怕”，曾经非常乖巧的孩子突然变得狂暴，当他（她）们无奈地向我诉说孩子的问题时，当他们把孩子领到我面前时，我只有一个感受：为时已晚。他们错过了心理教育的最佳时间。

如同医生看着痛苦的病人，许多病人并不知道自己为什么生病，他们只能诉说生病的痛苦……事实上，多数疾病都与病人自身的生活方式密切相关。尽管有遗传问题，尽管有环境问题，但生活方式是最主动的因素。孩子的心理问题也同样如此。一般而言，孩子出现行为问题或心理问题，如逃学、撒谎、网瘾、顶撞父母、离家出走、动辄自杀，还有打架伤害、参与抢劫等“心理发病期”多在12岁前后至18岁前后。但是，这一年龄段的行为问题和相关的心理问题都源于12岁之前，而且大多源于父母对孩子的抚养方式。

绝大多数的父母在婚后不久发现妻子怀孕就开始做各种物质准备，如小孩衣服、童床和童车等，但是，很多父母却不知“心理抚养”必须做哪些准备？心理抚育要求新婚的夫妇在做父母之前需要想好以下问题：

1. 是否有足够的时间来陪伴孩子成长？——如果夫妻二人亟须挣钱，如果夫妻二人事业太重要，如果母亲没有时间亲自哺奶，那夫妻二人最好不要生孩子，否则，极有可能钱挣来时孩子已成败家子；事业做大时孩子已经成陌路人。在准备怀孕、准备养育孩子时，一定要做好思想准备，在孩子出生后的第一年不管如何辛苦，一定要自己带孩子，在孩子依恋期内（12岁之前）不让他（她）离开你的身边。

2. 是否有足够的耐心来陪伴孩子？——如果年轻的夫妇仍是一双只需要别人关心，而不愿意关心一个吃喝拉撒都要帮忙的婴儿；如果夫妻二人对生活琐事没有耐心也极不情愿做这类事时，那么最好不要选择当父亲或母亲。在孩子12岁之前，依恋现象一直存在，依恋现象与年龄成反比，年龄越小越重要。父母对孩子的心理影响力与心理控制力，不在父母挣钱有多少，也不在父母多有知识，更不在父母的事业有多成功，只在你为他生命的初期付出的辛苦有多少；在你为他依恋时期（指12岁以内）的陪伴时间有多少。

3. 是否知道孩子心理发展的几个基本的阶段，每个阶段需要父母来做些什么，心理抚育的内容哪些在先，哪些随后？哪些是基础性的心理抚育，哪些是一生的心理抚育？如果完全不知道有无学习的兴趣，如果没有或没时间，建议最好不要当父母。如果认为孩子出生后会自然长大，会自然懂事，那人们一定失望。因为只要心理抚养不到位，那么，电视、网络就会教育他(她)，当我们发现孩子身上出现种种“毛病”时再行动已晚。这就是心理发展有关键期。尤其是在独生子女的时代，父母没有实验期，当父母终于明白心理抚育的道理时可能已经错过了最佳教育时期。所以，心理学，尤其是发展心理学应该作为欲为人之父母者的必需知识。

为达到上述要求，在各社区或医院进行孕期教育的同时就要增加父母如何对孩子进行心理抚养的同步教育。同时，建议父母有条件的一定要阅读《发展心理学》和《儿童心理学》。

发展心理学是研究心理的发生、发展过程和规律的心理学分支。它主要研究心理的种系发展和个体发展，研究人的个体从出生到成熟到衰老的过程中心理的发生和发展。一个人出生的时候是否有心理？他的心理是怎样发生的？在儿童、少年、青年、成年、老年等各个年龄阶段中又是怎样发展变化的？它是按照什么规律发展变化的？这些发展变化在人的生活和发育上具有怎样的意义？所有这些，都是研究个体心理发展所必须阐明的问题。

在个体心理发展的研究中，儿童期的心理发展是被研究得较多的部分，这个部分构成儿童心理学的主要内容。德国生理学家和实验心理学家普赖尔的《儿童心理学》一书是这方面比较有系统的开创性

著作。从那时以来，儿童心理学的研究和专著不断涌现，使儿童心理学成为个体发展心理学中一个主要的核心部分。

13.3.1.2 教师须知：性格与能力同样重要

纵观成年人的社会，当人初入某一职业时，人们普遍关注的是此人受过何种专业教育，达到何种学历，是否来自名牌大学等。但是，当人在职业位置上步入40岁前后，我们却可发现另一种现象：那些能够居于重要的社会岗位上，或者取得人们普遍认可的成就者并非是清一色的名牌专业或高学历者，很多对社会作出贡献的人大多是那些踏踏实实、任劳任怨、与人合作，有责任感，顾全大局的人。显然，决定他们成功的是这些性格品质。

在现代社会里，学校教育越来越具有社会化生产的特点，所有适龄儿童都必须进入学校，进入学校后就会按部就班地接受小学到中等教育。绝大多数的人都是在学校度过未成年的成长时期。所以，学校教育在犯罪防控中起着极为重要的作用。

但是，学校教育一直被视为知识教育的场所。知识也被具体分为数学、语文、外语等学科。在升学考试的背景下，基础教育已经逐渐忽略了人的性格教育而只偏向于智力教育。这类教育在选拔出大量优秀智力人才的同时也显现出诸多的问题。其一是智力不具有优势的学生在学校得不到自我价值的认同。这类学生以逃学、沉溺网络、打架、抢劫、聚众斗殴等违法犯罪的方式来表现自己。其二是智力优秀、升学成功的学生却因性格自私、懦弱而出现任意地自杀、恋爱失败杀人或运用自己的知识和智力去谋划犯罪等。这类问题的出现特别需要教育工作者反思教育的真谛。

事实上，只要研究心理学就会知道，人的素质有千差万别，人才如玉材（石料），那是一种具有天然纹理与独特品质的材料，教育工作者首先要具有辨别材质的能力，然后才能因材雕刻，因材施教。学校教育必须考虑个性的差异与教学方法的差异。人不仅存在先天禀赋的差异，还有后天成长中形成的各种差异，如每个学生在家庭中的情况、家庭经济背景、父母文化背景、地区文化影响、学校风气等，如果忽略这些差异而盲目地采取统一模式教育，不仅会造成教育的僵化失效，还会制造出学生的心理问题，这类问题轻则让学生厌烦学校和课堂，出现厌学、逃学表现；重则自我否定，放纵甚至堕落，出现对社会的危害。

那么，如何通过教育帮助每个学生找到自我的价值，作为教师最重要的是对每一个学生的能力和性格的观察，教育中对人才的识别极为重要，如每名学生最喜爱什么知识，或者最擅长学习掌握什么样的技能，他们成年后如何能够通过自己的特长去在社会中寻找自己存在的位置和寻找发展自己的空间。每个人都只有在知道自己“具有哪些别人不擅长的能力”时才能知道自己的生存之道。在发挥自己的同时也帮助了社会或他人，这是能力的培养。学校还应该注重每个学生的性格教育，所谓性格是指人在后天形成的社会行为方式。性格教育就是要教会学生们如果走入社会生活，如何与他人接近并交流，如何相互学习并共存，如何与人合作和共事。并且在这类教育中让学生们明白社会生活的基本法则，即法律的意义。懂得守法，尊重法律规则。

概言之，所有教育工作者都应该成为心理专家，只有懂得心理学，才能真正通过心理的教育改变和塑造每一个人。同时建议，所有老师都阅读《教育心理学》和《个性心理学》。

13.3.1.3 个人须知：“养生”还须“养心”

在本课题的研究过程中，笔者经常去拘留所对嫌疑人进行调查访谈。许多犯罪人在与我聊天时开始还很敌对，但到后来他们大多会倾诉自己曾有过的感受与想法，尤其是曾有过的痛苦……听到他们倾诉的内容，你会发现，这是人在生命历程中的一种困惑没有人帮他解答；一种偏差的视角没有人帮他纠正；一种不自知的简单念头没有人告诉他结果的结果……于是他就以最简单、最可怕也是最愚蠢的方式行动，结果，还是没有摆脱痛苦，甚至在让更多的人痛苦之后，他自己也更痛苦。所以，研究犯罪心理我们会发现：最可怕的贫穷不仅仅是物质上的，更是心灵上的贫穷。心理上的贫穷可表现在情感的匮乏，感觉的匮乏，知识的匮乏，还有观念的空缺和信仰的缺失等。

如果说在人早年成长中，心理健康主要取决于父母对其心理抚养的程度，那么，一个成年人的心理健康则在于自身的努力，如何能够做到境由心造，事在人为？这一问题的解答需要了解养心的基本知识。

如同我们在家庭现有条件下通过自由努力的方式布置一个令自己感受舒适和亲切的家庭环境一样，我们也可以根据自己的需要在自己的内心中设置一个舒适和快乐的心灵之境，这就是“境由心造”。我们不能决定外部的环境变化，但我们活着的时候可以自己决定自己的心境：想些什么，做些什么；在心里留下什么，抛弃什么；如何协调不同的生活事件，如何面对不同类型的人员，如何通过调整生理（指运动身体）来调整心理，又如何通过心理调整（指情绪调整）来养生等。“文化大革命”中，许多遇有相同批斗经历的人有的选择自杀，有的选择坚持，事实证明，选择坚持的人们都看到了事件公正的结局。

我们不能决定外部的环境条件，但是我们能决定自己的选择，虽不能改变春夏秋冬的循环，却可在顺其自然中感受不同的温度与天气；虽不能改变生老病死，却可在做人中体会生命的辛苦与快乐。这就是事在人为。

同时建议，对心理有困惑的人可以阅读《普通心理学》和《健康心理学》。

13.3.1.4　管理者须知：知人心者为上

在此所论的管理者可包括各种职业部门（企事业及各种机构）的管理者，司法部门（公检法等）管理者，社会从基层到高层的政府部门管理者。

作为社会生活中的任何一名管理者都必须具备两种基本知识，其一是法律知识，这是所有社会（包括小社会）运行和管理的基本规则；其二是心理知识，因为任何一种管理都是对人和行为的管理，要了解不同的人或各种行为就必须了解心理学的知识。

那么，管理者需要掌握哪些心理学知识呢？在此，只想建议阅读以下书籍：《普通心理学》、《社会心理学》、《管理心理学》、《犯罪心理学》。版本不限，最好是专业出版社出版。除推荐的学科外，其他心理学科也是开卷有益。

《普通心理学》，通过学习这一学科可了解心理学研究的基本问题，包括各种基本的心理称谓（即概念），以及意识、认识、情感、个性等基本心理活动的内容。

《社会心理学》，通过学习这一学科可了解个人心理如何受社会影响（个人社会化过程），社会又如何受个人行为影响（领袖与权威的作用），人们之如何相互影响（流行行为、服从行为、从众行为等），还有团体之间、人群之间的相互影响（群体心理、团体心理、集团心理等）。如何进行民意测验，如何改变人们的态度，等等。

《管理心理学》，通过学习这一学科可以了解管理活动中的个体和群体行为，这个学科以组织中的人作为特定的研究对象，研究在一定的成本控制条件下，最大限度地调动人们的积极性和创造性。当今的管理心理学都是以人本思想为前提。它有助于调动人的积极性，改善组织结构和领导绩效，提高工作生活质量，建立健康文明的人际关系，达到提高管理水平和发展生产的目的。

13.3.2 心理危机干预与社会支持系统

13.3.2.1 心理危机与相关人群

心理危机（crisis），是指个人的正常生活或事件进程突然中断或发生转折，个人必须面临这种中断或转折进行无准备的心理反应，如亲人突遇事故去世，个人突然被解雇、突然面临巨大灾难等。人在这种危急时刻（也称人生的断裂点）不知如何应对的状态就称为危机心理。当一个人出现心理危机时，可能即使自识（也可能回避或自欺的方式）仍以一种全然不顾的方式按惯性行事，这类人也属于心理危机状态。

当个体在生命历程中突然遇到心理失控或不知所措，麻烦难以解决或难以把握，以往的平衡被打破，正常的生活受到干扰，内心的紧张不断积蓄，继而出现无所适从甚至思维和行为的紊乱，就进入一种心力失衡状态。某些当事人还会出现一系列的身心反应。生理方面：肠胃不适、头昏疲乏、食欲下降、失眠、做噩梦、容易惊吓、肌肉酸痛等。情绪方面：出现紧张、焦虑、恐惧、怀疑、沮丧、忧郁、悲伤、易怒、绝望、麻木、否认、孤独、愤怒、烦躁、自责、过分敏感或警觉、持续担忧等。认知方面：常出现注意力不集中、缺乏自信、无法做决定，健忘、自语，效能降低、不能把思想从危机事件上转移等。行为方面：呈现多余动作，坐卧不安，害怕见人或逃避外人，还有不愿出门、社交退缩、暴饮暴食、不断自责或怪罪他人、不信任他人等，这一切都属于人的心理危机状态。

心理危机是很多人都会遇到或是一种感受轻重不同的生活经历。一般较轻的心理危机如同人的心理感冒一样，随着时间的推移具有自动减轻或消退的情况。但当人遭遇较严重的心理危机时，其反应较难预料。有的人仍然能

够顺利渡过危机期，并学会了处理危机的方法策略，这种人的心理健康水平较高。有的人则在渡过危机后留下心理创伤，影响今后的社会适应，如前面分析的杀害17名少年的黄某案，还有系列残害妇女的杨某案，还有系列尾随杀人强奸的林某案等。有的人经不住刺激而自伤自毁；有的人则发生对外部他人的攻击行为，即犯罪行为。如本书前面列举的因生活陷入窘境而与道观的住持发生冲突的邱某，因移民不适应而出现心理异常的赵某（美国校园枪击案犯），因一次诉讼伪证而被取消律师资格致使生活发生巨大变化而犯罪的高某（沈阳系列锤砸抢劫案主犯），还有入伍后明显不适应军营生活而激情杀人的杨某，湖北一次杀8人的熊某等都属于这类心理危机状态下的犯罪人。

由此可知，生活经济窘境者，情感失意者，学业或职业挫折者，特殊事件经历者，生活背景改变者等都属于心理危机的人群，也是犯罪防控的重点对象。

13.3.2.2　危机干预与社会保障

危机干预（crisis intervention），是指对处在心理危机状态下的个人采取明确有效措施，使之最终战胜危机，重新适应生活。为了进行有效的危机心理干预，必须了解人们在危机状态下有哪些心理需要。

有效的危机干预就是帮助人们获得生理心理上的安全感和社会支持感，缓解乃至稳定由危机引发的强烈的心理紧张、愤怒、悲伤或绝望的情绪，恢复心理的平衡状态，对自己近期的生活有所调整，并学习应对危机的有效策略与健康行为，得到他人情感的理解与支持等。

危机干预可采用的治疗技术包括认知治疗、行为治疗、表达支持治疗、患者中心疗法、家庭治疗等，其中最重要的是社会支持技术，在干预中要让个体表达或发泄内心的情绪，并在此基础上给予同情、解释和保证，树立其信心。另外，帮助当事人获得新的信息或知识；在可能的范围内，帮助安排日常生活，并调动和利用社会支持系统，即亲人、朋友、社区、单位等共同帮助渡过难关。

这类危机干预既需要有人发现问题，这多由亲属或近邻来发现，又需要有专业的心理学工作者介入，进行评估并提出干预方案，还需要社会志愿者，学校、社区、单位，甚至民政部门的救济工作的参与，以落实心理干预的方案。

如果某种心理危机还具有“人际冲突”或“矛盾纠纷”时，就需要进入下一个环节，即社会冲突调解机制。

13.3.3 完善社会冲突调解机制

因危险心结而犯罪的人员当中，有的心结就与某种人际冲突或矛盾纠纷有关，如上海袭警案的杨某因与盘查的警察发生冲突，云南大学杀害同学的马某因与同学争吵发生冲突，陕西汉阴县的邱某因与道长吵架发生冲突，还有某政法院校发生的课堂上杀害老师的付某则是因女朋友而与老师发生心理冲突等。还有许多因经济纠纷、情感纠纷、家庭矛盾、单位人际关系冲突而制造伤害、杀人、爆炸、劫持人质等恶性案件。因此，如何在社会环境中建立健全社会冲突调解机制非常重要。

13.3.3.1 社会冲突与危险心结

社会冲突中最常见的类型是人际冲突，即发生在人与人之间的冲突，包括家庭冲突、邻里冲突、学校冲突、职业冲突，经济纠纷冲突，还有路上行人间的冲突，这些冲突往往直接刺激人的情绪，使人出现狂暴之举。

家庭冲突，有的因为夫妻不和，有的因为经济纠葛，还有的因为婆媳不和，或者因为第三者插足等。由于家庭是人们生活的基本场所，因此，家庭内发生的冲突具有频发并逐渐升级的特点。家庭冲突后常常导致家庭暴力，严重者就会出现疯狂杀人之举。

邻里冲突，由于居住相邻，人们会为一些物品的摆放占地、遮挡阳光、噪音侵扰、烟味侵扰、打牌争执，甚至争风吃醋等生活琐事发生冲突，严重者也会出现行为冲突，甚至出现伤害或杀人行为。

学校冲突，往往在中等学校或大学较为突出，中学常常表现在相互欺负的现象中。大学则主要发生在同一宿舍中的生活冲突上。

职业冲突，这往往发生在单位的聘任、升职、工资、工作权限、降职、解聘等环节中，由此发生怨恨而进行伤害杀人。

经济纠纷冲突，在经商过程中，大量欠债不还，扣押工资，工伤抛弃等引发的纠纷，当事人大多投诉无门，由此引发心理危机而发生绑架、抢劫，也有伤害与杀人犯罪。

社会冲突还有其他的类型，如个人与部门的冲突，经济纠纷中的法人之

间的冲突等，这类冲突很容易引发治安事件，甚至群体违法事件。在2009年广州海珠大桥上仅4～5两个月间就发生的10多起爬上大桥欲跳桥事件，导致交通堵塞，社会秩序受到严重干扰。结果在受堵者与旁观者之间还有不同的看法产生歧义。上述冲突都与心理危机或危险心结有关，如果社会缺乏相应的疏解渠道，将会愈演愈烈。

13.3.3.2　调解冲突要纳入法治体系

目前人们在遇到各种社会冲突，包括人际冲突时，寻找解决冲突的目标太多，而且，人们普遍不重程序，只重级别，即解决问题的求助目标往往是层次更高的领导部门。这种现状不利于迅速化解各种社会冲突。正常情况应该是，与商家发生冲突要找消费者协会，家庭发生暴力时要找警察，与警察发生冲突时要找公安局的纪检部门，与邻居发生冲突时要找居委会或村委会。然而近年来，人们解决各种问题或解决某些冲突时全都聚焦于信访，找信访即行政部门，确切地说是找一把手已经取代了找法庭的方式，并且出现了不断“上爬”的趋势，即在区县信访解决不满意就到地市一级，地市信访解决得不满意就上省城，省城信访解决得不满意就上首都找中央。甚至很多人已经已经无视法律体制，即使法院二审判决后仍在上访。信访模式已经将各种社会矛盾呈箭头式地集中指向社会上层，这种社会冲突的解决模式十分不合理。

社会冲突的化解应该全部纳入法律体系之内，由法庭执行，至于法官或陪审员仲裁的方式可以考虑设计得更加公正合理。我们可以借鉴国外陪审团制度，由不同社会角色组成陪审团（根据案情组成5～11人的陪审团），在听取当事人的陈述后根据“旁观者清”的原则进行众人裁决。法官只管掌控法庭进程而不做裁判官，裁决由陪审人员投票表决。这种审理团可不局限于地区，为公正起见可由外地法官和本地外地陪审员混合审理，也可由专业巡审方式审理，通过这种制度设计跳出本地“官官相护”的局限性，使得法律裁决或判决结果更加客观、公正、合理，让当事人无可挑剔。

这种设计人们可能质疑：那诉讼费用如何解决？巡审或异地请法官、请陪审人员可能会增加诉讼费用，但是，目前我们的信访模式其花费并不节省人力和财力，若与这方面的费用比较，这种巡审的费用付出并非不可实现。

为了在法治的范围内解决所有的社会矛盾或冲突，社会制度必须保障能够让所有的穷人也能打得起法律官司。当民工拿不到工钱，当做生意的人遇到不还钱的人，当孩子上学遇到抢劫威胁时，民工、生意者、家长等能够通过当地法院的裁决和法律执行解决问题，这才是法治的国家，这才能让人们和谐地生活。让公民知道法律普遍存在的现实，才能让公民增加法律意识。

谈到法律普及化就涉及法律运行的成本问题。为了让所有的人能够知道法律的存在，为了让所有的人在没有钱的时候也有一个“说理”和“讲理”的地方，就应该降低我们现有的法律诉讼费用。笔者认为，在求助法律的过程中可采取“小案自己承担，大案寻求援助”的方式解决。如果诉讼内容非常简单、1～2次审理可达到目的，费用低于当地生活标准的案件可让当事人自己解决。如果诉讼问题复杂，需要超过3次庭审，而当事人已经生活困难，可由当事人自己承担1/3，另2/3可申请法律诉讼基金的援助。这需要建立法律援助的公基金制度。如果法庭已经判决，个人仍要继续诉讼，即二次提起诉讼请求时可由当事人承担主要的诉讼费用，或者规定由败诉方承担主要费用。如此设计，既可让需要的任何人都能通过法律解决生活纠纷，又确实保障法律诉讼的成本不被滥用。

凡是这种司法审理和调解还应制定相应的基本原则，如避免本地人员审理，避免本部门或系统内人员审理，避免单个人的裁决，陪审团人员不存在上下级关系，仲裁（审判决议）票数必须超过2/3，审理结果需要公开等。

总之，调解社会冲突的司法程序需要精心设计，使其合理并科学，同时还应该具有社会试验过程，在部分地区通过事实可操作性试验发现问题并予以调整和完善。通过社会冲突的法律调解机制减缓社会冲突带来的暴力倾向，从而也让个人通过公正、公开的外力判决得到一种心理制衡或平衡。

综上所述，犯罪防控有两种策略：其一，若从总体上控制刑事案件的数量，尤其是重复性案件、系列性案件其工作重点放在具有重复犯罪倾向的危险人格者身上。其二，若从总体上减少犯罪人员的数量，尤其是预防突发案件的发生，其工作重点则在于普及心理学知识，注重心理干预和完善社会支持系统，还要完善社会冲突的调解机制。

附1　本课题收集的大要案、个案情况一览表

序号	主犯	案件名称	被捕年月
1	白某	北京市系列持枪抢劫杀人案	1997年9月
2	靳某	河北省石家庄市重大爆炸案	2001年3月
3	张某	鄂、渝等地系列持枪抢劫杀人案	2001年4月
4	李某	北京市轿车系列抢劫案	2003年6月
5	李某	北京市出租车系列奸杀案	2003年6月
6	卞某	安徽省系列抢劫强奸杀人案	2003年7月
7	黄某	河南省平舆县杀害17名青少年案	2003年11月
8	杨某	皖、豫、鲁、冀四省系列入室强奸抢劫杀人案	2003年11月
9	周某	辽宁省鞍山市出租车系列杀奸案	2003年11月
10	孙某	安徽省系列杀抢案	2004年00
11	刘某	浙江省杭州市杀人碎尸案	2004年3月
12	王某	北京市系列绑架杀人案	2004年3月
13	马某	云南省某大学杀害大学同学案	2004年4月
14	夏某	山东省荣成市系列猥亵案	2004年4月
15	李某	湖南省流窜奸杀案	2004年5月
16	任某	北京市四少年绑架杀人案	2004年8月
17	马某	武汉市系列抢劫银行杀人案	2004年11月
18	王某	辽宁省系列抢劫、强奸杀人案	2005年3月
19	陈某	湖北省系列拐奸杀幼童案	2005年6月
20	郑某	重庆市系列抢杀碎尸案	2005年7月

（续表 1）

序号	主犯	案件名称	被捕年月
21	赵某	内蒙古系列强奸杀人案	2005 年 10 月
22	宫某	黑龙江省佳木斯市奸杀儿童案	2006 年 1 月
23	班某	辽宁省大连市系列抢劫杀人案	2006 年 3 月
24	武某	河北省抢劫杀人案	2006 年 4 月
25	杨某	山西省阳泉市系列残害女性案	2006 年 4 月
26	宋某	豫、陕系列奸杀幼女案	2006 年 5 月
27	刘某	河北省石家庄市变态奸杀案	2006 年 7 月
28	傅某	广东省珠海市系列奸杀案	2006 年 8 月
29	邱某	陕西省汉阴县某道观杀害 10 人案	2006 年 8 月
30	董某	赣、浙、闽三省系列入室奸、抢、杀人案	2006 年 11 月
31	张某	广东省河源市系列杀人案	2006 年 11 月
32	刘某	豫、皖、鲁系列奸杀抢案	2006 年 12 月
33	陈某	安徽省萧山县杀人碎尸案	2007 年 1 月
34	朱某	安徽省宿州市杀妻灭女案	2007 年 1 月
35	郑某	河北省赞皇县系列奸杀案	2007 年 3 月
36	高某	辽宁省沈阳市系列捶砸抢劫杀人案	2007 年 5 月

附 2－1　本课题的犯罪人员调查表

你曾经做过哪些行为（在号码上画√）：（例如：我曾经盗窃过，在“2 盗窃”后画√）

1. 扒窃；2. 盗窃；3. 抢劫；4. 抢夺；5. 诈骗；6. 伤害；7. 强奸；8. 猥亵；9. 杀人；10. 放火；11. 涉毒；12. 绑架；13. 敲诈勒索；14. 其他。

你第一次违法作案是什么行为？________；多大年龄________。

你现在是第几次服刑？________；现在多大年龄________。

按时间顺序写出你做过的违法类型：1. ________；2. ________；3. ________；4. ________；

从小到大，你大约做过多少次违法案件？________________起；

到今天为止，你被警察抓过几次？____________________次；

到今天为止，你在监所（包括拘留、劳教、监狱等）共待过多少时间（年）________年。

问题	填写	问题	填写
你出生的年月日（阳历）		若是阴历填后面	
上学的时间和年龄		离开学校的时间和年龄	
第一次离家（外出打工）时间		受过几次处罚？	
第 1 次违法时间、年龄		什么行为？	
——受何种处罚或处分？		服刑多长时间？	
第 2 次处罚时间、年龄		什么罪名？	
——判多长时间？		服刑多长时间？	
第 3 次被处罚的时间、年龄		什么罪名？	

（续表 1）

问题	填写	问题	填写
——判多长时间？		服刑多长时间？	
第 4 次被判刑时间、年龄		什么罪名？	
——判多长时间？		服刑多长时间？	
第 5 次被判刑时间、年龄		什么罪名？	
——判多长时间？		服刑多长时间？	
第 6 次被判刑时间、年龄		什么罪名？	
——判多长时间？		服刑多长时间？	

附 2－2　犯罪人分类调查表

以下情况有四大类（A、B、C、D），你觉得自己最符合哪一种情况就在后面画√。不要全画！

A 题		符合就画√
A1	我在童年时（12 岁前）生活很幸福，很受家人宠爱；	A 类
A2	我曾与爷爷奶奶（或姥姥姥爷）一起生活；	
A3	我妈妈一直在家照顾我，我从小在家里什么都不干；	
A4	我们家的事我从来不管，我只管自己的事；	
A5	虽然我没有什么病，但我干不了太累的活，也不能长时间干活；	
A6	我不爱上学，因为学习太累；	
A7	我在中学时曾惹事被警察找过；	
A8	我要想干什么，就一定要干，谁也管不了我。	
B 题		
B1	我小时候（14 岁前）就经常在外面惹事；	B 类
B2	我父亲很严厉，我虽然怕他，但他也不能管住我；	
B3	即使我母亲为我伤心，我也不会为她改变我自己；	
B4	我不信有什么“真心朋友”，这世上只有相互利用的关系；	
B5	我会喜欢很多的女性，但我不会对任何一个动心的；	
B6	我 18 岁之前就被警察教育过；	
B7	我要想干什么，就一定要干，谁也管不了我；	
B8	我上学时学习并不困难，但我心思不在学习上。	

（续表 1）

C 题		
C1	我在上学期间表现一直很好，最后正常毕业；	C 类
C2	我在离开学校前没有出现过任何不良行为；	
C3	我很爱我的父母和家人；	
C4	我曾经工作过，而且工作表现良好；	
C5	我在 18 岁前没有干过任何违法犯罪的事；	
C6	我已经结婚，有自己的家庭和孩子；	
C7	我曾认真地爱过一个女人；	
C8	我只有一次犯罪行为，只有这一次处罚经历。	
D 题		
D1	我很小的时候就开始自己管自己（自己照顾自己）；	D 类
D2	我 15 岁前就开始离家外出（指流浪、乞讨、打工等）；	
D3	我很想上学，但由于家庭原因我连初中都没有上完；	
D4	我的家庭曾出现过较大变化（父母离异、改嫁、服刑等）；	
D5	我已经习惯四处流浪的生活；	
D6	如果有个女人对我好，我会和她好好过日子的；	
D7	我很小的时候就偷过小东西（扒窃）；	
D8	我的父母虽然生了我，但他们几乎不管我。	

以上四种情况，如果只能选择一种，你觉得你自己更接近哪一种情况？（四选一）	A 类	
	B 类	
	C 类	
	D 类	

名词解释

1. 犯罪防控

指人类社会对危害社会的犯罪现象进行的各种预防和控制的努力。犯罪防控的目的是要减少犯罪发生的数量，降低犯罪造成的社会危害。

2. 威慑防控

也可称法律威慑的防控，指通过立法并昭示于世人或者通过司法昭示于世人来达到威慑和制止那些有犯意的人使其不敢犯罪的努力。

3. 惩罚防控

指通过加重刑罚处罚，如加长监禁时间，增加监禁的痛苦感受等，让已经犯罪的人感受到惩罚带来的痛苦超过犯罪快乐而不再犯罪的努力。

4. 宣教防控

指将与犯罪有关的法律条文、惩罚规定与惩罚结果（如宣判或示众等）通过学校教育和社会宣传，以通过直观、言语、文字等方式告诫世人以避免人们进行犯罪的努力。

5. 技术防控

指通过研究制造各种防止犯罪发生的防护设施、监控器、警报器等技术设备来预防重点部位发生犯罪的努力。还包括研究各种用于侦查的技术手段，通过及时破案打击犯罪的努力。

6. 情境预防

指在容易发生犯罪的时间和空间范围通过增加巡逻，加强灯光，加装防护装置等方式让有犯罪意图的犯罪人无法实施具体的犯罪，这是一种针对性极强的具体预防努力。

7. 犯罪返祖现象

这一观点由意大利犯罪学创始人龙布罗梭在1876年提出，是指犯罪人员中有一部分人，他们不思悔改，不断地重新犯罪，并且在一定时间中保持着犯罪频率，从而给社会带来非常严重的破坏和损失。这是因为他们“有着生理上返祖的缘由，也起因于某些兽性的本能”。

8. 天生犯罪人

意大利犯罪学家菲利在1882年发表的犯罪社会学中将犯罪人分为5种类型，即精神病犯、天生犯罪人、惯犯、偶犯和情感犯。而天生或本能的犯罪人是指那些容易表现出犯罪人类学所确定的器官和心理特征。这些人既残忍蛮横又狡猾懒惰。菲利指出，他们“既不是精神病患者又不是正常人的罪犯”。

9. 自然犯罪

意大利犯罪学家加罗法洛在1885年提出，“那些被所有的文明国家都毫不困难地确定为犯罪并用刑罚加以处罚的行为”就为自然犯罪。与之相应的是法定犯罪。

10. 犯罪异常

意大利犯罪学家加罗法洛在1885年提出，所谓犯罪异常是指那些因心理异常、情感异常和道德异常而犯罪的人。自然犯罪大多由这类人实施。

11. 异常犯罪人

见犯罪异常。

12. 犯罪心理结构

由罗大华等人提出，是指驱使行为人趋向犯罪的多种心理因素的异常状况及其组合方式与综合动力表现。

13. 人格障碍

又称变态人格，是变态心理学或精神医学的术语。指成年时期个人的固定的适应不良行为模式。具有人格障碍的人会令周围的人感到困扰且无法改变他。这种人格障碍一般从少年就显而易见并终身存在。

14. 人身危险性

这一提法多见于刑法学领域。有狭义与广义之分。狭义说认为，人身危险性就是再犯的可能性；广义说认为，人身危险性是再犯可能性与初犯可能性的统一。

15. 危险人格

危险人格就是指对他人或社会具有重复威胁或持续危害倾向的一种人格现象的总称。

16. 危险心结

指个人因某一特殊刺激或经历致使其心理出现失败反应，由此出现执著于失败的心理扣结现象。因无法超越或摆脱而出现对他人或社会犯罪行为的心理问题总称。

17. 基本社会化

其过程同“心理早期发展”。指个体从出生到 18 岁如何在外部的影响下接受社会生活的基本要求，学习社会生活的基本规则，掌握社会生活的基本能力，直至能够在符合社会要求、遵守社会规则、通过社会能力进行个人生存和生活。

18. 基本社会化缺陷

主要指个人出生后依靠的家庭出现结构性缺陷或功能性缺陷，使个人在早期的心理发展过程出现心理问题，包括未能形成社会规则意识，未能掌握社会生活能力，从而不能以符合社会要求的方式生存或发展的人格问题。

19. 乏爱型缺陷

与危险人格有关的社会化缺陷类型之一。指在基本社会化进程中因缺乏情感抚养而造成某个人终身的社会能力、社会情感和观念等方面的缺陷。这种情况与犯罪人格的形成密切相关。

20. 溺过型缺陷

与危险人格有关的社会化缺陷之一，指人在基本社会化进程中因过度宠溺抚养而造成个体终身的社会能力、观念和性格等方面的缺陷。这种情况与缺陷人格的形成密切相关。

21. 心理基础

包括人的生理遗传与心理早期发展。前者相当于心理发生的硬件；后者相当于心理发生的系统基础软件。

22. 生理遗传

系心理现象发生的客观基础。心理的生理机制主要由人的神经系统所构成，同时还受到人的遗传基因的制约或影响。

23. 心理早期发展

指人从出生到成年的心理发展顺序与内容。类似于基本社会化过程。基本社会化重点研究社会如何对自然人进行影响使之变成社会人的过程。而心理早期发展重点研究个人在18岁前不同的心理内容如何依序出现并逐渐成形。

24. 依恋

系人早期心理发展最基础和最重要的内容之一。依恋是人在初生时对某一稳定抚养人其专一的依赖与眷恋、不愿其离开的情感现象。婴儿在半年左右就开始出现明显的依恋表现，不愿自己依恋的对象离开自己。依恋是抚养者通过辛劳的抚养过程获得对孩子心理教育与控制资本的过程。

25. 言语

是人表达自己并与人交流的心理现象之一，系人在早年心理发展的内容之一。是人通过感知和学习而获得的一种心智技能。这种能力一旦获得终身具有。

26. 社会性

又称社交，交际，表明一个人是否擅长交往，是否喜好合群的一种心理现象。系人在早年心理发展内容之一。社会性发展良好的人往往擅长与人交往，也好交际，称之为亲社会性。相反，社会性发展不好的人往往不善于与人交流和协作，严重者可让人在婴幼儿时期就出现自闭症。

27. 认知方式

早期心理发展内容之一。系后天心理发展中逐渐形成并稳定的一种学习与社会认知的风格。认知方式往往取决于人在早年家庭抚

养的方式，更多地体现在个人认知时的注意品质中。

28. 性格形成

早期心理发展的重要内容之一。是指个人后天形成的社会行为方式，这类行为一定在与他人有关的行为中体现。性格有好坏之分，与人的品德密切相关，也是人格的核心内容之一。同时，性格形成有关键期。人到成年后性格体现的社会行为方式基本稳定，不易改变且伴随人一生。

29. 观念形成

是指人在接触客观事物的同时形成的相应看法或想法。越早形成的观念越具有稳定长久性。

30. 日常心理

指每天在现实生活中个人的各种心理表现活动，包括意识、认识、情绪情感等活动。

31. 意识

根据美国心理学家阿瑟·雷伯编著的《心理学词典》：（1）一般指一种觉知状态；（2）包括感觉、知觉以及一个人瞬息间觉知到的记忆在内的一个心理领域，亦即人在专注着的当前精神生活的那些方面；（3）可加以内省的心理成分；（4）人在瞬间觉知到的所有的心理内容。

32. 觉知

系与意识有关的心理术语。觉，指人对外界、对他人和对自己，包括对自己内心的感觉与知觉能力；知，指人对曾经感知过的材料能否记忆和思维的能力，只有记住并纳入思维的内容才为知。觉知最基本的表现形式就是清醒与睡眠，分别为简单的有觉知和无觉知。

33. 自然觉知

是个人对自然，如温度、声音和光亮刺激的意识。是人最简单和初期的意识表现。

34. 社会觉知

是个人对他人和社会关系的觉知。对他人的觉知出现在婴幼儿的依恋初期，而对社会关系的觉知则出现在孩子接触抚养人之外的社会环境后的一种觉知。

35. 自我觉知

又称自我意识，是个人对自己的意识。包括自我感觉意识，自我独立意识（社会角度意识），自我反思意识。这三种自我意识分别出现在人的不同年龄并代表人的不同心理成熟水平。

36. 自我感觉意识

表现在个人能够对自己身体的感受有所觉知。当小孩能够表述自己的感受或病痛部位时就说明他已经有了对自己身体的感觉意识。这只是初级的自我意识。

37. 自我独立意识

当个人成长进入青春期时，由于身体高度接近成年人，个人的感受也开始成人化，出现对抚养者的反抗、渴望自主、要求独立，这表明人开始有了自我独立意识。

38. 自我反思意识

这是人最高水平的意识。这种意识现象只能在成熟的社会意识与成熟的思维抽象能力基础上才能发生。当个人能够通过对他人态度变化的意识和对自己已经内化为良知的意识，再根据个人的记忆与思考反省个人曾有过的心理和行为，客观地评判自己的行为或心理，在此意识基础上调整个人的行为。这也是人最难出现的成熟意识。有这种意识水平的人即使没有外力也能自我发现和调整自己的心理问题与行为。

39. 前意识

是指人在某一时间内往往明明知道的事情却一时不知，过一段时间又自动恢复、变得“知道了”的内容。这些意识内容居于意识的边缘。

40. 不意识

是指人在意识的时候因为没有给予集中注意力而没有察觉或记住的内容。这些内容似乎不知又并非彻底不知，如果需要追忆时仍可发现其存在于心（或记忆之中），只是不需要的时候他们都在不意识的范围内。

41. 潜意识

是指人需要隐藏或遮掩的意识。概言之，与人的性有关的隐私内容都属于遮掩和回避的范围，亦即属于潜意识的内容。由于潜意识的“潜”字还含有“深”的意思，所以，潜意识还包括因时间的久远而位于意识深处的内容，这往往指人在早年感知过的一些内容。

42. 认识

是人与外界（包括自然与人）接触、获取信息并作出反应的一种心理现象。认识始于感知觉，然后发生记忆，在记忆的基础上通过心象和语言系统进行思维。

43. 感知觉

所有的认识都起源于感觉和知觉。感觉是人对外界事物单一属性的反应，知觉则是对外界事物或人整体特性的反应。

44. 记忆

是以识记、保持、再认和再现的方式对外界事物进行的反映。记忆是认识的一个重要环节。

45. 心象

是人通过外部感知觉获取的事物刺激形象在内心呈现的一种心理图像或心理景象。多见于视象，还可包括听、嗅、味和触觉象，心象有从感知觉获得的感觉后像和表象；也有从思维活动形成的想象或幻象等。心象是犯罪心理画像的基础。

46. 思维

是人借助语言符号系统对客观事物进行间接和概括的反映。

47. 情绪

包括情感，是指人在各种需要满足与否的情况下出现的心理体验、生理反应和外部表现。

48. 情感

也是一种情绪。更多地与社会性需要有关，涉及对人和社会的心理体验和反应。如前所述的依恋就是一种情感。

49. 心理风格

又称人格。指个人先天禀赋或后天早期形成的具有整体、独特和稳定性的心理动力、心理制动和心理表现等风格。

50. 心理动力风格

心理动力指引发个人各种活动的内在动力，包括兴趣、需要、欲望、期待等。

51. 兴趣

指人积极主动出现的目标指向，当人与其接触时能够产生快乐的情绪体验。

52. 需要

是有机体内部的一种不平衡状态。凡有生命迹象就存在着需要。心理学家马斯洛将需要分为：生理性需要、安全性需要、归属即合群需要、尊重需要和自我实现的需要。这几种需要依序出现并发展，并可影响到个人的人格发展。

53. 欲望

是意识到的需要。表现为愿望和向往，是心中期待实现的想法。

54. 心理制动风格

心理制动指个人内在心理具有的一种自我控制力量的内容。具体包括人的观念、信念和信仰，这些内容都对人自身具有控制力。

55. 信念

这是一种坚信不疑的观念。信念是个人通过实践证实其正确后更加坚信的观念；也可以通过反复灌输或用别人实践成功来证实并强化形成。信念可使人的行为始终如一。

56. 信仰

是人对超现实现象的坚信不疑并身体力行的心理现象。信仰与信念有相同点，都源于人在后天的认识。但二者之间也有不同，信念是对现实的认可，而信仰则是对非现实内容的认可。信仰可以让人的行为出现一种精神支撑的力量，同时也可起到对现实欲望的约束。

57. 反社会人格

危险人格之一。特指在个人行为中普遍存在的无视和侵犯他人权益的模式。如果一个人其稳定的行为模式经常与基本的社会规范（包括道德和法律）相悖，并由此给周围人或社会带来困扰、破坏和危害，具有这种行为模式的人就被称为具有反社会人格的人。

58. 自然情感力

是指人在生命活动中自然出现的一种情感现象，从依恋父母、建立伙伴友情、出现爱情到舐犊之情都为人在一生中自然出现的情感表现。若缺乏或表现相反就为缺乏自然情感力。

59. 道德白痴

又称悖德狂。白痴，是指由于大脑不完全的或变态的发展所造成的智力极端落后，难以接受正常教育的人。道德白痴也有相似用意，即由于先天要素或早年心理发育障碍导致的个体道德情感方面的不可教化。

60. 犯罪人格

危险人格之一。指人在后天早年的社会化缺陷下造成的个人长期与违法生存方式相伴并因此与监所为伍，在一种近犯罪化而非正常社会化的过程中形成的一种较稳定的犯罪倾向和犯罪个性特征。

61. 缺陷人格

危险人格之一。指在基本社会化阶段因抚养者的溺爱与放纵造成的观念与性格上的严重缺陷，从而形成一生的自私、骄横和任意的心理风格。这也是一种后天形成的人格缺陷，并且在重复投机犯罪的人员中最为多见。

62. 心理障碍

一般泛指由于心理的、社会的、生理的或药物的原因所造成的无法有效适应生活的失常现象。心理障碍既包括刺激引起的退缩、停滞等心理创伤性障碍，也包括因先天因素或早年心理发展缺陷导致的人格障碍。

63. 心结

指人的一种心理历程被阻止、被压抑而形成了某种心理发展的淤结或象形如扣的状态。由此，个人心理表现出异常的症候和行为。

64. 心结点

也可称心结刺激源，一种与心结有关的刺激。指某种外界事物或事件在某一具体的时间和地点对某个人产生强烈刺激而形成个体的失败反应，进而影响其随后的心理发展。这种具有时空特点的刺激就为心结点。（见刺激源）

65. 刺激源

对人的心理而言每天都在面临各种刺激，但是，当某一刺激使人出现心结时，这种刺激就具有与心结有关的特殊意义，故称为心结刺激源。

66. 心理创伤

一种经验如果在很短的时期内，使心灵受到一种很高度的刺激，以致不能用正常的方法谋求适应，从而使心灵的有效能力的分配受到永久的扰乱，我们便称这种经验为创伤的。心理创伤犹如生理创伤有痛感一样，心理创伤也会让人为之痛苦并下留下心理伤痕。

67. 创伤性刺激源

与心结刺激源相同。

68. 经历

指个人在生命历程中遇到的各种事情（即心理刺激）的总和。

69. 特定经历

每个人在其一生中既有与别人相同的刺激，还会有自己独有的刺激源，甚至人人都会遇到的各种刺激在某一特殊个体身上也会形成特殊的刺激组合，因刺激的特殊组合而形成一个人的独特经历。

70. 意结

又称“意识抑结”。指个人在有意识的状态下出现的部分意识活

动的自我抑制和阻结现象。当人对自己内心已存在的内容或存在的事实进行抑制或遮掩，甚至通过犯罪的方式达到这种遮掩或抑制目的就为意结类犯罪。

71. 知结

又称“认知偏结”。指个人的认识活动因感觉狭窄和思维偏执而出现的认识扭结现象。当个人的认识出现狭窄或偏离而出现扭曲和偏差认识时，个人往往会出现相应的偏执或疯狂行为，严重者会出现严重的犯罪行为。

72. 情结

又称“情感纠结”。指个人因心理创伤和情感困扰而出现的一种心理纠缠与扭结现象。当人因情绪或情感引起的痛苦感受时，有人会出现发泄或迁移的行为，这种行为多为泛化性的暴力犯罪。

73. 瘾结

即成瘾性心结。指个人在一定时期内陷入某种兴趣而不可自拔、丧失自我、生活无序的心理状态。瘾结与人的特殊兴趣有关，如网瘾（Cyber freaks or Virtual Addiction）、赌瘾（Gambling）、酒瘾（Alcohol）、毒瘾（Drugs）等。

74. 迷结

即痴迷性心结。这类迷结在某些方面与瘾结者相似，沉溺，一反常态，生理异常等，但还存有差别。由于痴迷的对象往往与崇拜、偶像、信仰有关，所以，痴迷者的表现更倾向于幻想，因痴迷幻想致使其思维变得狭窄，偏执或疯狂，从而出现异常行为。

75. 滥杀

指在一次犯罪中杀害多人的案件或时间上连续作案杀害多人的案件。这种案件的作案者往往具有情结类的心理问题。

76. 变态

属于一种异常现象。所谓异常，是指异于常态。常态概念源于数学或统计学，是指一种范数，即标准数值，如平均数就是一种范数。当这种范数成量数时，在次数分配上，所有的集中数，除平均数外还有中数、众数，均可视为常态。该数字常被用来作为与个别数量进行比较的根据。非常态的行为又分正态中的非常态和负态中的非常态。变态指接近负极的少数。

77. 心理常模

在心理学中，常态也被称作常模（norm），它是进行心理标准化测验的必备条件之一。所谓常模，是指标准化样本的平均数以及平均数上下的标准差。当心理学家对某群体样本进行心理测量后，经过统计处理便可得到一个常模。若要了解某一人或某种特定心理现象时也对他进行同样标准测试，得出一个分数再与常模进行比较，如果其个人数值在常模数值的平均数周围或说在标准差范围内，他的心理水准就为常态；而远离平均值或超出标准差范围就为超常或变态。

78. 变态行为

变态行为就是人群中极少数人的行为；对于个人而言，变态行为就是异于他日常生活行为的少数行为。

79. 变态人

可从人们普遍具有的社会认知能力直观地观察，若一个人的外部活动特征不同于一般正常人的普遍特征者都为变态者。包括人格变态者、瘾状发作人、精神病人、处于激情状态者等。

80. 变态心理

心理变态非常复杂，有很多类型和不同表现形式。有单方面心理变态而不影响其他心理活动，如兴趣变态可单一存在；有单方面心理变态而影响其他心理活动，如智力变态。有需要治疗并控制的病情式变态，如癫痫；也有无须治疗也无法治疗的风格式变态，如同性恋。

81. 犯罪心理画像

即以往刑事侦查中对嫌疑人的刻画分析。犯罪心理画像是在心理学研究的基础上在侦查阶段根据已掌握的情况对未知名的犯罪嫌疑人进行相关的行为、动机、心理过程、心理状态以及心理风格等分析，进而通过文字形成犯罪嫌疑人的人物心象描述。

后 记

我经常因为可望而不可及地羡慕那些著作等身的人，常常怨恨自己的笨拙。我第一本书用了 14 年，这本书与第一本书相隔整 10 年。

此书撰写有许多的感受：我曾先后三次对监狱的在押人员进行问卷调查，其中第一次调查结果遭遇失败，500 多份问卷不能归类，这倒也换来了我的进一步思考、重新认识和设计调查题目。随后，再一次进行问卷调查。面对收回的一堆问卷，我用了将近三个假期（其中两个暑假）先爬在家中的地上进行分类，对重点问卷在沙发上一张张地细看，随后是将其输入计算机内，通过统计软件看到我需要的结果，再之后是撰写分析结论，辛苦两年落在纸上不足万字，即第 2 章的内容。

不仅调查研究需要时间和校正最初的想法，就是在撰写时也同样经历煎熬。鉴于犯罪心理研究涉及学科内容极其广泛，写作常有心有余而力不足之感。许多问题有认识和思考，但若清晰和严谨地表述出来却还需要一个过程。有时会为一个概念、一段论述而焦灼、踌躇，加之平时的工作繁忙，能够静下心来比忙碌起来的难度更大。在初稿完成时，我已经失去自我审查的耐心和能力，于是先请我的一位同行和我的一位毕业的研究生作为第一读者。北京警察学院的荆明珠教授和现在公安部监管局工作的张玮同志以极大的耐心和认真的态度看完了我粗糙的原稿，她们虽然委婉却也毫不留情地提出了许多宝贵的修改意见，尤其是提出了全书结尾的欠缺，因为初稿时还没有第 13 章。虽然我早已意识到此书应该有“对策”一章，但鉴于上述写作太辛苦以致曾想放弃。所以，在此先要感谢这两位阅稿人，没有他们的意见我可能就得过且过了。其次，我还要感谢为我审稿的专家们，他们的意见对本书的修改也起了重要的作用。

此外，我书中的很多案例源自我的亲历调查和侦查实践，这一切能够实施要归功于这些年来给我提供调研机会的公安部刑侦局的领导们，还有北京

市公安局刑侦总队、石家庄市公安局刑科所、安徽、浙江、吉林、辽宁、内蒙、云南、山东、重庆、郑州、山西阳泉等地的刑侦同仁，在此，我不仅对他们表示我衷心地感谢，更想强调，我的研究有强大的后盾。

我还要感谢的是帮助我进行调研的江苏徐州某监狱的刘运福同志，新疆司法警官学院的王书庵、赵昌平等同志，他们帮助我进行了问卷发放调查。还有一些媒体的记者们，他们经常将对案件进行新闻采访的调查材料毫无保留地转发给我，使我间接地获得大量的访谈材料。

最后我要感谢的是国家社科基金项目办公室的同志，他们为我的研究提供了课题调研经费。

李玫瑾

2009 年 12 月 28 日